A Luz o Libertará

A Luz o Libertará

O templo da sabedoria está dentro de cada um de nós...
Para encontrá-lo, basta fazer a jornada até lá.
Uma vez encontrado, a liberdade está garantida.

Dra. Norma J. Milanovich
Dra. Shirley D. McCune

Tradução
CARLOS AUGUSTO LEUBA SALUM
ANA LUCIA FRANCO

EDITORA PENSAMENTO
São Paulo

Título do original:
The Light Shall Set You Free

O primeiro número à esquerda indica a edição, ou reedição, desta obra. A primeira dezena à direita indica o ano em que esta edição, ou reedição, foi publicada.

Edição	Ano
1-2-3-4-5-6-7-8-9	00-01-02-03-04-05

Direitos de tradução para a língua portuguesa
adquiridos com exclusividade pela
EDITORA PENSAMENTO LTDA.
Rua Dr. Mário Vicente, 374 — 04270-000 — São Paulo, SP
Fone: 272-1399 — Fax: 272-4770
E-mail: pensamento@cultrix.com.br
http://www.pensamento-cultrix.com.br
que se reserva a propriedade literária desta tradução.

Impresso em nossas oficinas gráficas.

Sumário

Parte III — Jornada à Quinta Dimensão

Considerações Finais

Dedicatória

Dedicamos este livro a você, leitor, que lutou por muitas encarnações para chegar ao alinhamento com o Divino. Esperamos que este livro reforce suas conquistas. Oferecemos também estes ensinamentos a todos os que estão despertando espiritualmente e que procuram ainda definir suas jornadas.

É também com profunda gratidão que dedicamos este livro aos Mestres Ascensionados e aos Seres Celestiais de Luz que estão conosco desde o início do tempo, trabalhando incessantemente para nos ajudar em nossa jornada. Sem seu apoio e orientação, recebidos pelas inúmeras transmissões e meditações, este documento não seria possível.

Numa transmissão, o Mestre Ascensionado Kuthumi afirmou que os Reinos Celestiais estão dispostos a guiar qualquer pessoa que peça sua ajuda:

> *Viemos para ajudar todas as almas que desejam reencontrar a conexão que as leva de volta ao Divino. Assumimos várias formas, cada qual com a sua função, para apoiar a realização do plano de Deus: elevar a Terra ao glorioso milênio que virá. Ajudamos no silêncio de seu coração e oferecemos proteção e orientação a todos os que se ligam à nossa essência.*
>
> *Somos Um e somos Um com vocês. Vocês são a mente criativa de Deus. É o que viemos ajudá-los a compreender.*

Agradecimentos

A origem deste livro está na busca pessoal das autoras pela informação, pelo sentido e pela orientação que nos ajudam na senda espiritual. Mesmo fluindo, a informação aparece em fragmentos e pedaços, cuja conexão é difícil perceber. Conseqüentemente, muitas vezes se perde a aplicação de tal informação à vida cotidiana.

É irônico que numa era em que é imediato o acesso à informação sobre um número aparentemente ilimitado de tópicos seja difícil encontrar informações completas a respeito de processos espirituais de ascensão e iluminação. Este livro contém um conhecimento que finalmente junta esses processos, o que só se tornou possível graças ao amor, orientação e dedicação dos Mestres Ascensionados.

Foram eles, e em particular os Mestres Ascensionados Kuthumi e El Morya, que primeiro despertaram o interesse das autoras, ao sugerir a produção de um documento sobre Leis Universais e aquisição de poder. O livro começou como uma discussão das Leis Universais, mas logo se ampliou para possibilitar sua compreensão. A maior parte da informação deste livro foi canalizada, vinda dos Mestres Ascensionados. As autoras pesquisaram então uma variedade de fontes e escritos metafísicos para expandir o significado das transmissões canalizadas, e o resultado desse trabalho está contido entre estas capas. A expansão da informação e suas implicações refletem a compreensão das autoras na época, pois o sentido da informação pode se modificar à medida que evoluímos. É essa a beleza da jornada. Assim, os leitores devem explorar outras fontes, encontrando versões alternativas dessas verdades para a própria vida.

Escrever este livro com os Mestres foi uma experiência profunda, que envolveu disciplina, foco, emoção e amor. Estamos gratas pela experiência de produzir este documento de maneira cooperativa.

Mas outros contribuíram para sua produção, e gostaríamos de mostrar-lhes nossa gratidão.

Rudy Milanovich Sr. por seu apoio e por seu cuidado constante com a logística e os detalhes da vida, o que permitiu que Norma tivesse liberdade para terminar este documento.

Pat Lawrence e **Dr. Reeve Love** por editar e apurar o livro de maneira a torná-lo acessível e de fácil compreensão para leitores de todas as veredas da vida.

Rudy Milanovich Jr. pela produção gráfica do livro e da capa, sem nunca reclamar das tediosas modificações que valorizaram a qualidade do produto final.

Jerri Dickinson por seu entusiasmo sem fim ao ajudar na pesquisa e na digitação do documento.

Amber Williams por ajudar de boa vontade na digitação, assim como nas provas finais do livro.

PAZ por fazer a ilustração para o projeto da capa, que se transformou num ato de amor, capturando a essência de liberdade que todas as almas buscam.

Carolann Signorella por ter se oferecido para ler e editar o livro antes da impressão. Seu oferecimento, vindo do coração, foi verdadeiramente apreciado por todos e sua capacidade acrescentou perfeição ao documento final.

Um agradecimento especial para as pessoas que assistiram aos *workshops* realizados por Norma Milanovich, ajudando a esclarecer questões, a identificar implicações da informação apresentada e a comprovar a necessidade deste livro.

Finalmente, nossa sincera gratidão aos amigos da Suécia e da Inglaterra, que nos estimularam constantemente a terminar este documento. Sem seu apoio constante, este livro poderia ainda estar no rascunho. Essas pessoas especiais são:

Lennart Dage
Liselotte Berg
Sue Greaves

A beleza das mensagens dos Mestres Ascensionados fala por si e, portanto, suas palavras não foram modificadas. As transmissões permanecem intocadas, assegurando a pureza da freqüência vibracional de suas palavras. Nosso coração será para sempre grato a eles.

Credo dos Trabalhadores de Luz do Mundo

Pela sabedoria uma casa é construída;
pela compreensão ela se torna firme.
E pelo conhecimento seus quartos se enchem de
bens preciosos e agradáveis.
Provérbios, Capítulo 24

Crenças subjacentes aos ensinamentos deste livro e à jornada dos Filhos da Luz do mundo inteiro...

- Há um único Criador.
- O amor é a força criadora do universo.
- Somos todos filhos de Deus.
- Tudo é Um, e somos espelhos uns dos outros nesta vasta criação.
- Os seres humanos são seres radiantes de Luz com poder latente, esperando para serem transformados em formas de dimensão superior.
- Cada um de nós tem um Eu Superior à espera de ser realizado e que vai nos transformar.
- Os seres humanos são co-criadores com Deus, enviados à Terra para realizar uma missão.

Código de Comportamento

1. A mente pode conter apenas um pensamento por vez. Você deve escolher pensamentos de esperança, amor e Luz, ou pensamentos de medo e negatividade.
   Transforme-se num sonhador de Thoth. Tenha em mente a perfeita visão de si mesmo, de seus entes queridos e do mundo. Não deixe que nenhum mortal tire essa visão de você.
   Siga seus sonhos e nunca deixe de acreditar em si mesmo. Você vai ficar mais poderoso do que os que têm conhecimento mas não têm coragem de realizar seus sonhos.
2. Nunca gaste energia para reagir àqueles que tentam derrubá-lo. Alimente só o que é positivo e mantenha essa energia fluindo em suas realizações. As forças negativas dispersam energia e o impedem de realizar seus sonhos.
3. Guarde a Luz para o mundo. Nunca subestime o efeito de um ato ou palavra gentil. Fique firme em sua integridade, até mesmo na adversidade, e seja mais gentil do que o necessário.
4. Submeta sua atitude e comportamentos ao auto-aperfeiçoamento. Veja a dor e a frustração como oportunidades de aceitar desafios maiores e depois faça planos corajosos de se tornar a pessoa que está destinado a ser!
5. Compare seu comportamento com o dos outros e seja mais positivo do que todas as pessoas que conhece. Lute para personificar uma atitude positiva e veja como seu desempenho melhora.
6. Assuma a responsabilidade por todos os aspectos de sua vida observando cada pensamento, palavra, ação e sentimento que tiver. Abandone a prática de culpar os outros e veja que a dor e a frustração são apenas oportunidades para o crescimento e para a mestria.
7. Sorria, que é grátis o dom de um sorriso. Deixe que seu sorriso se transforme em riso e compartilhe esse riso com o mundo.
8. Veja a Luz da alma dentro de todas as pessoas, sabendo que todas são filhas de um único Criador. Trate a todas como você gostaria de ser tratado, mesmo que algumas pessoas desafiem sua paciência.
9. Nunca abandone os que parecem negativos, porque na verdade sua necessidade de encontrar amor é maior do que a sua.
10. Lembre-se que a maior necessidade emocional de uma pessoa é se sentir apreciada.
11. Leve com coragem para a batalha o estandarte de São Jorge e sinta a vitória do seu lado. Os vencedores vão aonde os perdedores não querem ir. Alguma coisa lá no fundo de você lhe lembra a sensação de ser destemido.

12. Quando se trata de mestria, você deve estar disposto a ajudar os outros. Deve estar disposto a obedecer à própria orientação interior. Descubra o professor interior e ouça a sabedoria. Você não vai se tornar apenas iluminado, você vai se tornar um Mestre.
13. Nunca esqueça de que encarnamos para viver em harmonia com os outros e com a Terra, e para aumentar nossa consciência do eu-Deus interior. A inocência é uma parte básica de nossa consciência e deve ser acionada para que nos tornemos Mestres.
14. Para cada momento de cada dia há uma prece a ser dita. Descubra a prece certa para você neste momento e agradeça por ter a sabedoria e a percepção para reconhecê-la.

Nota Introdutória

Saudações, Queridos Filhos da Terra.

EU SOU Kuthumi, que passo a esta freqüência trazendo palavras de sabedoria e regozijo. Eu venho das estrelas e da freqüência septidimensional como Embaixador do Amor e da Luz.

Para alguns sou conhecido como Professor do Mundo. Para outros, sou o porta-voz do Comando Galáctico em questões de iluminação e de educação. Ou a essência do Espírito. O título de uma pessoa pouco significa, pois a importância de sua essência não está no título, mas na capacidade de modificar consciências e "direções" que sua mensagem tem.

Começo desta maneira porque a mensagem de hoje é destinada a ajudar na compreensão do conceito de "um só caminho". Esse conhecimento é necessário para a entrada na Quinta Dimensão. É também oportuno, pois a humanidade está se aproximando rapidamente do portal do tempo/espaço que se abrirá para permitir a entrada nesse novo mundo.

Há muita urgência na Terra nestes tempos turbulentos. Espero que passe a merecer o papel de Professor do Mundo ao compartilhar esta mensagem crítica, destinada a ajudar a humanidade a atravessar com dignidade a turbulência dos dias e anos que virão.

Sou um dos muitos que representam o Comando Galáctico do Mais Radiante. Viajamos até seu sistema para acompanhar a Terra em sua missão e destino na Quinta Dimensão. Vocês logo verão o belo corpo solar em que vivem se transformar, num piscar de olhos, numa estrela brilhante nos céus. Essa transformação será o testemunho da realização de muitas profecias. Nesse momento, muitos tremerão ao lembrar que suas jornadas chegaram a um fim. Com esta introdução, minha intenção é espalhar a esperança e não o medo.

Durante séculos, a negatividade consumiu tudo o que brilha, até correr como lava derretida nas veias da bela Terra. Muitos que adotaram esse estado e o internalizaram no centro do coração são consumidos por vibrações inferiores de medo e desespero. Esse estado está destinado a acabar, mas só depois que o atual nível de negatividade termine seu curso e que o ciclo de energia esteja completo, voltando à fonte.

Nos próximos anos, muitas mudanças consumirão a Terra por causa da transformação que está destinada a se realizar. No processo de transformação haverá Luz e Amor. Além disso, no processo, a esperança e a fé no Mais Radiante serão restauradas, porque estamos devolvendo a vocês o Criador da Luz e do amor. Estamos devolvendo a vocês a fonte de poder que cada alma busca desde o início do tempo.

À medida que Sua radiância se aproxima da Terra, mais intenso vai se tornando o processo de transformação em seu coração. À medida que a freqüência vibracional se intensifica, muitas almas abandonam antigas posições de negatividade, eliminando lentamente as vibrações inferiores de sua jornada. Isso exige coragem, força, empenho e disposição. Vencer o domínio do mal e da escuridão é difícil para quem experimentou apenas a pobreza da alma.

Nos anos que virão cada alma na Terra será afetada por essa energia e deverá enfrentar a escolha de seu destino. As escolhas são simples — paz, harmonia, amor e Luz ou medo e escuridão. Não há meio-termo. Assim é!

Os que entrarem na Luz virão conosco no éter para viver na Quinta Dimensão e além. Aqueles que escolherem permanecer nas vibrações inferiores também terão o que merecem. A Terra será purificada na próxima década, pois a purificação deve estar completa. Isso terá muitas formas e muitas cores.

Nenhuma alma estará indiferente a esse processo no ano 2000. Não haverá nenhuma alma que não tenha tido que escolher, pois todos ficarão frente a frente com a determinação final.

Não há dor nem castigo impostos nesta última afirmação. Há apenas verdade, de acordo com as leis físicas do universo. Nós as chamamos de Criador, ou leis de criação. São as leis físicas que agem em harmonia desde o início do tempo para criar novos mundos e universos. São as fórmulas para a mani-

festação do pensamento e para guiar as almas a mundos superiores além da percepção terrena.

Essas leis, uma vez compreendidas, são as regras que reconduzem o destino da alma ao Grande Sol Central. Assistem todas as almas que anseiam pela união com o Criador e que lutam para manter apenas pensamentos e comportamentos superiores em seus ambientes. Elas constituem a cola cósmica e reagem ao que a pessoa faz ou diz. Elas são a verdade.

Como o processo de transformação está entre vocês, Ó Filhos do Divino, vocês precisam decidir como vão atravessar o período transitório. Devem compreender que na verdade as trilhas são muitas, mas o caminho é um só. Nesta afirmação, é revelado que o caminho da Luz é aumentar sua freqüência vibracional. Ao fazer isso, você se tornará um com a Luz, garantindo assim seu caminho.

Nas escrituras e documentos sagrados da Terra, vocês encontraram muitas regras e orientações para ajudá-los a realizar suas missões. As regras diziam simplesmente para obedecer aos princípios superiores de Deus e da vida, principalmente quando seus desejos e pensamentos estavam em conflito com o Eu Superior. As leis traziam grande sabedoria, paz e conforto quando eram seguidas, a despeito dos desafios que introduziam nos testes.

Saibam com certeza que cada provação foi apenas um teste — um teste de seu compromisso com o caminho. Os testes foram provações no percurso, e na seleção e aprendizado das lições o caminho ficou mais claro para as almas que se mantiveram nos princípios da Luz.

Anunciamos agora que os testes vão chegando ao fim à medida que são pagas as dívidas kármicas. Os testes do passado são agora as recompensas de seu futuro, pois nos anos que virão o Divino concederá graças a cada um que viveu a verdade e o caminho. A Terra regozijar-se-á diante da glória e das recompensas que muitos herdarão.

As leis do universo são verdadeiramente significativas para os dias que virão. Compreendê-las dará a muitos as ferramentas para a elevação de suas essências acima do que pode parecer dor e sofrimento. Aqueles que compreendem a dinâmica dessas leis caminharão no vale da paz e da tranqüilidade enquanto as águas à sua volta parecem turbulentas e zangadas. Os que mantêm a vigilância e o cuidado pela Terra amada compreenderão que chegou o momento da verdade ser conhecida pelas massas.

Todas as pessoas da Terra terão as mesmas oportunidades de trabalhar dentro da dinâmica dessas leis. Todas as conhecerão em seu coração. Só os que optarem por compreender e seguir o comando do centro do coração conhecerão a felicidade eterna nos meses e anos que virão, pois está chegando o momento em que se abrirá o portal no tempo que permitirá a sua passagem. Compreendam essas palavras e as verdades que trazem. Só as verdades podem libertá-los. Observem sua orientação interior e não temam, pois as energias do Altíssimo estão entre vocês. Vocês estão protegidos na Luz e compreenderão que assim é nos anos que virão.

O aprendizado que vamos lhes trazer é universal, o que significa que esses mesmos princípios se aplicam a qualquer jornada que queiram empreender enquanto habitam em seu universo. Assim, o domínio destas leis proporciona conhecimento e sabedoria para que conheçam também outros mundos. Muitos estão se preparando para viajar para outros mundos nos estados etéricos de sua existência. Como preparação para suas atribuições, aprendam estas regras e guardem-nas no coração. Elas os guiarão através dos muitos dias e noites da alma.

Esses mistérios ficaram adormecidos por séculos de seu tempo terrestre. Poucos continuaram vigilantes e preservaram essa informação para este dia. Procurem nos Céus os sinais da volta da aplicação desses conhecimentos. Procurem em sua consciência e sentimentos interiores os sinais, porque vocês precisam aprender as leis com precisão e com aplicação cuidadosa. Procurem na orientação do Eu Superior a intuição para saber se estão vendo com clareza cada passo do caminho.

As leis são simples e ágeis. Elas não vêem cor, raça, sexo ou dimensão. Elas compreendem apenas a aplicação de energia e os princípios que governam seu movimento. Lembrem-se de que a energia não pode ser criada nem destruída. Assim, ela é e sempre será. A energia pode apenas ser dominada, dirigida e redirigida para transformar os propósitos. Vocês têm como missão dominar essa Força e compreender que ela é Um com vocês. Quando conseguirem isso, Ó Filhos, terão conquistado muitos mundos, não apenas o seu. Nesse ponto, terão chegado à Quinta Dimensão e clamarão verdadeiramente que a Era de Aquário é a Era da Iluminação.

Tomem este ensinamento a sério e com reverência. E aproveitem! EU SOU Kuthumi, seu Pai e Professor nesta introdução à lição. Cedo humildemente a palavra aos outros professores do Altíssimo, que movimentam as forças da criação para que abriguem sua sede de conhecimento.

Vão em Paz. Adonai.

Prefácio

Este livro não trata de religião, de conversão nem da formação de uma nova igreja. É sobre NÓS e sobre nossa humanidade — sobre como perdemos a direção e o poder e como podemos reencontrá-los. Ele contém informações destinadas a ajudar a humanidade, no mundo inteiro, a reaprender quem somos e como somos ligados a um Criador — o Criador de Tudo. Ele é sobre...

Aquisição de poder...
Pensar por si mesmo...
Discernimento...
Esperança...
Leis Universais...
Sabedoria das antigas escolas de mistério...
Saber que somos todos iguais...
Unidade...
O acesso à liberdade para todos...
Integração da espiritualidade na vida.

Dentro de cada um de nós há uma centelha de Luz que nos liga a nosso Criador. Esse ponto de energia é a razão de termos encarnado, embora poucos compreendam essa verdade. É a força doadora-de-vida do universo à qual estamos ligados, um ponto de Luz que estimula cada movimento da respiração e cada impulso elétrico que carrega nosso corpo.

Na Terra, percebemos o denso mundo da matéria por meio dos cinco sentidos — visão, olfato, audição, tato e paladar. Como essa Luz está dentro de nós, bem no fundo do corpo etérico e do corpo físico, a maioria nem chega a percebê-la nem sabe que essa Luz é nossa força vital. A densidade do mundo físico à nossa volta nos impede de atravessar o véu e ver esse poder interior.

Só é possível ter acesso a essa tremenda fonte de poder quando se vai ao interior com o olho da mente e se ouve o silêncio. Há uma "voz silenciosa" que fala a quem está ligado a essa Luz. É o Eu Superior, o verdadeiro eu, que está à espera de ser descoberto por todas as almas encarnadas.

Para muitos é difícil compreender o conceito de que somos mais do que a forma humana e de que somos também seres de Luz. Conseqüentemente, treinar a mente para aceitar conceitos mais amplos de quem e do que realmente somos pode ser uma tarefa árdua, que requer tempo, paciência e o desejo de explorar áreas que atualmente não são discutidas nas salas de aula.

Quando se adquire a capacidade de entrar em contato com a Luz interior, o mundo exterior, observado e experimentado com os cinco sentidos, adquire um novo significado que permite à criança interior reaprender o que já sabemos. Para isso, precisamos de um novo currículo e de um novo conjunto de critérios para descrever a existência.

A maioria passa a infância e a juventude procurando estabelecer a própria identidade, procurando acumular conhecimento e capacidade para a vida adulta, procurando criar uma família e uma carreira. Quando algumas dessas questões são resolvidas, alguns voltam a atenção para uma consideração mais profunda do sentido da vida. Muitos são motivados pela pergunta "É só isso a vida?" Buscamos uma compreensão que nos ajude a ver o mundo e nossa experiência de maneira nova. A pequena voz silenciosa dentro de nós fica fazendo perguntas:

- Quem sou eu?
- Por que estou aqui?
- Para onde estou indo?
- Qual é o meu propósito na vida?

Ao fazer a nós mesmos essas perguntas somos forçados a "ver" os limites de nossa experiência no mundo físico. Começamos a explorar outra realidade — baseada na crença interior de que há outros mundos a serem explorados. Podemos simplesmente "saber" que há mais.

O propósito deste livro é ajudar a todos na senda espiritual que leva à compreensão do mundo interior, ligado à Luz e fonte de todo poder. É um livro de Leis Universais que trata da interligação entre humanidade e universo — do conceito de Ser Um. É, basicamente, um livro sobre você, sobre a vida e sobre a liberdade de conduzir a própria vida. É um livro sobre a verdade.

Encontrar liberdade na Luz — é o que todas as almas vieram à Terra para aprender e experimentar. A resposta à nossa luta é simples: é a Luz que nos liberta. Ela é encontrada no AGORA, pois a Luz está sempre dentro de nós, esperando silenciosamente para ser descoberta, para nos mostrar como voltar à nossa divindade.

Quando descobrimos essa verdade e iniciamos a viagem de volta para casa, coisas emocionantes começam a acontecer. Coisas antes consideradas "coincidências" assumem de repente um novo sentido de ordem. Os milagres passam a ser esperados. A paz e a harmonia se transformam em rotina de todos os dias, substituindo o caos, o dano e a negatividade pela ordem.

Ilustração de Richard Pulito

Capítulo 1

Introdução aos Conceitos Básicos de Transformação

Nada do que imaginamos está além de nosso poder, apenas além de nosso atual autoconhecimento.
Theodore Roszak

Em várias mensagens recebidas nos últimos anos, os Mestres Ascensionados falaram da transformação que a Terra atravessa atualmente. Fizeram várias descrições das mudanças que ocorreriam, tanto na Terra quanto nas pessoas. Eles as chamaram de processo de natividade do planeta e afirmaram enfaticamente que isso faz parte do trajeto evolutivo da Terra.

Esse transformar-se na Nova Era foi descrito uma vez pelos Arcturianos como natividade de um planeta (Terra) como estrela no Céu. Disseram que desde a Babilônia está escrito que a Terra entrará na Era de Aquário e se transformará num Jardim do Éden do universo. Explicaram também que isso acontece por causa da precessão de equinócios e que a posição da Terra nesse desfile universal de estrelas é orientada por forças muito mais elevadas do que podemos imaginar.

A transformação nos intrigou porque as mensagens sugeriam uma mudança total, para os seres humanos e para a Terra. Kuthumi, El Morya e Sananda deixaram isso bem claro em muitas ocasiões. Falaram de mistérios, chaves e códigos que revelaram as respostas para essas mudanças e nos enviaram várias vezes em viagens que nos ajudaram a descobrir as respostas por nós mesmas.

Sugeriram, em algumas transmissões, que "desenrolássemos o novelo!" Queriam dizer com isso que se voltássemos no tempo e procurássemos ensinamentos importantes registrados séculos atrás, descobriríamos os segredos da vida. Eles nunca nos davam respostas, mas nos ofereciam orientação e conselhos, permitindo que trabalhássemos no ritmo e do modo que quiséssemos. Em suma, eram excelentes professores.

Eles nos incentivaram a buscar respostas sugerindo e discutindo um conhecimento passado que nós duas não tínhamos. Eles nos levavam através do tempo/espaço com tal rapidez que às vezes sentíamos a cabeça girando diante de tantas informações e verdades que nem sabíamos que existiam. Éramos consideradas alunas sérias e de vez em quando eles recompensavam nosso esforço com presentes do etérico. Às vezes livros (que não tínhamos encomendado) apareciam misteriosamente no meio da correspondência, contendo exatamente as informações necessárias. Ou então um estranho as trazia, pelo telefone ou pessoalmente. "Por coincidência" tínhamos sempre a informação necessária para prosseguir. Outras vezes, a informação era antecipada em estados de sonho ou de consciência, cabendo a nós decodificá-la.

A transformação, diz Kuthumi, é uma jornada que a espécie humana vem empreendendo desde o início do tempo. Assim, para compreender a transformação precisamos buscar as antigas verdades no início da história conhecida. Registros de antigas bibliotecas, como a de Alexandria, continham parte da sabedoria do mundo, mas esses tesouros e presentes foram destruídos pela ação de almas não-iluminadas. O que não foi destruído será redescoberto neste período, pois é o momento certo para novamente trazer ao mundo essas verdades. Boa parte desse antigo conhecimento vai aparecer do mesmo jeito que este livro está sendo escrito.

Isso nos abalou. Era espantoso saber que havia a possibilidade de existir um plano mestre para a revelação desses acontecimentos. Essa informação nos fez suspeitar que essa Irmandade de Mestres Ascensionados, que em muitos livros é chamada de Grande Irmandade Branca (branco, neste contexto, significa Luz branca), esteve sempre no comando de tudo.

Esses Mestres parecem ser membros de um grupo que supervisiona todo o plano de operações — pelo menos nesta seção do universo. Eles estão aqui para garantir que todos os detalhes deste plano transcorram conforme o programado. Nos momentos certos da história, eles se comunicam com almas como nós. Eles mencionam, a título de exemplo, que Noé foi avisado do dilúvio iminente, que João Batista pôde prever a vinda de Jesus. Essas figuras históricas receberam mensagens da mesma forma que muitos recebem hoje esse tipo de informação.

Só os Mestres parecem ter acesso à totalidade do plano mestre: nós tomamos conhecimento apenas das partes relacionadas à nossa missão. Eles supervisionam as táticas e manobras e monitoram os procedimentos. Nosso progresso e nossas realizações são recompensados com mais trabalho e mais tarefas. É também uma recompensa saber que o plano de Deus está transcorrendo conforme o programado e que cada um de nós está contribuindo modestamente para seu sucesso.

Kuthumi explicou que a transformação dá saltos importantes perto da virada de cada milênio, mas que os efeitos são ainda mais sensíveis no início de uma Nova Era. As freqüências vibracionais mudam automaticamente na precessão dos planetas e estrelas e, nesse movimento científico, a consciência também se ajusta.

Eles definem a consciência como o fundamento de tudo o que é, dizendo que Deus é pensamento e que do pensamento veio a Luz, da qual todas as coisas se manifestam.

Dizem que o mundo é um microcosmo do universo que é nosso macrocosmo, que tudo é energia e que energia é Luz. Da energia da Luz veio a energia do som na criação original. Da Luz e do som veio a formação de tudo o que é. Cada objeto, seja ele sólido, líquido ou gasoso, tem o próprio código, que é uma freqüência vibracional. Essa vibração é criada a partir da Luz. Como os seres humanos contêm uma consciência que pode ser controlada, e como a consciência é pensamento, então cada indivíduo é na verdade cocriador com o Divino.

Viemos à Terra para aprender essa lição. É essa a razão da vida e de nossa encarnação nesta vida. Poucos encontrarão as respostas para esses mistérios, pois é preciso passar pela iluminação para compreender essa verdade. Muitos zombarão desse princípio, pois para aceitá-lo é preciso ter responsabilidade pelas próprias ações e muitos não estão preparados para aceitar esse tipo de responsabilidade. A maioria, na verdade, vai tentar encontrar explicações contrárias a esses fatos. Poucos estão prontos, portanto, para a transformação destinada a consumir a Terra nos próximos anos.

A data da entrada na Quinta Dimensão está programada para o ano 2012, diz Kuthumi. Ele afirma enfaticamente que em 2011 todas as condições vibracionais estarão em posição para que essa transformação ocorra. É o que ele chama de "fim do mundo". Nesse momento decisivo a purificação deve estar completa, pois a massa crítica precisa estar pronta para dar aquele salto de consciência à Quinta Dimensão do tempo/espaço.

Esse fenômeno vai consumir tudo o que existia antes. Alguns não terão mais as características de hoje porque assumirão uma forma superior, mais próxima do que nossos amigos Arcturianos descreveram no livro *Nós, Os Arcturianos*. Alguns estão destinados a pertencer à espécie Adão-Kadmon, um grupo de seres altamente desenvolvidos, com capacidades que atualmente não são compreendidas na Terra.

O mundo estará em concordância com o Criador. O planeta compreenderá a harmonia e a paz que deseja há tantos séculos. Na década de noventa e no início do milênio muitos dos que hoje estão em dúvida serão testados, sendo que cada um passará pelos testes necessários para superar seus medos e dúvidas com respeito a essa transição.

Como a forma humana está destinada a mudar (não está claro para nós como será precisamente essa mudança), então novas regras (livros, se preferirem) devem ser escritas, contendo a informação que ajudará cada alma a evoluir para esse novo estado de consciência. Eles nos disseram que a informação fornecida neste documento vai contribuir para esse salto evolutivo da humanidade. Há muita coisa a ser transmitida nas próximas duas décadas, mas só as almas que estiverem prontas para receber o novo currículo escolherão elevar suas vibrações para que coincidam com as que são exigidas para a entrada na Nova Era.

A palavra *vibração* é a chave. Todos os seres humanos que continuarem a viagem até esse novo mundo da Quinta Dimensão do tempo/espaço devem ter uma freqüência vibracional, conquistada pela consciência elevada, compatível com a freqüência vibracional da Nova Era. Esse fenômeno é absoluto e será medido pela capacidade individual de ter a mente aberta, de ser amoroso, centrado, tranqüilo, pacífico e devotado. Como essas características estão mais precisamente alinhadas com os estados superiores de consciência, essas pessoas, segundo os Mestres, são mais semelhantes à divindade. Elas aproximarão a freqüência vibracional da velocidade da Luz, que estará em alinhamento com a Era de Aquário.

Kuthumi descreveu todo esse fenômeno como um fenômeno científico. Ele afirmou que nossos físicos estão começando a estabelecer relações entre esses princípios e conceitos e que logo poderão comprovar o conceito de Ser Um, que é parte do milênio em que estamos prestes a entrar.

Como estamos entrando na casa (talvez *dimensão* seja uma palavra melhor) de seres de nível superior, eles são nossos professores. Disseram que logo teremos um currículo inteiramente novo, que deveremos dominar. Eles sugeriram o esquema deste livro como parte desse currículo e disseram que as almas que fizerem a viagem para domínios superiores precisarão compreendê-lo e dominá-lo. Esse currículo contém as Leis Universais.

No etérico, cada um se comporta em unidade com o Todo. Para isso, a alma deve seguir certas regras. Essas regras são as Leis Universais. As leis, disse Kuthumi, foram trazidas à Terra pelos antigos mestres, um dos quais foi Hermes Trismegisto, o "antigo dos antigos".

Foram os egípcios, disse ele, os últimos a compreender essas leis e a usar o poder que essa existência em concordância lhes auferia. Foi por isso que construíram uma civilização tão grandiosa. Quando se está em harmonia com as Leis Universais, todas as coisas podem ser criadas e podem se manifestar, pois os seres que encarnam são verdadeiramente co-criadores com o Todo. É nesse estado de equilíbrio e de perfeição que está a aplicação dos ensinamentos da antiga escola de mistério e as chaves para a salvação eterna.

A chave para compreender uma consciência superior está na luta para ser um com ela. Quando as regras e as leis são seguidas com mestria e disciplina, então tudo transcorre em harmonia. Mas, para se tornar um com a própria divindade é preciso disciplina mental e intelecto para compreendê-la.

Para compreender e aplicar o conhecimento sobre as Leis Universais, é central a compreensão de como a mente humana funciona, pois ela contém as chaves para a transformação. Como os cientistas estão só começando a mapear as rotas da inteligência, da memória e da consciência, pedimos a Kuthumi para explicar seu ponto de vista sobre a natureza do intelecto, para que estivéssemos mais equipadas para compreender a informação que seria transmitida para este livro.

Ele respondeu de uma maneira que no início parecia fugir do assunto, mas que no fim se mostrou muito poderosa. Como sempre, ele não nos deu uma explicação didática. Empregou analogias, verdades e conceitos abstratos maiores do que estávamos acostumadas a ouvir, estimulando-nos assim a pensar.

Depois de ler a transmissão inteira, ficamos envergonhadas por termos duvidado de sua capacidade de responder. Sua resposta nos desafia a enxergar com olhos diferentes — olhos que nos vêem como seres maiores do que acreditamos ser e como energia que é apenas cor e som. Fica claro que o título de "Professor do Mundo" foi dado a Kuthumi por bons motivos. O que se segue é a sua transmissão.

Saudações, Filha,

Estou contente por responder à pergunta que a preocupa hoje, sobre a natureza do intelecto, pois a resposta traz mais do que a mera explicação. Traz também o segredo para o coração. O planeta Terra não pode sobreviver nos dias que virão se o quadro total do intelecto e de sua conexão com o coração não for claramente compreendido.

Essa declaração insubstanciada pode parecer abrupta em sua presente forma, mas deixem-me explicar por que nós, nos Domínios Ascensionados, fazemos uma declaração tão dramática. Lembrem-se, por favor, que meu discurso representa o intelecto coletivo do Conselho do Tribunal e a freqüência vibracional do processo evolutivo na freqüência septidimensional.

Isso é importante, pois significa que a sabedoria a ser transmitida representa a voz coletiva dos antigos. Essa explicação é compartilhada na esperança de que seus ouvidos se sintonizem com os sons do Templo da Sabedoria, e de que vocês levem esta mensagem às massas, para que elas também ouçam. Não pedimos que acreditem necessariamente em tudo que será transmitido, mas que considerem a possibilidade de ser tudo verdade. Vamos começar.

A natureza do intelecto nada mais é do que a percepção da realidade. Nos universos, que são doze, os seres humanos parecem limitar a si mesmos e limitar suas realidades com o conceito de estreiteza mental. Isso não deve ser entendido como uma crítica. Começamos assim porque em nossas observações percebemos que as massas na Terra têm o costume de fechar seus sistemas e não o costume de se abrir para novos sistemas. Nós as desafiamos a refletir sobre essa observação.

Este estado mental é equivalente às épocas em que as pessoas procuravam e encontravam no escuro conforto e segurança. Acreditamos que vocês chamam tais eras de "Idades das Trevas".

Foi nas épocas que sua civilização chama de "Idades das Luzes" que grupos de pessoas encarnaram e trouxeram progresso e estímulo intelectual, ajudando a humanidade em seus saltos evolutivos. Ao lerem sobre esses períodos de realizações com admiração e reverência, lembrem-se de que foram épocas dolorosas para as massas. O ser humano médio, em toda a história conhecida, nunca gostou da mudança. Ao longo do desenvolvimento da humanidade, essa qualidade é constante.

O sucesso das "Idades das Luzes" se deve ao fato de muitas almas iluminadas terem escolhido encarnar nesses períodos com o propósito de iniciar a mudança. Durante cada Idade das Trevas, ao contrário, poucas almas iluminadas optaram pela encarnação, tornando mais difícil a ocorrência da mudança.

Neste último exemplo, nós lhes apresentamos um problema matemático. Qual é a variável ou o fator que faz a diferença, determinando o início da mudança ou o impedimento a ela? A variável é a quantidade de seres humanos que se juntam para dirigir ou dar uma direção a uma determinada civilização. Além da quantidade de pessoas, é preciso levar em consideração a natureza da realidade que cada um guarda em sua consciência. Está prestes a compreender a natureza do intelecto quem compreende que consciência é volume medido matematicamente e que a realidade de cada um é parte da consciência universal.

O universo em que vocês habitam é mágico e poderoso. É energia mental e a totalidade da consciência universal. É também perfeito. Contém a soma de tudo que foi e que será enquanto nele viverem. É o macrocosmo do qual vocês são o microcosmo. Portanto, o intelecto, que é uma parte dessa consciência universal, não tem fronteiras. Vocês são uma parte da soma total de tudo o que é.

Seu intelecto mal foi tocado, Ó Filhos do Divino. A chave para encontrar as maravilhas do poder e da felicidade está na capacidade de abrir a mente às possibilidades à sua volta. Ao escolherem fazer isso, vocês abrirão as portas para oportunidades sem fim e se tornarão os verdadeiros co-criadores com o Divino. Isso é verdade.

O intelecto, portanto, é a capacidade que cada um tem de aproveitar as oportunidades à sua volta. Exige a disciplina e o foco da energia interior, a ser usada na busca da oportunidade. O intelecto é o que permite à pessoa raciocinar sem ansiedade, tratar as questões que desafiam seu conceito de realidade. Intelecto é liberdade e coragem para explorar áreas em que outros não ousam ir.

Os bloqueios que atrapalham o uso do intelecto são os que existem no interior da mente. Todos os bloqueios se devem a três tipos de memória: memória genética, memória de vidas passadas e memória celular, acumuladas na presente encarnação. A compreensao desses termos incorpora a passagem do tempo. Usamos esses termos apenas para sua comodidade e compreensão. Porque, na realidade, não existe o tempo. Todo o tempo existe no momento presente do tempo e do espaço. Mas como vocês existem numa realidade tridimensional que criou o tempo como um componente para organizar a sua realidade, usamos esses termos como exemplos ou analogias para favorecer suas percepções.

Os bloqueios de energia são percepções de realidade que fazem com que a pessoa fique fora de harmonia com o universo à sua volta. Quem não está em harmonia passa por dificuldades e frustrações que ficam estocadas na mente. A mente abrange tudo o que vocês são, na medida em que sua essência existe numa forma-pensamento que representa a realidade de quem e do que são. Essa forma-pensamento é pura energia, que pode ser moldada na forma que preferirem. A realidade, que abrange o intelecto, é a manifestação exterior do que vocês acreditam interiormente. Todas as vibrações, boas ou más, estão armazenadas nessa mente e na essência de vocês.

Vamos nos deter um minuto neste ponto para testá-los. Considerando a informação que acabamos de transmitir, como vocês mediriam seu nível de receptividade? Vocês estão aceitando estas afirmações como realidade ou estão fechando a mente à possibilidade de serem verdade? Vocês sustentam nossa observação original, transmitida anteriormente, ou não acreditam nela? Observem sua posição neste ponto, pois as explicações adicionais que daremos são mais complexas. Se tiverem dificuldade para acompanhar estas afirmações, é melhor que descansem ou releiam a informação que transmitimos. As informações adicionais que se seguem são oferecidas à consideração dos que quiserem continuar.

O intelecto da mente é aquele processo racional que governa as formas-pensamento que dão forma à realidade. Todas as mentes e processos são energia. Como não pode ser criada nem destruída, a energia é transformada. E também é neutra. O intelecto é o poder condutor e transformador dos pensamentos, usado para impor a forma.

Vamos fazer uma pequena digressão e discutir a natureza da energia. A energia é aquilo de que consiste o universo em que vocês habitam. A base de toda criação é a forma-pensamento, que controla e cria a Luz. A Luz é o que governa e dita o processamento e formação de tudo o que existe. Assim, gases, líquidos e sólidos são apenas formas processadas de energia.

O universo é um mecanismo perfeito, pulsante e rítmico que canta a música das esferas. Como Pitágoras encarnado, eu trouxe ao mundo esta compreensão do raciocínio matemático. E em meu ensinamento eu abri os segredos dos mistérios codificados do macrocosmo e do microcosmo, pois são todos Um. Um dos segredos apresentados foi que tudo pode ser medido matematicamente graças à freqüência vibracional que cada forma emite. Como tudo é criado da Luz, que é a energia manifesta do pensamento, então cada criação é uma freqüência única e inferior à Luz.

Os cientistas da Terra logo descobrirão freqüências superiores à velocidade da Luz. Compreenderão então nossa definição de Luz. Sua atual compreensão mede a Luz como a freqüência que contém todas as cores e que é dividida em freqüências chamadas de arco-íris. Segundo nossa definição, a Luz é o Grande Sol Central, um fenômeno que vocês descobrirão quando entrarem totalmente na Era de Aquário e na freqüência pentadimensional. Mas, por ora, afirmamos com segurança que qualquer uma das duas definições basta para que compreendam os conceitos de que estamos tratando.

O importante aqui é compreender que tudo é energia e que cada forma canta sua canção única, que constitui sua existência. Assim sendo, e como todas as partes são inter-relacionadas no macrocosmo, então é de igual importância observar que a vibração do som também é criada a partir da Luz.

Mas como o fator humano e a natureza do intelecto se encaixam nesta explicação, perguntariam vocês? Respondemos que o intelecto foi criado do pensamento Divino e dado a cada um porque vocês são co-criadores do Céu e da Terra. Neste plano, toda a humanidade foi feita à imagem e semelhança de Deus. Assim, toda a humanidade tem na consciência as ferramentas para se tornar ou não a totalidade que é destinada a viver. Mas, perguntamos, quantas almas encarnadas compreendem isto? Você, Ó Filha, sabe exatamente do que estamos falando?

Já dissemos que a energia segue o pensamento, na medida em que o que está dentro da consciência individual é o que se manifesta fora. Assim, a energia do pensamento é o que deve ser dominado e governado por cada um. Isso é essencial, pois as mudanças que logo assolarão a Terra desafiarão muitas almas iluminadas a buscar soluções para muitos problemas. A energia é neutra e vai aonde a resistência é menor. Essa compreensão revela a importância do poder individual, que dá forma ao destino e ao futuro, não apenas da própria pessoa, mas de muitos.

Vocês se lembram da pergunta a respeito da solução da charada? Que variável, num dado momento, determina se uma civilização está nas luzes ou nas trevas? Como devem se lembrar, a resposta é: o número de almas que escolhem mover a energia e criar o que está em sua visão. O que escolhem é o que vão criar. Qual é sua visão para o futuro?

Toda criação de vocês vai se manifestar por intermédio da Luz e do som. Pois não cabem outros fenômenos no ponto da escala evolutiva em que está a espécie humana. Esse é, portanto, o currículo que devem dominar antes de continuar a jornada. Como o som e a Luz são medidos matematicamente, concluímos que cada forma e cada criação tem uma fórmula matemática que constitui sua essência. Isso não faz sentido?

A codificação e decodificação das fórmulas para criação estão escritas nas Leis Universais. Essas leis, que são as regras deste universo, são constantes, imutáveis e inflexíveis. Estão entranhadas em seus conceitos de física, embora constituam a essência da espiritualidade. Empregam as regras dos antigos e falam às canções das civilizações mais elevadas que agraciaram seu planeta. São verdades que muitos compreenderam, mas poucos praticaram.

À medida que se aproxima o reino de Adão-Kadmon, muitos anseiam pela nova agenda da sobrevivência. Essa realidade pentadimensional não será a mesma que abriga a existência há milhares de anos. As freqüências superiores da Era de Aquário, próximas da velocidade da Luz, exigem uma forma de disciplina mental e emocional que poucos dominam atualmente. As freqüências mais altas exigem submissão às Leis Universais. Uma tal obediência os alinharia mais de perto com os comportamentos associados ao amor e à Luz.

É por isso que transmitimos este currículo básico. Nas instruções são revelados os códigos e chaves para compreender o que leva à iluminação e ao Divino. O conteúdo, que vocês chamam de letra da lei, não é tão importante quanto o espírito da informação recebida, pois é na aplicação da informação que será feita a conexão com o Espírito.

Será que respondemos sua questão sobre a natureza do intelecto? Não, mas pedimos que decidam. Para decidir, pedimos que estudem o que transmitimos e interpretem seu significado com o coração. O coração é o centro de toda sabedoria, pois é a conexão com o Divino por intermédio da mente subconsciente. Sigam a orientação dele e nela estará sua resposta. Por intermédio do coração sua pergunta será respondida.

Saibam que quando a mente não está ligada ao coração, o ego comanda. O ego vê separação e solidão no mundo e não Unidade ou ligação. Se o ego é deixado sozinho para comandar o intelecto, então o que se manifesta é reflexo desse estado de consciência.

Educar o intelecto requer que a mente se abra cada vez mais. Procurem novas idéias, Meus Caros, e encontrem coragem para ver por intermédio de olhos que compreendem a energia e a Luz. Saibam que assim virão grandes recompensas, pois a nova visão traz novo conhecimento. O conhecimento elevado ampliará o intelecto, incrementando o acesso à consciência superior.

Terminamos esta transmissão com uma última advertência. Procurem, além do dia de hoje, o seu futuro, pois ele está mais perto do que pensam. Sintam as vibrações desta mensagem e saibam que no Quinto Reino está o amor e a felicidade que desejam. A chave para abrir essa dimensão está no coração. Abandonem seus julgamentos e vistam um manto de Luz. Os julgamentos vão levá-los de volta às Idades das Trevas das lembranças de suas almas. Vocês viajaram muito tempo e para muito longe para terminar esta jornada, e esperamos recebê-los no portal de seu destino.

Nós que servimos no Conselho do Tribunal do Comando Galáctico agradecemos a vocês esta oportunidade de lhes transmitir estas palavras. Adonai, Irmãs e Irmãos do Universo.

EU SOU Kuthumi.

Resumo

A transformação, ou realização do trajeto evolutivo da Terra, é um processo que os seres humanos escolheram no início do tempo. O processo se acelera perto do fim de cada milênio e fica ainda mais perceptível quando nos aproximamos de uma Nova Era de nosso desenvolvimento. As características desta Nova Era podem ser consideradas da seguinte maneira:

- O planeta Terra está atravessando o processo de natividade para se tornar uma estrela pentadimensional no ano 2012.
- Entrar na Quinta Dimensão requer que tenhamos uma freqüência vibracional mais alta, compatível com a freqüência da Quinta Dimensão.
- O universo é governado por Leis Universais que são diretrizes para nossa passagem a uma consciência e a uma vibração superiores.
- A mudança acontece quando uma certa quantidade, ou massa crítica, de seres humanos se une numa percepção da realidade.
- O intelecto é a capacidade de raciocinar sem ansiedade e de abordar questões que desafiam nossa visão da realidade.
- A Era de Aquário exige que observemos as Leis Universais e que dominemos formas superiores de disciplina mental e emocional.
- Educar o intelecto exige mente aberta e capacidade de processar as ações com o coração, a conexão com o Divino por intermédio da mente subconsciente.

Capítulo 2

Os Mestres Ascensionados

Só leva à cura o que conduz o
paciente além de si mesmo e além do
enredamento com o ego.
Carl Jung

Somos os guardiões da Terra e viemos para passar por experiências que nos ajudem a evoluir. Como centelhas de luz, saímos do Criador e a essa Fonte retornaremos. Nossas encarnações, em vários pontos do vasto universo, nos ajudam a crescer. Essas encarnações proporcionam uma variedade de aventuras, para que possamos provar o que oferecem todas as realidades, incluindo o mundo material. Nossa meta final, no entanto, é nos tornarmos mestres do eu e mestres da matéria, voltando finalmente a Deus.

Avançamos ao agir de maneira responsável e aprendendo a servir aos outros. Cada ação que realizamos é monitorada e registrada nos Registros Akáshicos, os bancos de dados que armazenam todas as formas de karma que nos advêm em nossa jornada. Nosso progresso é observado, e professores nos são enviados quando precisamos de orientação ou respostas que nos ajudem a evoluir. À medida que trabalhamos e avançamos, somos levados inevitavelmente a assumir maiores responsabilidades, até mesmo através da galáxia, ocasiões em que usamos as vestes de outras formas de existência.

No passado, no entanto, muitas gerações resistiram à evolução, à consciência superior, às lições que vêm com as verdades superiores. A história revela que a Terra atravessou ciclos chamados de Idades das Trevas, em que a consciência escorregou no abismo e a evolução foi protelada.

Nesses períodos, grandes Mestres foram enviados à Terra para indicar o caminho. Esses Grandes foram muitas vezes chamados de Iluminados. Hoje, o termo mais comum é Mestres Ascensionados. Eles são também denominados "Os Eleitos", um termo usado mais de 2.500 vezes na Bíblia. (Stone, 1992)

Os Mestres Ascensionados

Mestres Ascensionados são almas muito avançadas que trabalham para Deus e que vêm à Terra para servir à humanidade. São seres de Luz que encarnaram na Terra não apenas para o próprio crescimento espiritual, mas também a serviço da humanidade. Deixaram, no passado, um legado de realizações e contribuições, documentadas nos anais da história, trazendo sabedoria e conhecimentos muito avançados para as épocas em que vieram. Alguns eram profetas que podiam ver o futuro. Outros encarnaram em algumas áreas específicas de atuação e habilidade, deixando obras de arte e estruturas arquitetônicas que espantam os mais profundos pensadores de hoje. Outros eram filósofos ou poetas que deixaram seu legado no papel.

Em todos os casos, vieram para servir, para evoluir e para lançar no mundo sua Luz. Mas, apesar de suas contribuições, foram quase todos vítimas do escárnio e da zombaria das massas porque viam o mundo por meio de óculos diferentes.

A humanidade guarda registros horríveis do que foi feito a esses Grandes por almas desavisadas. E qual a razão? Geralmente porque esses seres eram diferentes, possivelmente excêntricos!

O título Idades das Trevas foi merecido. As pessoas resistiam à mudança e tinham geralmente a mente fechada às novas idéias. Tudo o que estivesse fora da chamada existência normal no mundo físico era temido, ridicularizado e negado, causando problemas para os que tentavam implementar ou ensinar verdades superiores. Assim, muitos desses Mestres foram forçados ao isolamento, limitando-se a aprender e ensinar.

Mas nem todos se esconderam. Os que tiveram coragem de continuar em público pagaram um preço muito alto, sendo que muitos enfrentaram mortes trágicas. O exemplo clássico é a morte de Jesus, o Cristo, provocada pela ignorância das massas, incapazes de compreender as verdades superiores que ele apresentou à humanidade com um único propósito: mostrar o que devemos aprender e praticar para que nossas almas se libertem.

Assim, era preciso muita coragem e muita fé para se tornar um alto Iniciado. Muitos entraram para a história suportando cargas pesadas por causa de seus engajamentos. Ao examinar as vidas desses Grandes, nós nos perguntamos como agüentaram tanta coisa, tendo um fim tão diferente da dignidade que mereciam. Para ilustrar este ponto, vamos nos lembrar de alguns deles.

Pitágoras, o primeiro filósofo a trazer ao mundo os conceitos superiores da matemática, da geometria sagrada e da música das esferas. Ele foi assassinado e sua escola incendiada, juntamente com seus discípulos.

Os Doze Apóstolos que cercavam Jesus. Quase todos eles partiram deste mundo de maneira turbulenta, atacados pelas massas que não conseguiam enxergar as dádivas do Espírito e nem mesmo guardar essas dádivas na consciência.

Joana d'Arc, a Luz vitoriosa que desafiou os políticos. Ela morreu na fogueira por causa das vozes que ouvia e das verdades superiores que lutou para introduzir no mundo.

Galileu, o famoso astrônomo e matemático que comprovou a teoria copernicana. Foi condenado pelas massas durante a Inquisição e forçado a renegar as próprias descobertas para evitar a morte na fogueira.

João Batista, o mensageiro do mundo. Foi preso e decapitado por sua coragem e força, morrendo pelas verdades que ousou divulgar.

No passado, essa foi a sorte de muitos eleitos. Mas hoje cada um deles é um herói, uma heroína ou uma lenda. Em alguns casos, são adorados.

O livro *The Keys of Enoch*, de J. J. Hurtak (1977), fala dos Mestres Ascensionados, descrevendo-os como:

> Mestres que, por várias encarnações, serviram nos Céus inferiores ensinando a Lei Cósmica do Universo e que ascenderam de volta à presença do Pai, sendo então designados para ensinar a uma grande variedade de mundos por causa de seu grande amor. (p. 567)

Missão dos Mestres Ascensionados

Esses mestres altamente evoluídos vêm monitorando o mundo e o nosso progresso desde o início do tempo, ajudando sempre que a humanidade e a Terra precisaram. São Mestres de amor, sensíveis às mudanças que estamos atravessando e aos efeitos dessas mudanças no corpo emocional. Como o corpo mental, o corpo emocional e o corpo físico devem ser integrados ao corpo espiritual, os Mestres nos orientam com muito cuidado, para que nenhuma alma se perca nesse processo.

Eles encarnaram muitas vezes na Terra, deixando sabedoria e conhecimento para nos ajudar a crescer. Quando não estão encarnados são invisíveis aos olhos físicos, mas estão sempre conosco. Eles costumam dizer:

SE VOCÊS SOUBESSEM
QUEM CAMINHA AO SEU LADO,
NUNCA SE SENTIRIAM SOZINHOS

Com essas palavras, os Mestres se referem à presença dos Iluminados que conhecem todos os nossos pensamentos, palavras e ações. Referem-se também à essência de Jesus ao fazer essa afirmação.

Nem sempre os Mestres Ascensionados precisam encarnar fisicamente para trabalhar com a humanidade, pois há muitas outras maneiras de nos ajudar, como por meio de sonhos e visões. Ou pela comunicação telepática com certas pessoas da Terra, que têm altos níveis vibracionais, compatíveis com as transmissões dos Mestres. Podemos elevar nossa freqüência vibracional com o serviço e a dedicação à senda espiritual. Mas geralmente a conquista de um estado vibracional superior leva várias vidas e exige disciplina extrema. Sabe-se de poucos que o conseguiram em pouco tempo

Elevar as próprias vibrações a uma freqüência de amor e Luz requer purificação do corpo, da mente e do Espírito e exige que o corpo mental e o corpo emocional sejam refreados. Chega-se a uma freqüência vibracional superior por intermédio do amor incondicional e da aceitação de tudo — e dos sentimentos decorrentes. Quando uma pessoa tem capacidade para manter esse estado mental (chamado iluminação), os Mestres Ascensionados podem entrar em contato com ela com mais facilidade, começando então a se comunicar com a alma. Quando essa conexão é estabelecida, eles enviam mensagens de sabedoria, orientação, amor e apoio para ajudar aquela pessoa a evoluir.

Antes de atingir esse estado de iluminação, que exige disciplina, a pessoa é deixada sozinha na senda do aprendizado. Isso não é feito para punir a alma, mas pelo respeito que os Mestres têm por nosso livre-arbítrio. Em cada nova vida, a pessoa enfrenta sete anos de testes antes de começar a tomar conhecimento da presença dos Mestres. Assim, vai estar preparada para assumir a responsabilidade pelos próprios pensamentos e ações e será sincera quanto à direção a seguir. O fascinante é que esse processo se aplica a todos os que encarnam. Até Jesus precisou passar por essa experiência porque, como a Terra é um lugar kármico, o véu desce para todas as almas que chegam ao planeta.

Como é tão difícil aprender as lições no plano da Terra, devido à densidade da energia que a cerca, todas as almas passam pelo mesmo tratamento sempre que encarnam. Não há exceções. É a intensidade da Luz no interior de cada um, o caráter da alma e as escolhas individuais que determinam o avanço nos testes. É o nosso progresso que determina o momento dos Mestres se revelarem de maneira mais direta.

Na Terra, cada alma é designada ao *ashram* de um ou mais Mestres Ascensionados. Um ashram é um local isolado, onde são transmitidos e praticados ensinamentos religiosos e espirituais. Todos nós temos um Mestre na Hierarquia Cósmica, mesmo que não saibamos disso no nível consciente. Quando terminam os sete anos de testes, o Mestre entra em contato com o discípulo. Diz o ditado:

QUANDO O DISCÍPULO ESTÁ PRONTO,
O MESTRE APARECE

Na Terra, todos nós fazemos parte do ashram da consciência de Cristo, independentemente de sermos ou não seguidores da religião cristã. Porque, vocês sabem, ao contrário da crença popular, os Mestres Ascensionados não seguem uma religião. Eles acreditam na Unidade e na Iluminação, o que significa que honram os ensinamentos de todos os Grandes Mestres que vieram antes, deixando ensinamentos que favorecem nossa evolução. Ao longo da história, essa verdade é evidente.

Nenhum desses seres iluminados veio à Terra em função de uma religião. Mas todos esses Mestres eram Divinos por direito, mesmo que não tivessem nascido numa religião específica. Foi depois que seres como Jesus, Buda, Zoroastro e Maomé deixaram o plano da Terra que as religiões surgiram. Os seres humanos fizeram as regras e regulamentos, que os seguidores dos Mestres devem obedecer para atingirem a salvação. Esse processo não deve ser atribuído aos Mestres que vieram à Terra para servir. Todos eles foram receptáculos das palavras divinas e fizeram o possível, nas civilizações em que nasceram, para favorecer a evolução das pessoas, trazendo a elas sabedoria e verdades superiores. As mensagens enviadas dos planos superiores eram compatíveis com as necessidades de cada civilização.

Os Mestres Ascensionados, coletivamente, vêem a humanidade como Um. Eles vêem a beleza e a centelha de Luz na alma de cada pessoa e sabem que cada uma delas é filha de um único Deus. Não vêem nossas diferenças, mas apenas nossas semelhanças como filhos do Criador, e sabem que todos nós estamos lutando para evoluir.

Jesus disse que:

**SÃO MUITAS AS TRILHAS,
MAS UM SÓ O CAMINHO**

Traduzindo, isso significa que há muitas trilhas (religiões), mas apenas um caminho — a iluminação. Em João 8:12 Jesus expressa esse mesmo pensamento em outras palavras, ao dizer que Ele é esse caminho ou, se preferirem, que Ele é o exemplo:

EU SOU A LUZ DO MUNDO

As vibrações da Terra — e as nossas — estão cada vez mais altas. Assim, ficamos cada vez mais próximos da freqüência dos Mestres Ascensionados, diminuindo aos poucos o abismo entre a freqüência deles e a nossa. Com isso, um número cada vez maior de pessoas pode receber comunicações telepáticas da Hierarquia Celestial — um dom que em tempos passados era concedido apenas à elite espiritual.

Hoje, milhares de pessoas do mundo inteiro recebem belas mensagens de estímulo e orientação. Uma prova disso são as centenas de publicações que aparecem todos os anos. À medida que as freqüências vibracionais se elevam, as mensagens se tornam mais claras. Isso significa que as conexões estão ficando mais fortes, uma indicação de que as freqüências vibracionais de algumas pessoas estão realmente se elevando. Informações iguais ou semelhantes são recebidas em todo o mundo — um fenômeno que não era possível há alguns anos, quando as conexões não eram tão claras.

Como as pessoas em geral não têm consciência do despertar espiritual que hoje envolve a Terra, a idéia de se comunicar diretamente com Jesus, Buda ou algum dos outros Mestres pode parecer alarmante, até mesmo assustadora. Afinal, no passado, essa comunicação não era apenas para os santos? Além disso, há a lembrança profunda do que fizemos aos santos por dizerem que ouviam vozes ou recebiam mensagens de Deus. Como quase todas as almas que atingiram a santidade foram martirizadas, medos profundos vêm à superfície e fecham nossas mentes à aceitação de que essa comunicação pode ser hoje uma realidade para nós. Fomos programados para achar que somos pecadores, almas patéticas que pouca esperança têm de evoluir. Então, como poderíamos ter uma linha direta com os Mestres Ascensionados?

Os Mestres Ascensionados afirmaram repetidas vezes que querem ser considerados como nossos irmãos mais velhos, como aqueles que percorreram a trilha antes de nós para nos mostrar o caminho. É hora de começar a considerá-los como uma equipe de seres altamente desenvolvidos que foram enviados à Terra, um a um, para trazer a iluminação ao longo das eras. Não foram profetas, nem seres que se contradiziam entre si com o objetivo de começar novas religiões, cujos adeptos acabariam odiando uns aos outros e provocando guerras, ódio, morte e destruição. Não! Todos os que escolheram descer à Terra para servir eram almas que fizeram o melhor trabalho possível dentro das condições encontradas nas civilizações em que encarnaram. Todos eles devem ser honrados como uma equipe que trouxe mensagens de paz, amor e iluminação para o mundo. Deveríamos agradecer a todos eles pelo empenho em nos ajudar a evoluir.

Há hoje uma pergunta que precisa ser feita: se Jesus encarnasse agora, que religião escolheria? Escolheria o Catolicismo, o Metodismo, o Mormonismo, o Budismo ou o Judaísmo? E depois de fazer sua escolha Ele censuraria todas as outras crenças, chamando publicamente seus seguidores de pecadores desgraçados, dignos de perecerem na mão de seu Pai, por não seguirem a religião escolhida por Ele? Jesus seguiria o Budismo, honrando seu colega Gautama Buda, que fez o que nenhum outro ser humano tinha conseguido até então, ou escolheria outra religião para depois difamar os colegas e glorificar os próprios seguidores?

As respostas a essas questões parecem óbvias. Então por que continuamos a nos alimentar de diferenças que vêm do separatismo? Por que não enxergamos nossas semelhanças? Quando evoluiremos a ponto de ver apenas Unidade em vez de dualidade, como os Mestres Ascensionados?

Quando uma alma escolhe abraçar a senda espiritual, a lição a ser aprendida é a de Ser Um. Os Domínios Evoluídos trabalham vida após vida com cada um de nós, ajudando-nos a chegar ao amor incondicional e a adquirir a perspectiva de Ser Um. Em algum momento de seu trajeto evolutivo, a alma pode, ainda encarnada, tornar-se o receptáculo das comunicações diretas dos Mestres. Foi esse procedimento que, no passado, possibilitou aos profetas e Iluminados que recebessem grandes ensinamentos e profecias. O conhecimento e a sabedoria eram enviados ao Iniciado por Mestres Ascensionados desencarnados, no cumprimento de acordos feitos nos intervalos entre vidas, porque a alma do Iniciado estava pronta para esse nível de responsabilidade e crescimento. Como esse mesmo processo voltou a ocorrer, os Mestres Ascensionados têm enviado mensagens de esperança, paz, amor e sabedoria para muitas pessoas na Terra.

O que é a Hierarquia Cósmica?

Há numerosos níveis de funções e responsabilidades na Hierarquia Cósmica que governa a Terra. Há também muitos cargos e vários Conselhos de Luz, contribuindo cada um deles para a realização do plano de Deus na Terra. O leitor deve conhecer alguns dos títulos mais comuns dos Seres Evoluídos, pois derivam das diferentes religiões do mundo. São eles: Santos, Buda(s), Bodhisattvas, Elohins, Anjos, Arcanjos, Deuses, Deusas e Senhores. Além desses, que aparecem com mais freqüência, há outros títulos: Seres Cósmicos, Chohans, Devas, Serafins, Querubins, Logos, Observadores Silenciosos Cósmicos e Planetários, Kachinas e Seres dos Elementos.

Uma ou mais dessas presenças divinas está por detrás de cada atividade inteligente que contribui para o avanço da humanidade. Os seres de Luz acorreram sempre que a humanidade precisou de um estímulo. Mas, como há o livre-arbítrio, quando a humanidade não aceitava a ajuda eles eram forçados a recuar, à espera de um grito de socorro ou de um pedido de ajuda.

Eles estão conosco mais uma vez, porque depois da Segunda Guerra Mundial a consciência da humanidade enviou um pedido de socorro por meio das preces e do coração de milhões de pessoas. Eles estão entre nós, fazendo o que sabem fazer melhor: ensinando o caminho da iluminação e conduzindo gentilmente nossas almas para a liberdade.

Há dois grupos principais de Mestres Ascensionados que ajudaram a humanidade na evolução terrestre. Esses dois grupos são a Grande Irmandade Branca (ou Irmandade de Todos, como os Arcturianos a descreveram) e a Ordem de Melchizedek.

A Grande Irmandade Branca (branco significa Luz branca) é formada por seres da Hierarquia Cósmica, incluindo setenta Ordens/Irmandades do universo. Seu propósito básico é ajudar os planetas e as civilizações a evoluir. Como o plano de Deus inclui toda a criação, a Grande Irmandade Branca tem a tarefa de observar o processo evolutivo de todos os seres e dar assistência quando necessário. O segundo grupo significativo é a Ordem de Melchizedek. É o grupo que, no nível físico e espiritual, completa o trabalho de ajudar as civilizações a evoluir. Para isso, esses seres evoluídos orquestram mudanças na consciência ou atuam efetivamente no mundo físico.

Os seres de Luz podem pertencer simultaneamente à Ordem de Melchizedek e à Grande Irmandade Branca. Na verdade, a maioria, se não todos, pertence às duas.

Um dos seres encarregados de organizar os níveis dos mundos celestiais é Melchizedek, um ser que se iguala a Metraton e ao Arcanjo Miguel. A descrição que Hurtak faz da função de Melchizedek é a seguinte:

> ... encarregado de organizar os níveis dos mundo celestiais de YHWH na passagem à nova criação... [para] "resgate, regênesis e reeducação dos mundos" passando pela purificação da Luz Viva. (Gn 14:18; Hb 5:7-10) Ele é encarregado da Ordem/Irmandade Celestial de Melchizedek e do sacerdócio espiritual e planetário de Melchizedek. (Sl 110:4-7; Jz 5:19-21: Hb 5.9-12) Melchizedek é a manifestação de um "Filho de Deus". (Hb 7:3) (p. 588)

Continuando, Hurtak faz a seguinte revelação sobre os membros da Ordem de Melchizedek:

> ... Os "eleitos" da ordem de Melchizedek são Filhos da Luz que escolheram vir ao mundo da forma e manifestar a soberania de YHWH na transmutação da terra. Eles trabalham para implementar as verdades de Deus e aparecem ocasionalmente como uma "Ordem visível" servindo ao homem por intermédio de Merkabah, de maneira que os modelos arquitetônicos dos Céus possam ser construídos na terra como indicadores dos muitos níveis de criação universal. A Ordem de Melchizedek é posterior à Ordem do Filho de Deus. Ela governa os quadrantes dos mundos planetários onde a semente adâmica foi transplantada, ministrando coisas espirituais a esses mundos. Ela guarda as chaves para abrir os Céus às áreas de contato na terra e tem a capacidade de comungar com as comunidades celestiais das Irmandades da Luz por meio dos universos do Pai, coordenando o trabalho de Cristo nos Céus e na terra. A Ordem é Eterna (Hb 7:3) e predestinou seus "Sacerdotes e Programas" antes do mundo ser. Na história do planeta, a Ordem de Melchizedek tem existido em pequenas comunidades familiares de sacerdotes-patriarcas, sacerdotes-cientistas e poetas-estudiosos que servem fielmente a Palavra de Deus. (pp. 588-589)

Há evidências que apóiam o fato de Melchizedek ser, na hierarquia, o ser que se comunicava com Jesus durante seu serviço na Terra. Todos os que pertencem a essa ordem recebem o título de Melchizedek. A Bíblia se refere a Jesus como Rei Melchizedek.

Membros da Ordem de Melchizedek

Para os leitores que estudam seriamente a metafísica, os nomes dos Mestres Ascensionados não serão surpresa porque, como mantêm comunicação consciente com os Mestres, sabem que eles são reais. Entre esse grupo de Iniciados, os nomes dos Mestres Ascensionados fazem parte das conversas de todos os dias. Essas pessoas sabem que temos capacidade de nos comunicar com esses seres. Centenas de documentos que estão surgindo no mundo inteiro são uma prova disso.

Não seria possível enumerar os nomes de todos os Mestres Ascensionados, pois eles são muitos. Muitos nomes nem teriam sentido, pois estão muito distantes da consciência de qualquer civilização. Segue-se um punhado de nomes de Mestres Ascensionados que encarnaram no corpo físico e de alguns Mestres que estão fora do processo de encarnação:

Abraão
Santo Antônio
Apolo
Ártemis
Ashtar
Atena
Brahma
Confúcio
Davi
Leonardo Da Vinci
El Morya
São Francisco de Assis
São Jorge
Saint-Germain
José
Krishna
Kuthumi
Lanto
Maitreya
Mãe Maria
Michelângelo
Monka
Moisés
Nada
Quan Yin
Sanat Kumara
Serapis Bey
Shiva
Salomão
Hilarião
Ísis
Jesus
Soltec
Santa Teresa
Vishnu

Um exame dessa lista revela que há mais nomes masculinos do que femininos. Apesar de os Mestres Ascensionados serem andróginos (possuem características interiores masculinas e femininas), a alma, quando se eleva, mantém a personificação do sexo da última encarnação. O sexo que teremos em nossa ascensão será o oposto do sexo que tivemos em nossa primeira encarnação na Terra. Como as civilizações da Terra têm sido basicamente dominadas pelos homens, muitos Mestres Ascensionados escolheram vidas que lhes permitissem deixar legados como homens. Conseqüentemente, a maioria manteve a personificação masculina.

Como parece haver um desequilíbrio nos Reinos Evoluídos, no sentido de haver mais homens do que mulheres, muitos membros da Ordem de Melchizedek que escolheram o caminho da ascensão nesta vida encarnaram como mulheres. O objetivo é equilibrar os planos etéricos tendo mais Mestres femininos em papéis de liderança quando o atual trabalho na Terra estiver concluído. Mas, na verdade, não há desequilíbrio.

Mestres Ascensionados que contribuíram para este livro

Quatro Mestres Ascensionados participaram deste livro. Para informação dos leitores, seguem-se breves biografias desses Mestres. Observem como os atuais cargos e funções estão relacionados ao conteúdo e às informações que eles apresentam neste documento.

El Morya — Na Hierarquia Espiritual, El Morya é o Senhor do Primeiro Raio e a autoridade para suas ações na Terra. Ele vem de Mercúrio e trabalha com um dos três principais departamentos da Hierarquia Espiritual, conhecido como Manu, que é atualmente chefiado por Allah Gobi. Os outros dois são o Ofício de Cristo, chefiado pelo Senhor Maitreya (a que pertencem também Jesus e Kuthumi), e o Ofício de Maha Chohan, que recentemente passou a ser encabeçado por Saint-Germain.

O Primeiro Raio é um purificador e um modificador. Os estados de disfunção são transformados em meios de expressão mais produtivos. Os que trabalham no Primeiro Raio são escolhidos por sua capacidade de trabalhar com poder. El Morya é o representante da vontade de Deus e, como tal, favorece sua realização por todos os que vêm à Terra.

El Morya é o defensor leal da justiça e da vida correta. Ele é o Mestre das Leis Universais, da verdade e das comunicações límpidas. Em vidas anteriores significativas, ele desempenhou funções que trouxeram justiça e igualdade para o mundo. El Morya foi Abraão, o pai da religião judaica; Melchior, um dos reis magos que visitaram o Cristo Criança; Rei Salomão; Rei Artur da lenda de Camelot. Em outras vidas, Hércules foi seu professor, assim como Maha Chohan. Dizem que o Raio Gêmeo de El Morya está atualmente encarnado, trabalhando para ajudá-lo a realizar a justiça divina na Terra.

Kuthumi — O mestre Kuthumi desempenha uma função importante de professor num grande ashram de muitos alunos. O título de Kuthumi é Professor do Mundo e ele pertence ao Ofício de Cristo juntamente com Sananda, Jesus o Cristo. Seu principal professor foi o Senhor Maitreya, que encabeça agora o Ofício de Cristo. Acredita-se que Kuthumi vai assumir no futuro a atual função de Jesus, quando este prosseguir sua jornada para domínios superiores. A essência do Segundo Raio é amor/sabedoria, abrangência e o poder de servir. A função de Kuthumi é trazer a iluminação pela educação.

Em encarnações anteriores, Kuthumi foi um dos Três Reis Magos que desencarnou pouco depois do nascimento de Jesus, voltando logo depois como João, o "discípulo amado" de Jesus; Tutmósis III do Egito; Xá Jahan, construtor do Taj Mahal; São Francisco de Assis e Pitágoras. Foi ele também (juntamente com El Morya e Djwhal Khul) que trouxe ao mundo a Teosofia ou compreensão do conceito de Ser Um. Dizem os relatos que seu Raio Gêmeo está atualmente na Terra ajudando a Hierarquia Celestial a orientar a humanidade neste momento de despertar espiritual, que envolve o mundo inteiro.

Palas Atena — Conhecida como embaixatriz da Verdade Cósmica, Palas Atena foi uma Alta Sacerdotisa de Atlântida no Templo da Verdade. Foi também conselheira chefe em Lemúria antes do maya (o véu) cobrir a Terra e desempenhou essa função até o momento em que as vibrações ficaram tão densas que quase extinguiram a presença e as formas da Hierarquia.

Sua presença garante a prevalência da integridade e da verdade e seu Espírito comanda a vontade de realizar. Todos os que estão em alguma missão de trazer a verdade à Terra estão sob sua influência. Ela é membro do Conselho Kármico da Hierarquia Planetária do universo juntamente com o Diretor Divino, a Deusa da Liberdade, a Senhora Nada, Vista, Quan Yin e Portia. Palas Atena é o raio Gêmeo de Maha Chohan.

As lendas gregas dizem que ela nasceu da cabeça de Zeus, que é irmã de Apolo e padroeira de Atenas, do aprendizado e das artes secretas. Ela orienta o conhecimento sobre a energia da deusa (yin), que atualmente está sendo restabelecido no planeta.

Sananda, ou Jesus o Cristo — Ele é a imagem de Deus, o arquétipo da identidade de Deus. Como Jesus, ele foi um Sumo Sacerdote da Ordem de Melchizedek. Veio de Vênus para encarnar, puro e sem karma. Jesus é o filho de Deus e do homem, a personificação da vida divina em forma humana, representando a parte da trindade que se encontra em cada um de nós. Podemos considerar Sananda como modelo supremo dos comportamentos que devemos aprender em nossa jornada espiritual.

Sua ascensão e reunião com a Força de Deus estabelece o padrão de nossa ascensão. É a reunião de nossa alma com Deus, o EU SOU.

Edgar Cayce diz que Jesus apareceu na Terra como Adão, Enoch, Jeshua e José do Egito. Outros afirmam que ele foi Eliseu. Durante os últimos três anos de sua vida ele compartilhou sua consciência com seu professor, o Senhor Maitreya, que é chefe da Hierarquia Espiritual e da Grande Irmandade Branca, viabilizando assim os milagres que realizava. Sua quarta iniciação ocorreu na época de sua crucificação. Nove anos depois ele reencarnou como Apolônio de Tiana, um dos maiores Mestres que já estiveram no plano da Terra.

As informações que se seguem são para os leitores que tiverem interesse nas biografias dos Mestres Ascensionados que escreveram os depoimentos apresentados no início deste livro.

Saint-Germain — Foi Senhor do Sétimo Raio, um dos quatro raios localizados no Ofício de Maha Chohan, que é relacionado ao princípio da inteligência na Terra. Assumiu recentemente a função de chefe desse Ofício, tornando-se Senhor da Civilização. O Ofício de Maha Chohan controla as forças da natureza e é a Fonte da energia elétrica. Esse Ofício é ligado a quatro outros raios ou departamentos, três dos quais são encabeçados por Mestre Paulo o Veneziano, Hilarião e Jesus. O quarto raio ou departamento é o que foi encabeçado por Saint-Germain. Não se sabe quem ocupa essa posição atualmente.

Em vidas anteriores Saint-Germain foi José, o pai de Jesus; Merlin em Camelot; o profeta Samuel; Santo Albano no século III; Roger Bacon; Proclo, o filósofo grego; Christian Rosenkreutz da Alemanha, que fundou a Ordem da Rosa-Cruz (os rosa-cruzes foram sua descendência); e finalmente Francis Bacon (que, segundo alguns, era o escritor que usava o nome Shakespeare). Acredita-se que Saint-Germain permaneceu na Terra por uns trezentos anos depois de sua ascensão, aparecendo muitas vezes para os que precisavam de sua orientação. Seu Raio Gêmeo é a Senhora Nada.

Hilarião — Hilarião é o Senhor do Quinto Raio, um dos departamentos de Maha Chohan. Sua tarefa é trazer a Nova Era à realidade. Mestre Hilarião favorece a chegada da Nova Era ensinando-nos a usar nossos poderes mentais de maneira mais vigorosa e produtiva. Esse departamento tem também como tarefa desenvolver as descobertas científicas. Os avanços científicos são criados no etérico e depois canalizados aos cientistas, geralmente sem que eles tenham consciência disso. Ele também trabalha com Mestre Marko, ajudando as pessoas a controlar seus corpos mentais, para que atinjam finalmente uma consciência dual. Orienta os médiuns em seu desenvolvimento espiritual e é conhecido também como médico e mestre da cura do universo.

Como Palas Atena, Mestre Hilarião esteve no Templo da Verdade em Atlântida. O Oráculo de Delfos na Grécia foi criado sob a soberania desse Templo e conforme sua orientação junto aos Iniciados. Uma de suas encarnações anteriores foi como Saulo de Tarso, que se transformou no Apóstolo Paulo. Nessa vida, ele e Tomé eram conhecidos por seu ceticismo. Assim, ele guia os agnósticos, os que estão desiludidos e espiritualmente desapontados.

Mãe Maria — Maria, ou a Virgem Maria, é chamada de Rainha dos Céus, sendo freqüentemente descrita como um anjo, ou como a Rainha dos

Anjos. Em alguns gráficos da Hierarquia Espiritual ela figura entre os Arcanjos, ao lado de Rafael, que é considerado seu Raio Gêmeo.

Mãe Maria trabalha dedicadamente com o reino elemental e com o reino da natureza. Ela é conhecida também como mestre da concentração e tem grandes poderes de manifestação. Nos últimos duzentos anos ela conservou o foco que sustentou os ensinamentos de Jesus no planeta. Suas aparições na Terra abrem vórtices de energia que mantêm vivo o ensinamento espiritual na mente e no coração das massas. Há uma frase que diz: "Ele colocou o mundo inteiro nas mãos dela."

Quando encarnou como Maria, ela foi uma essênia. Os essênios prepararam doze meninas no templo de Monte Carmelo para que uma delas fosse a mãe do Messias. Ela praticou exercícios mentais e físicos e passou por um treinamento espiritual. Maria foi para o templo quando tinha quatro anos e o Anjo Gabriel a escolheu quando tinha doze ou treze anos. Ficou então separada das outras crianças por quatro anos.

Seu casamento com José (Saint-Germain) só se realizou depois da concepção do Cristo. Quando Jesus era pequeno, ela e José mantinham comunicação constante com a Hierarquia Celestial e com o reino angélico, que os avisavam sempre que havia um perigo ameaçando o menino que tinham aceitado criar na Terra, para que pudessem evitá-lo a tempo.

Depois da morte de Jesus, Maria foi para a Inglaterra com José de Arimatéia, estabelecendo assim o vórtice para Camelot, que apareceria no quinto e sexto séculos. Nessa época, o Graal foi levado para ser guardado em Glastonbury. É através do Graal, na Inglaterra, que as energias de transformação e ascensão serão canalizadas, o que finalmente levará a Terra à Sétima Idade de Ouro. Como regente da energia da deusa na Terra, Maria comandará a transformação do poder nas décadas que virão.

Numa encarnação anterior ela foi Ísis no Egito. No Templo de Ísis, ensinou a centenas de Iniciados a antiga sabedoria e os mistérios do oculto. Ela é a Mãe do Mundo, dirige o reino angélico e o Templo do Sagrado Coração.

Quan Yin — Chamada de Deusa da Misericórdia, Quan Yin tem muito poder na Hierarquia Espiritual. Como sua maior qualidade é a misericórdia, ela ajuda mais com a compaixão, o perdão e o amor do que com ações. Assim, é uma poderosa deusa da cura. É conhecida como a mãe das mulheres que dão à luz novas vidas que chegam ao planeta. Mas sua missão é também dirigir a energia de cura a todos os seres humanos, no mundo inteiro.

Por dois mil anos ela foi Chohan do Sétimo Raio, a posição que Saint-Germain deixou há pouco tempo. Então, juntamente com Palas Atena, foi escolhida para participar do Conselho Kármico e é um dos Senhores do Karma. Seu Mestre foi o Senhor Gautama.

Ela é mais conhecida no Oriente, embora muitos ocidentais estejam agora estabelecendo ligação com seu poder. Na China, onde é chefe do Templo da Misericórdia, é conhecida por sua honestidade e integridade. Ela é o Mestre a quem deve recorrer quem deseja ter o karma absolvido.

Melchizedek — Melchizedek, o Eterno Senhor da Luz, é encarregado de preparar os mundo celestiais para a criação da força de Deus. Ele encabeça a Ordem de Melchizedek, encarregada de preparar o planeta para a Quinta Dimensão. Supervisiona os Mestres da Luz atualmente incumbidos de trazer a sabedoria e o conhecimento antigos para a Terra. A Ordem dá ao mundo a percepção espiritual e coordena o trabalho de Cristo. Tem o poder de redespertar, nos povos da Terra, o conhecimento da decodificação da Linguagem Universal da Luz, um programa que está sendo carregado em nossa mente subconsciente.

Arcanjo Miguel — O Arcanjo Miguel é considerado o maior de todos os anjos. Ele é o chefe da ordem de virtudes, chefe dos Arcanjos e chefe dos anjos do arrependimento, da retidão e da misericórdia. É o paladino da proteção e da fé e o Príncipe de Deus nos mundos celestiais.

Miguel é chamado também de "Príncipe da Luz", o que lidera os anjos da Luz contra os anjos das trevas. Apesar de ter uma missão cósmica, ele trabalha também com as pessoas da Terra para proteger e defender os que desejam viver na luz.

Sua Espada de Chama Azul liberta os fluxos vitais dos obstáculos e das entidades inferiores do mundo físico. Quando é chamado, ele interfere nas ações que estiverem precisando de sua assistência. Tem o compromisso de atender a todos os que lhe pedem ajuda e assim fará, até que nenhuma alma precise mais de sua ajuda. Uma de suas habilidades é purificar a atmosfera da Terra e as auras humanas de formas-pensamento inferiores, dissolvendo tudo o que não é perfeito ou que não tenha vibrações superiores. Seu Raio Gêmeo é a Fé e os dois estão ligados a Hércules.

Walt Disney — Walt Disney é um novo Mestre Ascensionado, muito conhecido como cartunista, ilustrador, cineasta e futurista. Sua missão na Terra foi criar uma consciência dos elementais e animais e integrar a existência desses reinos na consciência humana. Sua alma vem do sistema estelar em que Elohim criou o Reino Deva, e ele veio à Terra programado com o sonho de que agora é o momento de trazer ao primeiro plano da atenção humana a consciência desse reino.

Resumo

Os Mestres Ascensionados são almas muito avançadas que trabalham para Deus e que vieram à Terra para servir à humanidade. Eles serviram durante várias encarnações ensinando as leis cósmicas do universo e "ascenderam de volta à presença do Pai, sendo então designados para ensinar a uma grande variedade de mundos por causa de seu grande amor" (Hurtak 1977, p. 567).

Eles trouxeram à Terra sabedoria e conhecimento muito avançados para seu tempo. Vieram como profetas, filósofos, artistas, arquitetos, poetas e líderes. Muitos foram ridicularizados e martirizados por suas crenças e capacidade de ver o futuro.

Há numerosos níveis de funções e responsabilidades na Hierarquia Cósmica que governa a Terra. Há muitos cargos e vários Conselhos de Luz, contribuindo cada um deles para a realização do plano de Deus na Terra. Há dois grupos principais de Mestres Ascensionados que trabalham para a evolução da Terra: a Grande Irmandade Branca e a Ordem de Melchizedek. Eles favorecem a evolução de planetas e civilizações.

Os Mestres Ascensionados estão às ordens de todos os que pedem sua orientação e ajuda. À medida que avançamos em direção à mestria, nós nos aproximamos também da ascensão e da possibilidade de sermos Mestres Ascensionados. Os Mestres têm monitorado o mundo e nosso progresso desde o início. Estiveram presentes sempre que a Terra e a humanidade precisaram e, embora não possamos vê-los, estão sempre nos ajudando. Sua ajuda pode ter várias formas:

- Às vezes, os Mestres se comunicam conosco por meio de sonhos e visões. Comunicam-se telepaticamente com pessoas cujos níveis de vibração são altos, compatíveis com suas transmissões.
- Cada alma da Terra é designada para o ashram de um (ou mais) dos Mestres Ascensionados, onde aprende e pratica os ensinamentos espirituais. São necessários sete anos de testes antes que os Mestres façam contato com os alunos.
- Hoje, por determinação do plano da Hierarquia Celestial, os Mestres Ascensionados não vêm mais à Terra um a um. Devemos aprender as verdades e viver de acordo com elas. Somos os Mestres Ascensionados de amanhã, recebendo orientação da Hierarquia.

Capítulo 3

A Natureza das Almas na Terra

O homem identificou-se falsamente
com a pseudo-alma ou ego.
Quando transfere o sentimento de identidade para o
seu verdadeiro ser, a Alma imortal,
ele descobre que toda dor é irreal.
Ele nem consegue mais imaginar o estado
de sofrimento.
Paramahansa Yogananda

A Bíblia e os Manuscritos do Mar Morto falam da batalha que será travada nos "dias finais" entre os filhos [e filhas] da Luz e os filhos [e filhas] das trevas. É a chamada Batalha de Armagedon. A visão de milhares de anos atrás revela que será travado um total de sete batalhas — as três primeiras vencidas pelos filhos das trevas e as três seguintes pelos filhos da Luz. A batalha final — a sétima — será vencida, depois de uma luta tremenda, pelos filhos da Luz. Com essa vitória, a paz e a prosperidade reinarão na Terra por mil anos.

A Batalha de Armagedon está agora muito viva na Terra. Está sendo travada no etérico e no plano tridimensional por forças que atuam por intermédio da humanidade. Essas forças representam a luta pelo controle entre o eu inferior (ego) e o Eu Superior, ou vontade de Deus. À medida que tomam consciência disso, muitos se fortalecem na Luz, adquirindo a força necessária para vencer em qualquer circunstância. Mas os que não têm consciência dessa batalha etérica são como marionetes manipuladas na arena por forças das trevas.

Os Filhos da Luz voltaram à Terra e estão se preparando para as quatro batalhas finais, pois três já foram vencidas pelos filhos e filhas das trevas. Observem o que acontece no mundo. Na época da publicação deste livro (1996), muitos tinham sucumbido ao crime, à ambição, às guerras, à fome, às drogas, à desesperança e ao desespero. Algumas pessoas chegam a ter medo de sair de casa enquanto outras se sentem impotentes para lutar por seus direitos básicos.

Na América, alguns dizem que já perdemos uma geração inteira por causa de nossa inércia e da inércia dos sistemas governamentais e sociais. Se perdermos outra, será quase impossível que nos recuperemos a tempo. Há uma sensação de queda em espiral — uma queda econômica, espiritual, física e social. Em suma, chegamos ao abismo, ao momento mais profundo do desespero humano. Dá para perceber?

O Mestre Ascensionado Kuthumi chama a década de noventa de "a mais negra das eras". Como os Mestres enxergam o futuro, ele diz que este período vai testar todas as almas da Terra, forçando-as a escolher a Luz ou as trevas. Fundamentalmente, **esta batalha é uma batalha por nossas almas.** É a hora do julgamento, mas não do julgamento feito pelos outros. É o momento da *nossa* escolha. No fim, somos nossos próprios juízes e júris em virtude de nossas ações, palavras, pensamentos e emoções.

Quem são esses filhos e filhas da Luz que deliberadamente vieram à Terra para travar as batalhas finais? Já estão aqui? Como eles são? À primeira vista, todos os seres humanos parecem iguais. A forma humana parece sempre idêntica, com a exceção de cor de pele, sexo, tamanho, etc. Então, se todos parecem iguais, onde estão essas pessoas?

Para vê-las, é preciso olhar com uma visão além da visão dos olhos físicos. É preciso olhar dentro da alma com o Terceiro Olho, para ver as auras que emanam do interior das pessoas.

Quando se adquire essa visão, é fácil ver esses Seres de Luz, pois há um milhão deles entre as massas. São a reencarnação de Sumos Sacerdotes e Sacerdotisas das primeiras seis Idades de Ouro, Santos e Faraós renascidos e Mestres Atlantianos que reencarnaram outra vez para trazer a Luz e as verdades superiores ao mundo. Esses seres têm uma visão infalível e sabem claramente que a Batalha de Armagedon não está perdida, que já foi ganha no etérico. Atlântida ressurgiu, como predisse há tantas décadas o "profeta adormecido" Edgar Cayce. Ressurgiu nas almas desses Mestres, que vieram guardar a Luz para o mundo.

No Livro de Mateus, Capítulo 7, Jesus fala desses seres de Luz, que voltariam e viveriam de acordo com as leis do universo para comandar a vontade de Deus na Terra:

PELOS SEUS FRUTOS
OS CONHECEREIS

— Essas almas foram enviadas à Terra pela Ordem de Melchizedek para trazer o poder da energia dos Cristos e para ensinar esse poder a todas as almas encarnadas que quiserem aprender. São as legiões dos Trabalhadores da Luz, representando todos os quadrantes do universo, que vieram à Terra para trazer o novo mundo. Estão encarnados em todos os países, raças e religiões e compreendem a Unidade, o Ser Um. Representam, em suma, a consciência de Cristo e tudo o que está contido nesse poder divino. Representam também a culminância de todas as verdades já trazidas à Terra pelos grandes Mestres que viveram antes de nós em países do mundo inteiro.

Essas almas vibram numa freqüência vibracional mais alta porque já passaram pelas lições e pelos Testes de Iniciação em vidas anteriores. Muitas vieram como cristãos que foram lançados aos leões ou que sofreram outras mortes terríveis graças à ignorância dos que detinham o controle na época. Todas passaram para o outro lado, perdoando seus agressores. Esse feito lhes valeu a "passagem" para voltar à Terra. Outras tiveram vidas simples, sem complicações, e aprenderam, como Buda, o que é a iluminação. Sejam quais forem as trilhas que seguiram, o importante é que há um só caminho — a Luz — e elas atingiram a Luz.

Por meio de exemplos e palavras, essas almas vão novamente ensinar nas novas escolas de mistério e fazer com que todos lembrem das verdades que conhecemos, mas que por ora estão esquecidas. Desde a queda de Atlântida — a queda da humanidade — a consciência se afundou tanto na energia masculina que esquecemos coletivamente o poder da Luz e os princípios femininos. De tanto nos proteger da Luz, acabamos adormecendo. Como resultado, estamos numa poça escura, lutando para enxergar. Por intermédio da Luz dessas almas de nível superior, reencontraremos a saída.

O *Webster's New World Dictionary* (1984) define alma como:

Uma entidade considerada como sendo a parte imortal ou espiritual da pessoa e, apesar de não ter realidade física nem material, são atribuídas a ela as funções do pensamento e da vontade, que determinam o comportamento. A natureza moral e emocional do homem. (p. 1360)

A alma é a verdadeira essência de quem e do que somos. É ela que abriga os Registros Akáshicos, o banco de dados que armazena todas as experiências e conhecimentos que acumulamos desde o início de nossa existência. As lições e as conquistas de muitas vidas estão contidas na essência da alma, e a força de sua Luz determina a força de nosso caráter. Quanto maior a Luz, mais alta a dimensão do ser. Assim, chega-se a uma consciência superior, que traz mais fé no poder dessa Luz, regida pela energia de Cristo. Quanto mais baixa a Luz, mais lições há a serem aprendidas e mais karma a ser resgatado.

A idade da alma e o número de vidas anteriores não determina o nível da consciência. A consciência superior, a iluminação, vem de experiências significativas e de lições vividas com a compreensão de que há apenas uma lei — a Lei do Amor. Quando se vive expressando essa crença, a mente e o coração começam a se abrir para novas realidades e outras verdades dimensionais se tornam conhecidas.

Atualmente, duas espécies de almas estão encarnadas na Terra: celestiais e terrestres.

Almas celestiais, as almas dos Filhos da Luz, são aquelas que vieram à Terra diretamente de outras dimensões e partes do universo. A maioria não teve muitas encarnações na Terra, pois aprenderam o currículo da Terra há muito tempo e se qualificaram para experimentar realidades dimensionais superiores. Nas poucas vezes que encarnaram, a maioria escolheu funções de monges, freiras, padres, sacerdotisas, lamas, iogues e outros líderes espirituais. Foram também Mestres Atlantianos há mais de 10.000 anos. Ofereceram-se para vir à Terra nessas épocas para colaborar no trabalho de trazer mais Luz ao mundo.

Na realidade, todas as almas se originam de outras partes do universo. As almas celestiais são aquelas que se lembram disso.

Hoje, a maioria dessas almas celestiais são pessoas comuns, vivendo vidas comuns. Encarnaram em situações comuns como parte do plano celestial — o plano para a transição da Terra à Era de Aquário.

O plano celestial estabelece que devem ser preenchidas três condições (pela maioria das almas celestiais) que garantem que essas pessoas sejam criadas no currículo da Terra, para que concluam seu trabalho neste planeta. Essas três condições são:

1. A maioria dessas almas nascerá em famílias de classe econômica média ou inferior, para que cresçam num ambiente que ensina a dor, a luta e as alegrias da humanidade.

2. Essas almas encarnarão em famílias que lhes ofereçam uma estrita formação religiosa, que represente todas as fés da Terra. Quando amadurecer, ela vai voltar as costas para a estrutura organizacional e para as regras, feitas pelo homem, das instituições religiosas, mas não às belas verdades espirituais que constituem a base de todas as religiões. Isso é inevitável, pois como a pessoa cresce para ser um ser humano pensante, a Luz da alma desperta dentro dela lembranças e verdades mais profundas. Ela começa a lembrar que a espiritualidade não é propriedade de uma fé, igreja ou estrutura, mas da conexão da alma com o eterno Pai/Mãe deste universo.
3. Cada uma delas passará por uma crise para despertar a alma. Sem essa experiência, o ego humano e até mesmo a alma podem ficar muito complacentes, vítimas da ilusão física do plano tridimensional. Mas a crise provoca dor emocional e obriga a pessoa a se voltar para dentro de si mesma em busca de respostas, em vez de manter a identidade envolta no maya que engana os cinco sentidos.

As almas celestiais podem ser divididas em dois grupos:

- Estrelas Seminais
- Ajudantes das Estrelas

As Estrelas Seminais, destinadas a despertar totalmente, estão começando a assumir posições de liderança que ajudarão o mundo e a humanidade a evoluir espiritualmente. Muitas compõem o grupo de 144.000 mencionado no Livro do Apocalipse. Todas precedem a volta do Mais Radiante. Seu objetivo principal é guardar a Luz para o mundo até que a consciência da humanidade se eleve a ponto de estabilizar o mundo e abarcar a escuridão que o envolve. Essas almas compreendem a Unidade e sabem que tudo é Luz e em Luz pode ser transmutado.

Os Ajudantes das Estrelas, por outro lado, nunca despertarão totalmente. São enviados para ajudar as Estrelas Seminais em suas missões, permanecendo ligados ao mundo físico e abrindo espaço para o trabalho que deve ser feito. Prestam ajuda em situações estressantes encarregando-se dos detalhes mundanos no mundo físico, permitindo assim que as Estrelas Seminais tenham disponibilidade para levar a cabo seu trabalho mais espiritual.

Concluindo, as almas celestiais foram enviadas à Terra para ancorar verdades espirituais em todas as fases de nossa vida — educação, vida em família, negócios, governo, medicina, religião, etc. Não estão aqui para iniciar uma nova religião. Deus nos livre! Já há religiões demais. Estão aqui para viver as verdades espirituais e trazer abundância, paz e prosperidade para a Terra. Isso é realizado pelo domínio das Leis Universais, as mesmas leis que aprenderam e ensinaram nas escolas de mistério por milhares de anos de encarnação. Estão aqui para mostrar o caminho e para ajudar a humanidade a se livrar da servidão.

As **almas terrenas**, por outro lado, encarnaram a maior parte das vezes na Terra ou em outros corpos celestes que vibram em freqüência tridimensional semelhante. São almas que voltam várias vezes porque gostam da dimensão física ou porque ainda não aprenderam o currículo de amor e Luz, precisando ainda concluir assuntos inacabados. A noção de que essas almas estão "presas" à Terra significa que, em sua maioria, não aprenderam ainda todas as lições dos antigos ensinamentos. Assim, escolheram voltar repetidamente às experiências tridimensionais e às suas lições. As almas terrenas constituem aproximadamente noventa e nove por cento da população do mundo.

Isso não significa que sejam inferiores às almas celestiais, pois são todas iguais e filhas de um único Criador. Significa apenas que as experiências adquiridas e dominadas pelas almas terrenas são diferentes. À medida que a alma aprende novas lições, sua freqüência vibracional aumenta, o que aumenta automaticamente sua Luz. A Luz traz mais compreensão e força interior para transformar a escuridão, e esse estado mental faz com que a pessoa emane uma aura radiante de Luz branca e dourada.

É por isso que Jesus, assim como os Santos e outros Mestres Ascensionados, aparecem sempre envoltos em halos ou em outras auras de Luz. Seus corpos físico, mental e emocional eram tão puros que transformavam as energias escuras, radiando assim esse tremendo campo de força luminoso. Tinham os "escudos erguidos", tornando quase impossível o assédio de forças das trevas, que poderiam diminuir sua Luz.

Todas as almas que se purificam e dominam o currículo do amor e da Luz compreendem que NADA TEM PODER SOBRE A LUZ, A MENOS QUE VOCÊ MESMO CONCEDA ESSE PODER. O medo e outras vibrações inferiores são as ferramentas que as forças das trevas usam para nos manter presos. Qualquer um ou qualquer coisa que tente coagir o pensamento de outra pessoa plantando sementes de medo, separação, julgamento e negatividade em sua mente NÃO É DA LUZ. Essa é a verdade. Mas as forças da escuridão, ainda vivas na realidade tridimensional, são mestres do logro psicológico, controlando o corpo emocional das pessoas com táticas de medo. Suas mensagens confundem, pois tentam nos convencer de que discernimento e julgamento são a mesma coisa, o que não é verdade.

O corpo mental e o emocional são os mais fracos de nossos corpos. Os mestres são chamados "Mestres" quando controlam o que pensam e sentem em todos os momentos, o que impede que as formas-pensamento e os medos dos outros se transformem em realidade.

As almas celestiais a caminho da mestria estão mais uma vez perto dessa compreensão. Estão começando a lembrar dessas verdades, usando todas as oportunidades para praticar o controle sobre os corpos mental e emocional, especialmente em situações de estresse. Na verdade, desta vez, a maioria das arenas deste plano são destinadas a permitir que essas pessoas pratiquem o centramento e a calma em meio ao caos e à frustração. Esse é o único propósito dessas situações. Se você estiver numa situação estressante, reexamine-a para perceber a ilusão que ela realmente é. Use então o momento para se tornar um mestre da calma e do centramento. Depois agradeça pela experiência difícil, pois, sem ela, como iria praticar?

As almas celestiais despertadas na década de oitenta passaram por muitos processos de purificação, reaprendendo todas as verdades básicas. Em pouco tempo, o resto do mundo também vai despertar, começando a ansiar pela informação que permite encontrar a liberdade. Tudo é parte do plano celestial. Tudo está em harmonia divina.

Todas as almas, celestiais e terrenas, podem ser chamadas de Trabalhadores da Luz ou de Filhos da Luz, dois termos usados indiferentemente nos Domínios Celestiais. Isso significa que seja qual for a história de suas encarnações anteriores, qualquer alma pode servir à Força de Deus como quiser. Lembre-se: são muitas as trilhas, mas um só o caminho, e esse caminho é a iluminação.

Mas a missão das Estrelas Seminais é diferente da missão das almas terrenas. A responsabilidade kármica das Estrelas Seminais é ancorar a Unidade em tudo que há na Terra e ajudar o mundo a evoluir espiritualmente. Como já foi dito, estão aqui para GUARDAR A LUZ PARA O MUNDO. Isso significa que devem sempre se ater a verdades e valores superiores, aprendendo a ouvir a orientação do Eu Superior que se comunica por intermédio do coração.

Ao contrário do que se pensa, as Estrelas Seminais não têm os mesmos direitos das outras almas na Terra. Como vieram à Terra para realizar uma tarefa para a Ordem de Melchizedek, elas "assinaram" contratos etéricos antes de encarnar. São visitantes neste mundo e voltarão a seus locais de origem quando a tarefa estiver concluída. São programadas, pelo contato com o Eu Superior, a fazer uma contribuição e a deixar um legado na Terra. Feito isso, elas estarão livres para partir, mas continuarão responsáveis pelos contratos que assinaram no intervalo entre vidas.

As almas terrestres não têm a mesma responsabilidade. Estão aqui para evoluir e para limpar suas lousas kármicas, mas não têm a obrigação de se tornarem agentes da mudança ou professores. Estão na Terra para aprender.

O nível de avanço da alma depende do tipo de cada vida que ela viveu na Terra. Viver na Terra uma vida boa, centrada e meditativa garante uma boa transição e vidas posteriores mais produtivas. É chegando cada vez mais perto das vibrações superiores, de Ser Um com o Divino, que alcançamos a

Quinta Dimensão e depois a ascensão, o que abre novo mundo de oportunidades para o serviço e o desenvolvimento.

Quando, em qualquer planeta ou sistema estelar, a alma aprende as lições que lhe são designadas, ela está livre para avançar em sua trilha, defrontando-se com experiências e lições cada vez maiores. O CURRÍCULO DA TERRA É APRENDER O AMOR E A LUZ. Para isso, devemos aprender o perdão e o amor incondicional. Só então a alma vai para mundos superiores. Assim, a Luz realmente nos liberta!

Quando não estão encarnadas, muitas Estrelas Seminais habitam em outros pontos do universo, em realidades de dimensão superior. Suas almas já evoluíram e já colheram experiências que a Terra também vai enfrentar quando entrar na Quinta Dimensão. Essas lembranças ficam armazenadas nos Registros Akáshicos.

As Estrelas Seminais que atualmente estão na Terra se ofereceram para vir, mas também foram escolhidas. Vieram porque sabiam que a Terra está na mais escura das eras — a bela Mãe precisa de Luz e assistência para passar à Nova Era que a espera. A dedicação e os registros do passado das Estrelas Seminais influenciaram no processo de seleção, pois foram escolhidas as que já prestaram alguma ajuda semelhante. A Terra é o terceiro planeta que elas semearam coletivamente no universo e que fizeram nascer como estrela. Elas devem favorecer a transição vitoriosa da humanidade porque antes já tiveram sucesso. Sua tarefa é realizar o plano de Deus.

Agora, pela primeira vez, não são mais necessários milhares de anos para evoluir. Com a aceleração do tempo, qualquer um que queira pode "ir em busca do ouro" (ou seja, da Luz). Tanto as almas terrenas quanto as Estrelas Seminais têm agora a oportunidade de passar a dimensões superiores e de evoluir para estados superiores de existência. As Irmandades que habitam na Quinta Dimensão e em dimensões mais altas esperam pela nossa passagem e pela nossa entrada em sua casa, enviando amor, apoio e votos de sucesso a todas as almas.

Finalmente, este capítulo não estaria completo sem uma menção ao reino animal e às almas dessas formas de vida. Vocês sabiam que as almas dos animais são as almas de nossos futuros filhos? Tudo no universo é consciência e vida. São Francisco de Assis (Mestre Kuthumi) sabia disso. Ele o afirmou abertamente e por isso foi criticado e ridicularizado. A Igreja Católica levou 2.000 anos para afirmar publicamente essa verdade, mas em janeiro de 1990 o Papa João Paulo II declarou que os animais têm alma. Os tibetanos sabem disso há séculos. Tudo está evoluindo. Sabendo disso, não é triste ver as experiências impostas por nós ao reino animal?

À medida que evoluímos, passamos por todos os reinos. Como entramos primeiro no reino mineral, alguns de nós podem ter vindo pela primeira vez à Terra como diamante. Ou, num dado momento da evolução, outros podem ter existido na consciência da floresta. Antes de matar um animal ou cortar uma árvore, os americanos nativos pedem permissão ao espírito desses seres, por respeito à vida que há neles. Você compreendem agora por quê? Tratar tudo com respeito e abraçar a consciência de todas as coisas indica uma alma avançada — uma alma que já está na Quinta Dimensão.

Resumo

A transformação para a Quinta Dimensão não ocorre sem luta. As forças da Luz e as forças das trevas estão empenhadas numa batalha pelo futuro. A vitória das forças da Luz está na compreensão de que tudo o que precisamos está na Luz e de que nossa tarefa é guardar essa Luz para o mundo.

- A década de noventa foi chamada de "a mais escura das eras" — um momento em que todas as almas precisam escolher a Luz ou escolher as trevas.
- Nossa alma é a verdadeira essência de quem e do que somos e o arquivo das experiências e dos conhecimentos que acumulamos ao longo do tempo.
- As Estrelas Seminais são almas celestiais enviadas pela Ordem de Melchizedek: elas vêm de várias partes do universo para manter a Terra na Luz e para ajudar no despertar do planeta.
- Os Ajudantes das Estrelas também são almas celestiais que foram enviadas à Terra para ajudar as Estrelas Seminais a despertar a Terra. Precisam continuar ligadas ao plano da Terra e estão destinadas a não despertar totalmente nesta vida.
- As Almas Terrenas encarnaram a maior parte das vezes na Terra ou em corpos celestes semelhantes à Terra. Estão aqui basicamente para evoluir e aprender lições de seu karma.
- Tanto as Almas Terrenas quanto as Estrelas Seminais têm a oportunidade de entrar em dimensões mais altas e em estados mais altos de consciência, a partir das experiências no plano da Terra.
- Ser um Mestre exige capacidade de controlar os corpos mental e emocional. A todas as almas são oferecidos desafios e oportunidades para praticar esse estado de mestria.

Capítulo 4

Reencarnação e Karma

O mundo inteiro é um palco,
E todos os homens e mulheres,
meramente atores;
Eles têm suas saídas
e suas entradas,
E um homem em seu tempo
desempenha muitos papéis.
Shakespeare
(Saint-Germain)
As You Like It

A reencarnação, teoria segundo a qual vivemos, morremos e retornamos ao mundo físico em outro corpo, é um conceito comparativamente novo no mundo ocidental. Mas faz parte, há séculos, da filosofia de quase dois terços do mundo. Quase todas as civilizações antigas tinham em seus sistemas de crenças o conceito de reencarnação. Hoje, um maior número de ocidentais compreende a lógica e o significado desses conceitos, que ajudam a responder à pergunta "Por que existo?"

A premissa básica da reencarnação é a inexistência da morte. A morte e o movimento da vida física para outra vida são parte do desenvolvimento da alma — um ciclo sem fim que culmina no momento em que a alma alcança uma união eterna com o Divino.

Vivendo muitas vidas, aprendemos e avançamos na senda espiritual. Somos Um com a mente divina, mas saímos dessa trilha quando não vivemos a vida ensinada pelos Dez Mandamentos, por outros ensinamentos religiosos e pelo Eu Superior. A chave para compreender por que estamos aqui está no exame das lições que estão dentro de nossa alma.

Cada vida na Terra é como o currículo de uma escola, em que devemos nos comportar de maneira a mostrar que aprendemos as lições de Luz e amor. Quando não aprendemos as lições necessárias, nossa alma tem ainda a oportunidade de fazê-lo em vidas posteriores. Antes de atingirmos a ascensão — momento em que nos transformamos em Mestres Ascensionados e passamos a viver nos Domínios Celestiais, assumindo novos níveis de serviço e desenvolvimento — nossa alma deve ser purificada. Isso se dá pela dedicação e pela disciplina, que permitem a evolução a estados superiores de consciência. O objetivo do processo é a evolução da humanidade. O propósito de nossa vida na Terra é evoluir e colaborar na contínua criação de Deus. No centro da maioria das religiões está a crença na vida como oportunidade sagrada para o crescimento e no fato de que nós nos beneficiamos com a compreensão dessa evolução.

Muita coisa sugere que estamos tendo lições há séculos, mas há também amplas evidências de que fizemos relativamente pouco progresso em nossa evolução. Michael Newton (1994), um psicólogo que estuda as experiências das almas nos períodos entre vidas, usa técnicas de hipnose e regressão, fornecendo-nos assim material para o estudo da vida nesses períodos. Newton relata que o desenvolvimento da alma se reflete nas cores das freqüências que ela emite. A cor, a densidade e a forma que irradiamos como almas de Luz são o resultado de conhecimentos acumulados e de concentrações de matéria de Luz, emitida à medida que nos desenvolvemos. Hoje, essa Luz (a aura) dos seres encarnados pode ser capturada em filme e medida pela fotografia Kirlian e outros métodos.

Nossa existência tem como principal propósito nossa eventual transformação em seres de Luz, que emitem auras de pura energia. Mas devemos conquistar primeiro uma aura de Luz branca, a freqüência necessária para estabilizar nossos campos de energia eletromagnética e para nos dar a proteção necessária em viagens por outras dimensões. Para isso, devemos tornar a mente cada vez mais aberta e passar pelos chamados Testes de Iniciação.

Os Testes de Iniciação são acontecimentos (arenas, se preferir) com que deparamos ao longo das experiências normais de vida. Devemos vivê-los para (1) aprender lições do coração, (2) focalizar a vontade, (3) conquistar valores mais altos, (4) equilibrar as energias interiores masculinas e femininas e (5) aprender o amor e o perdão incondicionais. Quanto mais testes, mais alta a freqüência e maior a quantidade de Luz acumulada pela alma.

Quando estivermos auto-realizados e transformados em Luz branca (por meio de um processo que exige o equilíbrio e a integração das sete cores do arco-íris contidas nos sete chakras primários), nossa segunda meta será integrar a energia dourada do Grande Sol Central em nossa consciência e campo áurico. Para isso, é preciso sincronizar o coração e a mente e entrar em contato, por intermédio do Eu Superior, com os chakras situados acima da cabeça. Começam a aparecer no planeta técnicas nesse sentido, geralmente ensinadas por indivíduos que já despertaram.

Evoluímos a esses estados superiores por meio de uma série de estágios de consciência, que aparecem nas cores da aura. O mais poderoso é o estado de inocência, que aparece nos espectros inferiores e superiores da consciência. Quando a alma inicia sua jornada, a Luz é pura e não contaminada pelo mundo. Quando termina a jornada, o poder da Luz fica novamente tão forte que expõe as ilusões do mundo. Nesses dois estados de ser está presente um forte senso de inocência, uma condição que se reflete na Luz branca da aura.

A partir de seus estudos de caso, Newton revela que no período entre vidas, as almas avançadas projetam altas vibrações de energia em movimento que, segundo os relatos, são azuis, sendo que as mais avançadas são púrpuras. Os níveis inferiores de desenvolvimento da alma se expressam no branco (iniciante — que também reflete pureza e um estado de não contaminação), no branco com matizes avermelhados (intermediário inferior), no amarelo (intermediário) e no azul-claro (intermediário superior). O nível avançado é azul-claro sem mistura de amarelo e já com alguns traços de púrpura, e os altamente avançados se refletem no púrpura-azulado escuro (estado de um Iniciado avançado nos conhecimentos das escolas de mistério). Observe que essas cores seguem a seqüência de cores do arco-íris (vermelho, laranja, amarelo, verde, azul, índigo e violeta).

Newton relata que três quartos de seus clientes estão nos primeiros estágios de desenvolvimento da alma. Cerca de 90 por cento estão nos estágios I a III. Só 10 por cento estão nos estágios IV ou V (azul-claro) e uma percentagem menor ainda no nível VI (púrpura).

Esse quadro desanimador mostra como é difícil o progresso espiritual através da densidade das forças negativas da Terra. Mas há nele um aspecto positivo: mostra que a Terra está evoluindo, o que possibilita e exige a elevação de nosso nível de desenvolvimento espiritual. A tendência da Terra é se transformar num planeta pentadimensional. Isso só vai acontecer quando o número de pessoas que começam a despertar for suficiente para criar a massa crítica necessária a uma sociedade mais gentil e melhor. Quando isso acontecer, a Terra vai entrar na Quinta Dimensão num "piscar de olhos".

As pessoas adormecidas em relação às possibilidades do desenvolvimento espiritual estão despertando. Há hoje mais recursos para ajudá-las a despertar. Como resultado, há um aumento geral da consciência da espiritualidade e do anseio por um estado mais espiritual. Mas só é possível compreender a jornada a níveis superiores de espiritualidade com algum conhecimento dos conceitos de karma e reencarnação.

O karma é a manifestação da Lei de Causa e Efeito (uma das Leis Universais que serão discutidas no Capítulo 13), na medida em que se aplica aos resultados de nossas escolhas e ações no âmbito do livre-arbítrio. São considerados karma bom os pensamentos, desejos, paixões, palavras e ações benevolentes e úteis para os outros. O karma bom nos traz recompensas nesta vida, no período entre as encarnações e até mesmo em vidas futuras. Platão disse que o bem que fazemos aos outros e os serviços que prestamos ao mundo nos dão um retorno dez vezes maior.

Assim como as medidas preventivas em relação ao futuro, no que diz respeito à segurança financeira e à saúde, já fazem parte da consciência de massa, seria sensato levar em conta a Lei de Causa e Efeito. Isso significaria evitar conscientemente os vínculos negativos e armazenar bons pensamentos, palavras e obras, como garantia para esta vida e para as que se seguirem. Imagine só acumular acontecimentos e ações positivas tendo em vista a eternidade, com dividendos a serem resgatados na próxima vida! Não é um mau plano de poupança, sem mencionar o seguro de um futuro gratificante!

Por outro lado, os maus pensamentos, desejos, paixões e ações levam a um acúmulo de karma ruim. O mal que praticamos deve ser equilibrado com sabedoria e com ações e pensamentos positivos, ou por experiências que nos ajudem a compreender o sofrimento e a dor que resultaram de nossas más ações. O karma não é uma punição: é uma experiência de aprendizado que nos ajuda a atingir níveis superiores de espiritualidade.

No passado, o karma era acumulado ao longo de várias vidas. O antigo karma era resgatado lentamente, o que levava a maioria das pessoas a suportar cargas que pareciam pesadas demais. Nos séculos passados, tínhamos centenas de vidas para saldar dívidas kármicas, mas nesta vida as regras mudaram. Agora o tempo acabou! Estamos entrando na Era de Aquário, que tem uma nova freqüência vibracional. Esta Nova Era é a era da manifestação do pensamento, o que significa que o coração e a mente devem ser purificados e sincronizados para garantir que a vontade de Deus anule a vontade do ego. A palavra de ordem para entrar nessa nova freqüência dimensional é:

O EGO ESTÁ MORTO! O EGO ESTÁ MORTO!
O EGO ESTÁ MORTO!

Todas as almas avançam em ritmo acelerado para assegurar não apenas a submissão da vontade do ego à vontade de Deus, mas também para que todas as dívidas kármicas sejam resgatadas. A Era de Peixes trouxe guerras intermináveis, destruição, dor e sofrimento. Alguém desempenhou os papéis dos personagens bons e ruins — e fomos nós esse "alguém".

Reencarnamos inúmeras vezes para experimentar a totalidade da vida e para adquirir o conhecimento que vai nos ajudar a chegar à iluminação. Infelizmente, quando não aprendemos todo o currículo por meio de observações e vivências, voltamos em outra vida para desempenhar um papel que nos permita sentir como é estar em determinada situação. Por exemplo, podemos voltar à Terra para desempenhar um papel de "vítima" que recebe um tratamento "injusto" provavelmente porque não soubemos ter compaixão ou empatia numa vida anterior, o que fez com que essa experiência não ficasse carimbada na alma. Assim, adquirimos o karma a partir dessas experiências, começando a escrever o currículo para as vidas posteriores.

Os países e as regiões também têm karma, como as pessoas. Sem saber disso, muitos se perguntam por que as civilizações passam da grandeza para a decadência. Os detentores do poder que cometem abusos e criam leis geradoras de sofrimento determinam a consciência coletiva do país e o karma que um dia inevitavelmente será resgatado. Seja a pessoa presidente de corporação, membro de um conselho escolar, pastor de uma igreja, membro do Congresso, pai ou mãe, suas decisões serão julgadas e poderão gerar karma coletivo. Há um exemplo desse tipo de karma no Estado do Novo México A Bacia do Rio Grande é hoje um dos maiores centros espirituais do mundo. Pessoas de todas as veredas da vida vão para lá, às vezes sem saber por quê. Sua alma as arrastam para lá, e ao chegarem seu progresso espiritual se acelera. Além do destino, há uma razão superior para que isso aconteça.

O Novo México desenvolveu a bomba atômica, o instrumento de destruição usado no Japão em 1945. Devido às ações de cientistas e outras pessoas, muitas vidas se perderam e uma atrocidade foi cometida contra a humanidade em geral. Mesmo que o uso dessa arma tenha evitado muitas mortes na medida em que pôs fim à Segunda Guerra Mundial, a ação afetou o mundo e o Novo México ficou com o karma associado a ela. Agora isso deve se equilibrar.

Levando a iluminação a pessoas do mundo inteiro, as almas do Novo México podem começar a equilibrar o karma negativo conquistado com o uso da bomba. Assim, muitas almas despertaram e outras tantas estão vindo para ajudar esse lugar e a Terra inteira, de maneira que todos estejam em perfeito alinhamento no fim do milênio.

O karma acumulado pelos países decorre da quantidade de ações negativas que impuseram aos outros. Da perspectiva da Lei Universal e da justiça divina, os problemas que os Estados Unidos enfrentam hoje são uma conseqüência de ações negativas em relação a pessoas e a outros países no passado. As ações das pessoas e das nações ficam registradas no etérico e tudo deve um dia ser equilibrado. Não há como escapar desse fenômeno, pois as leis são perfeitas.

Assim, imagine o karma que alguns países estão criando para si mesmos hoje em dia. As guerras e privações que os indivíduos enfrentam terão que entrar em equilíbrio — no nível pessoal e nacional. Se houvesse uma compreensão maior da perfeição das Leis de Deus, todos pensariam duas vezes antes de agir.

Quase todos os indivíduos que encarnam na Terra têm ou tiveram dívidas do passado a serem pagas. Muitos participaram da agenda da Era de Peixes, com suas guerras intermináveis, que impuseram aos outros dor e incapacidade. Outras dívidas são ainda mais antigas — talvez remontem à destruição de Atlântida. Muitas almas vieram a esta vida para apagar essas ações de sua lousa kármica. Como são dívidas kármicas de magnitude substancial, é fácil compreender a tendência humana à procrastinação quando se trata de saldar essas dívidas.

Mas, no nível da alma, todos sabem que ESTA É A ÚLTIMA VIDA PARA EQUILIBRAR OS PRATOS DA BALANÇA. O tempo acabou! As velhas dívidas devem ser pagas antes que o portal se desloque, fazendo com que as energias fiquem uma oitava mais altas. Se as dívidas não estiverem pagas e os pratos da balança equilibrados, será negada à alma a entrada nos reinos superiores.

Tantas pessoas vivem hoje oprimidas e em circunstâncias difíceis porque as dívidas kármicas da Era de Peixes e de Atlântida ainda estão sendo pagas. Como já foi dito, muitas dessas dívidas foram feitas há séculos. Vale dizer que todos os familiares de uma pessoa oprimida têm ligação com a dívida. Entre as encarnações, eles concordaram em trabalhar juntos para garantir que o karma seja pago, equilibrando novamente os pratos. Cada alma vai sofrer pelo tempo que for necessário para equilibrar ações que feriram os outros em vidas anteriores. Saldadas as dívidas e equilibrados os pratos da balança, o bom karma começa a se manifestar, construindo o prometido Jardim do Éden.

Essas condições são as mesmas para todas as almas, enquanto a limpeza não terminar. Virá então um tempo em que as experiências difíceis não serão mais necessárias na Terra, pois tudo estará perfeitamente alinhado ao Eu Superior. Nosso egos criaram as guerras e as privações. Nossas escolhas criaram nosso sofrimento. A vontade de Deus deseja apenas paz, perfeição e felicidade.

É importante dizer aqui que nem todas as privações ou desafios da vida são uma "justa punição". Às vezes uma alma escolhe sacrificar a própria jornada a serviço dos outros. Por exemplo: crianças que encarnam para desempenhar papéis difíceis porque os pais precisam aprender a paciência ou outras lições. Ou os membros de uma família podem concordar (no etérico) em abandonar coletivamente a vida num acidente de carro provocado por um motorista bêbado com o propósito de aumentar a consciência geral em relação ao crime do abuso do álcool. Quando não adquirimos consciência pela observação e pela participação, as lições tendem a ter um formato mais duro, para chamar nossa atenção. Muitas vezes, pessoas reconhecidamente boas escolhem certas experiências com o único propósito de elevar a consciência de todos.

É triste que belas pessoas escolham às vezes se sacrificar em situações como as descritas acima. Mas essas escolhas não teriam sido feitas se não servissem a propósitos maiores. Num nível mais alto, suas almas são recompensadas por essas ações, especialmente quando o sacrifício ajuda outras pessoas a verem a Luz. Quando a humanidade, no nível individual e coletivo, atingir um estado de iluminação em que todos assumam a responsabilidade pelas próprias ações e pelo próprio comportamento, não haverá mais necessidade de mártires.

Dá para perceber por que a Terra é às vezes chamada de "colônia penal" do universo, por mais errada que seja essa visão? Apesar da beleza da Terra e de toda a alegria que ela possibilita, há muita veracidade nesse conceito, na medida em que a Terra é um dos poucos planetas em que impera a lei kármica. A compreensão desse fato nós dá uma nova visão do que está realmente acontecendo em nossa vida e na Terra, assim como deveria nos dar uma nova perspectiva de vida, fazendo-nos avaliar nossas ações. Vamos ficar voltando à Terra até que os pratos da balança estejam equilibrados e que não existam mais assuntos inacabados.

A Convergência Harmônica de 1987 liberou da dívida kármica as Estrelas Seminais ou Filhos da Luz porque têm uma quantidade mínima de karma a ser pago com a encarnação. Logo esse acontecimento vai afetar todas as outras pessoas da Terra de maneira semelhante.

Na época da Convergência Harmônica, o pagamento das dívidas kármicas foi acelerado e foi concedida uma dispensa, permitindo que todos começassem os Testes de Iniciação para atingir níveis superiores de mestria. Isso significa que as Estrelas Seminais não têm mais ligação com o karma passado, embora continuem a acumular karma bom ou ruim. Essas almas estão agora ligadas a planos superiores de existência que estão libertando as almas, em ritmo acelerado, para que cheguem a níveis superiores de iluminação e poder. Dentro de cinco anos, lá pelo ano 2001, essa mesma dispensa vai atingir todas as pessoas da Terra. Assim, todos deveriam começar a pensar seriamente no que fazem a cada momento e em abrir aquela "poupança" de boas palavras e ações.

O karma é o resultado de pensamentos, emoções, palavras e ações — todos dirigidos pela vontade. Essas energias entram no mundo interior e se transformam numa força vibrante no plano mental. As vibrações atraem e moldam forças semelhantes ao passar para o plano físico. As formas resultantes ficam conosco por um tempo maior ou menor dependendo da força da energia original.

Um princípio da lei kármica indica como as fontes de energia podem ser atualizadas na outra vida. Teosofistas como Annie Besant dizem que a lei kármica tem influência na pós-vida, ou vida entre encarnações, e na determinação da natureza da encarnação seguinte. Pode ser difícil perceber quais foram nossas escolhas e nossa participação nas várias encarnações e o que aprendemos com isso. O princípio geral é que o karma é a expressão da perfeição das Leis Universais e que ele se torna o foco de nosso contínuo crescimento e desenvolvimento espiritual.

Segue-se um resumo de alguns dos dogmas básicos da lei kármica:

- As aspirações e desejos se transformam em capacidades;
- Os pensamentos repetidos se transformam em tendências;
- A vontade de realizar se transforma em ação;
- As experiências se transformam em sabedoria;
- As experiências dolorosas se transformam em consciência.

Esses princípios podem ser aplicados de maneira positiva ou negativa. Por exemplo: conhecemos um homem que em outra vida foi soldado, interessado em arquitetura e reconhecidamente impaciente, sendo que essa impaciência lhe custou aquela vida. Na vida atual ele é arquiteto e usa essa carreira para desenvolver a paciência, um traço essencial à profissão.

O karma é documentado no Registro Akáshico, um registro dos pensamentos, desejos, esperanças, palavras e ações de todas as nossas vidas.

Como diz respeito aos vários acontecimentos de nossa vida e às coisas que aprendemos ou precisamos aprender, o karma desempenha um papel importante na vida entre vidas. Todas as vidas nos oferecem a oportunidade de aplicar o que aprendemos e nós somos a soma total de todas as nossas vidas e consciências.

A consciência, por outro lado, é uma propriedade emergente. É mais do que a soma de suas partes, e não é apenas neurônios, prótons, elétrons, etc. É a totalidade do que nos tornamos, possibilitando assim outra interpretação para a descoberta de Einstein de que todo o tempo existe no momento presente. A totalidade do tempo inclui o que está armazenado em nossa mente subconsciente. Todas as nossas vidas passadas nos transformaram no que somos hoje. Como somos influenciados pelo subconsciente, o karma se torna a programação (positiva ou negativa) que criamos na vida presente ou em outras vidas.

À medida que o conhecimento cresce, fica mais fácil romper os padrões kármicos. Quando o amor é usado com conhecimento e vontade, somos liberados ou alcançamos um estado de equilíbrio. Passamos a agir com mais poder e a assumir mais responsabilidade por nossa vida. Além disso, acelera-se o ritmo de nosso desenvolvimento espiritual.

Há uma questão muito interessante: o que acontece para nós entre as vidas? No passado, místicos e adeptos nos deram uma idéia dos acontecimentos entre as vidas. Há relatos de encarnações em outros planetas e sistemas estelares, que ampliam nossas experiências e idéias. Temos hoje documentação de experiências de quase-morte, regressão a vidas passadas, informações canalizadas e muitas outras fontes de dados. Embora nem sempre essas informações concordem entre si, as semelhanças entre os acontecimentos descritos são gritantes.

Newton (1994) oferece uma das visões mais claras do que acontece depois da morte. Suas regressões hipnóticas sugerem estágios que lembram relatos teosóficos, hindus e tibetanos. Assim, segundo ele, as experiências entre as vidas passam pelas seguintes etapas:

Morte e Partida. A morte é descrita como o processo de deixar o corpo físico e pairar acima dele por um certo período. As pessoas relatam uma sensação de euforia, liberdade e vivacidade.

Movimento em Direção à Luz. As pessoas dizem que depois de algum tempo, que varia, atravessam um túnel em direção à Luz. No final do túnel, alguém que tem para elas um significado especial está à espera — um guia, um parente, um amigo, etc. Sentem então o amor incondicional que não sentiram na Terra.

Orientação. Os recém-chegados são levados a um local de cura e passam por sessões de aconselhamento com seus guias. Essa etapa culmina numa sessão de Julgamento Divino ou Autojulgamento, que é uma revisão dos Registros Akáshicos e uma avaliação do que foi realizado na vida em questão.

Tempo Passado numa Área de Representação. Depois, como parte do aprendizado, as almas passam a fazer parte de grupos ou famílias. Elas se agrupam conforme seu nível de conhecimento e desenvolvimento. Cada alma gera uma cor e geralmente permanece no próprio grupo, cujos membros têm níveis compatíveis de desenvolvimento. O grupo original pode depois se dividir em grupos menores, que no entanto permanecem juntos. As almas que aprendem mais depressa iniciam estudos independentes, e novos bandos ou grupos são formados.

Seleção de Vida. São as almas que determinam se estão prontas para uma nova vida física, quais lições precisam aprender e onde terão mais oportunidade de conquistar suas metas. Selecionam os novos pais em função do que podem oferecer em termos de lições para seu crescimento espiritual.

Escolha de um Novo Corpo. Depois de escolherem voluntariamente os pais, as almas se preparam para o embarque.

Renascimento. Um novo ciclo de vida começa, dando às almas novas oportunidades de aumentar seu conhecimento.

As descrições do Estágio de Orientação diferem. Algumas pessoas dizem que passam por vários níveis de camadas interligadas. As camadas astrais ou inferiores são escuras e densas. São substituídas gradualmente por camadas celestiais ou devachânicas, que são a Luz. O número de camadas, o tempo que a pessoa permanece em cada uma e o significado da experiência são interpretados de muitas maneiras. Segue-se o que diz o Mestre Ascensionado Kuthumi sobre o período de orientação da alma.

No etérico, a alma vai à mesa da Sobrealma para se reunir às outras, que compõem o grupo de 1.000 almas. A surpresa e a confusão são breves, e a lembrança do processo é logo integrada ao momento. Cada membro presente do grupo de 1.000 se alegra com a reintegração das novas consciências que emergem.

No início o momento é silencioso, o que eventualmente dá lugar à celebração. Finalmente, vem o momento da verdade e da avaliação e todas participam do processo. As decisões tomadas nesse momento afetam toda a Sobrealma, pois nenhuma alma pode prosseguir antes que todo o grupo de 1.000 alcance a freqüência vibracional necessária. É por isso que é tão importante ajudar todas as almas encarnadas a verem a Luz, pois esse processo afeta a mobilidade do grupo inteiro. Amar o próximo e dar assistência quando necessário é uma chave valiosa para o avanço a planos superiores de realidade. Como nenhuma alma encarnada tem acesso à lista dos 1.000 nomes registrados em sua família de almas, torna-se imperativo dar amor e perdão a todos.

As almas individuais ficam presas ao grupo de 1.000 até alcançarem a Quinta Dimensão. Essa é a Lei Universal. Depois de chegar a esse ponto, todas as diretrizes e regras se modificam, pois as freqüências mais altas exigem um protocolo diferente. Assim, é essencial que todos os habitantes da Terra ajudem seus irmãos e irmãs a se aproximarem da Luz, pois uma decisão de não ajudar pode impedi-los de entrar na casa do Pai.

A natureza da experiência entre vidas parece variar de acordo com o nível de desenvolvimento da alma. As almas iniciantes costumam ter mais tempo, apoio e orientação, enquanto as almas avançadas passam mais rapidamente pelo processo. As velhas almas são mais exigidas pelo Conselho Kármico, o órgão governante designado para julgar nosso comportamento e para nos garantir oportunidades para o crescimento continuado. Quanto mais avançada for a alma, mais poder terá para negociar os desdobramentos. Quanto mais sérias forem as ofensas contra o bom comportamento e contra a Lei Universal, menos simpático será o Conselho Kármico.

As lições que devemos aprender são determinadas não só pelos males que praticamos no passado, mas também pelas coisas que mais tememos ou evitamos. Como a meta suprema da alma é o domínio de si mesmo, a automestria, esse domínio deve ser total no plano físico. NADA subjuga um mestre. Se uma pessoa tem medo da opinião dos outros e vive sua vida tentando agradá-los, suas futuras lições vão girar em torno dessa situação. Ela será colocada numa arena depois da outra, até ter capacidade de abandonar esse medo e de viver a vida de acordo consigo mesma e com o Eu Superior.

Cada alma tem um dom de Deus para trazer à Terra, seja esse dom uma bela voz ou alguma coisa mais simples, como um sorriso carismático. Cada uma deve ser honrada por seus dons. A senda e o destino de cada uma geralmente incluem esses talentos especiais, que aparecem relacionados a uma missão. Cada alma que vem à Terra tem uma missão determinada por Deus, embora o volume de karma acumulado em vidas anteriores impeça a maioria de tomar consciência dessa missão.

As missões são reveladas quando as lousas kármicas estão limpas. Por isso muitas almas ficam frustradas, pois compreendem intuitivamente que há algo que devem fazer, mas não conseguem enxergar claramente quando os véus estão caídos e a imprecisão predomina. Mas logo que as dívidas kármicas são pagas e os Testes de Iniciação concluídos, a missão é revelada.

Resumo

A reencarnação, ou a teoria segundo a qual vivemos, morremos e depois voltamos ao mundo físico, é um processo para aprendermos a viver e a crescer espiritualmente até o estágio em que nos tornamos um com o Divino. A reencarnação é o processo pelo qual atingimos níveis mais altos de consciência e domínio.

- Passamos por fases de desenvolvimento da alma à medida que aprendemos lições na Terra, e essas fases aparecem nos níveis de vibração e cor de cada um.

- O karma é o equilíbrio de crédito positivo e negativo que acumulamos graças a nossos pensamentos, ações e condutas. O karma é acumulado por indivíduos, grupos e nações.
- Depois da morte, parece que passamos por um processo de avaliação do que aprendemos, adquirindo novas informações e identificando as lições e situações que vão mais de encontro às nossas necessidades na encarnação seguinte.
- Somos enviados à Terra com um grupo de 1.000 almas e não podemos progredir até que cada membro desse grupo tenha progredido; isso vale até a pessoa atingir o nível de comportamento da Quinta Dimensão.
- Nossas missões são reveladas quando limpamos a lousa kármica.

Capítulo 5

Sistemas Humanos de Energia

Permanecendo em seu poder, você não se torna
um sistema estático de energia, dos que acumulam
energia para si mesmo. Você se transforma num sistema
estável de energia, capaz de atos conscientes de
foco e intenção. Você se transforma num ímã
para os que são iluminados e para os que querem sê-lo.

Gary Zukav
Thoughts from the Seat of the Soul

Muitas pessoas estão conscientes da importância do alimento como fonte de energia. Sabemos cada vez mais sobre os tipos de alimento que servem melhor as nossas necessidades de energia e sobre os vícios ou comportamentos que a reduzem. A energia, força ou poder para funcionar e trabalhar, é vital à sobrevivência e à capacidade de exercer a criatividade. Muitas pessoas também têm consciência de que o exercício e o movimento aumentam a energia geral. Esses conjuntos de conexões — relações entre nutrição, exercício e energia — fazem parte do mundo físico e nós compreendemos e aceitamos sua importância em nossa vida.

Usamos, no entanto, outras fontes de energia que não são tão visíveis. Funcionamos em vários sistemas de múltiplos campos de energia que não são percebidos de maneira consciente pela maioria das pessoas, embora sejam essenciais ao bem-estar e ao crescimento espiritual.

Mas não é totalmente novo o conhecimento desses sistemas de energia não-tão-visíveis. Há milhares de anos, Hermes, que articulou muitas das Leis Universais, definiu aspectos de um desses sistemas, que chamou de chakras. Há também evidências de um certo conhecimento desse e de outros sistemas humanos de energia nas culturas chinesa, indiana e norte-americana nativa, como por exemplo o estudo da acupuntura, o Tai Chi e a capacidade de realizar tarefas normalmente consideradas impossíveis. Antigas escrituras tibetanas falam de 72.000 canais de energia contidos no sistema do corpo humano.

Durante as Idades das Trevas, muito desse conhecimento se perdeu ou ficou restrito às escolas secretas de mistério. Foi só no início do século dezenove que teosofistas como Annie Besant e C. W. Leadbeater começaram a escrever abertamente sobre esses sistemas. Descreveram-nos como chakras e explicaram sua ligação com a espiritualidade, esperando educar as pessoas em relação a esses importantes pontos de poder que há dentro de nós.

O conhecimento dos chakras vem se desenvolvendo lentamente, em parte devido à falta de instrumentos científicos para medir suas funções e em parte devido à falta de fé nas observações de pessoas com visão psíquica. Numa sociedade que venera o estudo científico, é muito difícil justificar fenômenos que não podem ser medidos, vistos, segurados ou chutados. De certa forma, isso é um triste monumento ao que nos tornamos, exemplificando a estreiteza mental da sociedade. Por outro lado, o método científico de coleta de dados nos trouxe ao umbral da Sétima Idade de Ouro e apreciamos de fato as invenções e conveniências que essa abordagem nos trouxe.

E é graças à moderna tecnologia que os chakras estão sendo validados. Atualmente, as observações feitas por meio de dons psíquicos são sustentadas por estudos científicos sobre correntes magnéticas, pela observação de campos magnéticos em torno dos meridianos da acupuntura, pela medição dos biocampos dos seres humanos correlata às leituras de auras, pela descoberta de campos magnéticos alternados que favorecem a vida, pela observação dos pulsos magnéticos de agentes de cura correlatos ao campo magnético da Terra. A despeito do corpo de evidências cada vez maior a respeito desses campos de energia, algumas pessoas não conseguem aceitar essas novas informações, pois os sistemas humanos de energia não são visíveis a olho nu.

Hoje, prestes a compreender esses centros de poder, estamos diante de um futuro emocionante. O conhecimento continua a mudar e a crescer à medida que os instrumentos de medida evoluem e à medida que um maior número de pessoas adquire visão psíquica. Isso tudo indica um futuro instigante para a humanidade!

Nessa área, o conhecimento é muito fragmentado. Alguns equipamentos médicos, como os aparelhos de eletroencefalograma e eletrocardiograma e o SQUID, usado para medir campos magnéticos muito fracos, revelam que as disfunções nos campos de energia provocam doenças ou são uma indicação de sua existência. Outros estudos demonstraram uma correlação entre padrões de ondas de correntes elétricas alternadas na superfície do corpo e as cores percebidas por doze leitores de auras, ou pessoas com visão psíquica. Os chakras e o poder de kundalini também têm sido objetos de estudos.

Só recentemente começamos a perceber as múltiplas dimensões de nossa energia, de nosso crescimento e de nossa espiritualidade. Barbara Ann Brennan, que além de cientista é agente da cura e tem visão psíquica, fez uma descrição coerente das dimensões dos sistemas de energia e de sua relação com a cura e o crescimento espiritual. Brennan (1993) descreve quatro dimensões de sistemas de energia e de energias criativas e suas relações. São elas:

1. O corpo físico — o corpo que se comporta em relação às outras dimensões.
2. A aura, incluindo os chakras — a personalidade que desenvolvemos.
3. O hara — o fundamento da personalidade, criado a partir de nossas intenções.
4. O nível do âmago da estrela — nossa essência divina.

Essas dimensões representam cargas de energia que influenciam a personalidade, e cada uma delas é um lado progressivamente mais profundo de nossa natureza. Assim, o âmago da estrela reflete a natureza básica da alma, enquanto o hara, a aura, os chakras e o corpo físico são produtos de nossa experiência e níveis de nosso desenvolvimento espiritual. Essas dimensões são discutidas abaixo.

O corpo físico

O corpo e o mundo físicos constituem nossa miraculosa maneira de experimentar a vida. Esse corpo e esse mundo são mantidos por dimensões e mundos invisíveis de energia — que constituem a consciência e as vibrações mais elevadas. Muitas pessoas supõem que o corpo físico é o primeiro e que as outras dimensões vêm depois. Mas as evidências apontam para o processo inverso: os sistemas humanos de energia que existem em outras realidades dimensionais fornecem o desígnio subjacente, ou matriz para o desenvolvimento do corpo físico.

Em certo sentido, o corpo físico é o "fim da linha". Fraquezas ou problemas nas dimensões mais profundas acabam resultando em disfunção ou doença no corpo físico. A cura psíquica atua no sentido de limpar ou equilibrar as dimensões interiores, o que ajuda a pessoa a resistir às doenças ou a superá-las. Quem compreende as relações entre essas dimensões passa a exercer mais controle sobre a própria vida e a gozar de um modo de vida mais forte, saudável e criativo. A informação nessa área é muito importante para o crescimento espiritual.

A aura

A aura é a dimensão acima do corpo físico, aquela que facilita os processos psicológicos. É o condutor ou meio pelo qual o eu central é transmitido ao corpo físico. Manter o equilíbrio do campo áurico é essencial para a boa saúde. Segundo Brennan (1993), no campo áurico, o campo de energia em forma de ovo que envolve cada pessoa, há sete níveis, ou "corpos", e os chakras. Esses níveis penetram no corpo e se estendem para fora a partir da pele. Os níveis mais próximos do corpo vibram em freqüências mais baixas e os mais afastados em freqüências mais altas.

Brennan acredita que o primeiro, terceiro, quinto e sétimo níveis desse campo são estruturados de forma específica. O segundo, quarto e sexto são cheios de energia sem forma. O segundo parece gasoso, o quarto fluido e o sexto uma luz difusa. Ela os chama de bioplasma e diz que têm intensidades, densidades e cores variadas. Esse bioplasma flui em torno dos níveis estruturados da aura e é correlato às emoções. O campo de energia do bioplasma é a energia da força vital criativa usada para a manifestação.

Quando o campo de energia da aura é forte, o corpo é forte e capaz de funcionar de maneira produtiva. Quando é fraco, as experiências físicas e vitais da pessoa são limitadas. Cada nível do campo áurico está relacionado a uma das sete áreas da experiência, descritas de maneiras levemente diferentes por diferentes pessoas com visão psíquica, embora haja muitas semelhanças entre essas descrições. Brennan, que além de ter visão psíquica é cientista e agente de cura, descreve os sete níveis da seguinte maneira:

Nível 1 — Sensação Física. O primeiro nível do campo áurico faz a correlação de pulsação, estrutura e fluxo de energia com o que você sente no corpo. Em pessoas ativas e fortes, esse nível é cinza-azulado escuro, espesso e grosso. Atletas e dançarinos têm linhas de energia azul-brilhante, ainda mais grossas e altamente carregadas. Em pessoas quietas, sensíveis e não atléticas esse nível é fino e delicado, com coloração azul-água. Ao abusar do corpo a pessoa perde a conexão com os sentidos e pode ficar doente.

Nível 2 — Emoções. As emoções e os sentimentos são expressos no segundo nível do campo áurico. Quem tem sentimentos positivos em relação a si mesmo exibe nuvens de energia de cores brilhantes. Os sentimentos negativos se revelam em tons mais escuros e sujos. Quando é forte e carregado, o segundo nível indica sentimentos positivos em relação ao eu. Quando é fraco e descarregado, indica sentimentos negativos.

Nível 3 — Mente Racional. Pessoas com mentes claras e fortes exibem linhas de energia amarelo-limão pulsando em freqüência alta. Quando é fraco e descarregado, esse nível sugere uma pessoa sem clareza mental e provavelmente sem interesse por atividades ou buscas intelectuais.

Nível 4 — Relacionamentos e Compaixão. Os primeiros três níveis do campo áurico representam o mundo físico. O quarto nível é a ponte entre a personalidade e o corpo espiritual. Há quem se refira ao quarto nível como Corpo Intencional/Compassivo, descrevendo-o como veículo para entrar em contato com a Mente Universal. Para Brennan, é o nível que representa a relação com as pessoas, animais, plantas, objetos inanimados, e também com a Terra, com o Sol, com as estrelas e com o universo. A energia do quarto nível parece um fluido cheio de todas as cores.

Uma pessoa com um quarto nível forte, saudável e carregado tende a ter bons relacionamentos com os outros. Quando está descarregado, sua energia parece um líquido escuro, grosso, pesado. Brennan chama esse tipo de energia de muco áurico, com efeito negativo sobre o corpo, provocando dor, peso e doença

Uma das observações mais interessantes de Brennan é sobre a energia do quarto nível que enviamos aos outros: faixas de bioplasma saem de nós para tocar o campo áurico dos outros. As cores das faixas refletem as emoções, que podem ser positivas ou negativas. O amor se revela numa energia rosa, a inveja é cinza-esverdeada escura, a paixão é laranja e a raiva vermelha. Há almas fracas que se prendem aos outros psiquicamente, usando esse nível de energia para drenar sua força vital. É aí que se originou o termo vampiro psíquico.

Nível 5 — Vontade Divina. O quinto nível, a Vontade Divina, é o modelo para o primeiro, o nível físico. Contém a forma do corpo e de tudo na vida. Quando é forte e cheio de energia, esse nível reflete alinhamento com a Vontade Divina. Quando esse alinhamento está no lugar, a pessoa consegue manter sua vida em ordem. Quando a pessoa não está alinhada com a Vontade Divina, o padrão do quinto nível é distorcido e ela não se sente ligada ao mundo à sua volta.

Nível 6 — Alma ou Amor Divino — O sexto nível é o nível da alma e permite que ela se expresse no corpo físico. Em sua descrição, Brennan diz que o sexto nível consiste em belas faixas de Luz que se estendem por uns quarenta centímetros à volta do corpo. Contém todas as cores e vibra em alta freqüência. A saúde do sexto nível fica evidente em seu brilho e energia, que indicam amor e alegria espiritual. Quando o sexto nível é fraco, com aparência escura ou fina, dificilmente a pessoa tem inspiração ou experiências espirituais. Uma das chaves para o crescimento espiritual é carregar o sexto nível por intermédio da meditação, da contemplação de belos objetos ou da repetição de mantras.

Nível 7 — Mente Divina. O sétimo nível permite que a pessoa tenha um sentimento de Ser Um com o universo. Quando é forte, o sétimo nível tem belas linhas douradas de energia vibrando em alta freqüência. As faixas se entrelaçam para formar os componentes físicos do corpo, estendendo-se por mais de um metro. Essas faixas formam um ovo dourado que protege a pessoa. Essa estrutura oval é forte e regula o fluxo de energia que sai, evitando também a entrada de energias pouco saudáveis.

Os sete níveis descritos acima são importantes. Para ter saúde, um bom crescimento espiritual e a vida plena, é preciso equilibrá-los constantemente e buscar experiências que os estimulem. Esses níveis de energia constituem a compreensão que temos atualmente da aura humana, mas os Mestres Ascensionados dizem que em nossa existência há coisas que ainda não conseguimos ver.

Em suas transmissões, o Mestre Ascensionado Kuthumi fala de nove corpos que constituem a existência humana. Disse uma vez que o Egito foi a única civilização que compreendeu totalmente o conceito dos nove corpos, e que esse conhecimento permitiu as realizações sobrenaturais dessa civilização. Conhecendo esses campos de energia é possível aprender a expandi-los e, assim, usar essa energia para adquirir poderes sobrenaturais por meio da iluminação. Além de descrever os milagres realizados por Faraós, Sumos Sacerdotes e Sacerdotisas, ele também se refere a Jesus e à sua capacidade de curar os doentes e ressuscitar os mortos. Kuthumi afirma que Jesus passou por sua iniciação final da Grande Pirâmide do Egito, elevando-se ao sacerdócio superior da Ordem de Melchizedek. É por isso, provavelmente, que, segundo as escrituras, Deus disse, em referência a Jesus: "Do Egito eu chamei meu Filho."

Para conhecer o potencial humano e nosso poder inerente, é preciso antes compreender os sistemas humanos de energia. Por isso, é compreensível que essa informação não tenha sido divulgada por tantos séculos. No passado, os governantes temiam que essa informação chegasse às mãos de pessoas comuns. Um grupo de pessoas com capacidades sobrenaturais é uma ameaça aos detentores do poder, especialmente se essas pessoas não estão orientadas no sentido de usar esses poderes para o bem da humanidade.

Mas isso é passado. Hoje, vivemos tempos felizes, em que a informação flui livremente. Temos acesso a uma abundância de novas informações a respeito do poder espiritual, e nessa literatura há chaves para a compreensão das capacidades humanas em sua totalidade. Lutamos para fortalecer o corpo com boa alimentação e exercícios e a mente com sabedoria e aprendizado, mas o corpo espiritual é agora a próxima fronteira a ser descoberta. Quando o corpo, a mente e o espírito se unirem em nossa consciência e essa energia estiver ancorada em nossa alma, um poder não sonhado está destinado a fluir em nós. Este é verdadeiramente o tempo de um novo começo, como o Mestre Kuthumi afirmou tantas vezes.

Muitas pessoas perguntam pela transmissão de Kuthumi com a descrição dos nove corpos. Como é muito informativa e favorece a compreensão do que somos e do que podemos nos tornar, ela está transcrita abaixo.

Saudações, Queridas Irmãs e Irmãos da Ordem de Melchizedek:

Neste dia glorioso de novos começos, eu, Kuthumi, envio esta transmissão de iluminação destinada a ajudar a humanidade a despertar os caminhos interiores da consciência superior. Represento o Conselho de Luz de Lyra e o Conselho de Integração de Hydra ao lhes passar hoje estas palavras de sabedoria. Esses corpos governantes supervisionam o processo de transformação espiritual na Terra e sancionam as palavras que transmito agora.

O conceito dos nove corpos remonta aos antigos ensinamentos de Abraão. Remonta também à era egípcia, quando os Sumos Sacerdotes e Sacerdotisas conheciam as trilhas que levavam ao Divino por intermédio dos centros etéricos ligados à Força de Deus. A compreensão dos nove corpos é um conceito ardiloso que não se revelou antes deste tempo porque ainda não era o momento de todos o conhecerem.

Os nove corpos se relacionam ao corpo físico e aos outros oito campos de energia eletromagnética que envolvem a forma humana. Esses oito corpos existem nas dimensões etéricas superiores do tempo/espaço e estão contidos no que é chamado de escudo áurico. O campo áurico desses oito corpos se estende por vários metros terrestres acima do chakra coronário. Essa área é chamada de "área de iluminação" e apóia a conexão espiritual que se projeta do topo da cabeça à Força de Deus, chamada Eu Superior.

Os oito corpos ficam em alinhamento quando a pessoa experimenta o estado perfeito de Ser Um. Esse estado é conquistado só depois de iniciada a jornada do Guerreiro Espiritual. Formar um alinhamento perfeito leva anos e exige uma forma de disciplina que na Terra a maioria não tem. Os oito corpos estão ligados dentro do círculo eletrônico do Eu Superior, que guia o alinhamento dos padrões de energias que se coagulam nos círculos da aura.

As referências disponíveis hoje a respeito dos sistemas de energia da humanidade falam basicamente de sete corpos. Nós, coletivamente, falamos de nove e incluímos os corpos que se escondem nos ensinamentos da Cabala. Na Cabala, os mistérios da vida são revelados por dez zéfiros que ajudam a humanidade a compreender a natureza de Deus e as emanações divinas dos anjos e dos seres humanos. É por isso que esses mistérios são conhecidos como conhecimento da Árvore da Vida. No estudo da Cabala, todos os segredos da vida são revelados, o que permite a ascensão a círculos superiores de consciência. Isso é verdade, pois a Cabala oferece o meio de estabelecer conexão com os Arcanjos que têm o poder de ensinar as pessoas a ancorar a assistência dos domínios angélicos nas profundezas subconscientes da mente humana.

Isso é verdade. Esse é o caminho.

No início, afirmei que os ensinamentos sobre os nove corpos existem desde os dias de Abraão. Na realidade, esses ensinamentos estão por aí desde a eternidade, mas há poucos registros dessa sabedoria anteriores à invasão hebraica. Foi também nessa época que a Cabala passou a existir. Foi escrita para ajudar a humanidade a compreender sua conexão com o divino. Os ensinamentos dos nove corpos e os ensinamentos da Cabala são na verdade um e o mesmo. Assim, apresento-lhes esta introdução estimulante só para despertar seu interesse e talvez encorajá-los a se aprofundarem nessa área.

Através dos anos, algumas das informações sagradas a respeito da Cabala foram distorcidas. Os intérpretes tinham boas intenções, mas muitos não compreenderam a importância de suas ações ao modificarem algumas das palavras e conceitos sagrados que foram registrados. Entre as distorções originais, está a noção de que os humanos têm sete corpos (em vez de nove) que os ligam à Força de Deus.

Foi o Essênio, que veio do Egito, Jesus o Cristo, que conseguiu redescobrir o segredo desse antigo mistério perdido. Dominando essa informação, Ele adquiriu controle sobre o corpo de elétrons no mundo físico. Não dá para clamar vitória sobre o corpo de elétrons antes de se ter acesso a TODAS as chaves que o controlam. Só é possível obter essas chaves por meio do conhecimento dos nove corpos e da compreensão da natureza de cada um. É por meio dessa compreensão que se atinge o domínio sobre os nove corpos, que se aprende a controlá-los, pois quando a mestria é alcançada, a alma recebe as chaves para comandar os elétrons que fluem pelos nove.

Os nove corpos são os seguintes:

1. *O primeiro corpo é o corpo físico. É o mais denso dos nove corpos e habita na freqüência tridimensional do plano da Terra. É considerado o templo corporal e é o veículo que transporta a alma e os oito corpos superiores. É criado a partir dos pensamentos, sentimentos, palavras e ações*

da pessoa que o governa. Esse corpo deve aprender o discernimento antes de poder se ligar às freqüências superiores dos elétrons no campo áurico.

2. *O segundo corpo é o emocional. O intricado sistema de campos de energia desse corpo produz freqüências vibracionais que afetam os corpos físico e mental. Ele é a fonte de poder que move a força eletrônica quando se está em alinhamento com o Eu Superior. Esse corpo deve aprender disciplina e independência e se livrar de tudo que não é parte do plano perfeito antes de se unir às freqüências mais altas que o cercam.*

3. *O terceiro corpo é o mental. Ele recebe os processos de pensamento da Mente Universal e processa a informação por meio de um sistema filtrante localizado na glândula pineal do cérebro. O corpo mental e a mente não são a mesma coisa. O corpo mental é o campo de ressonância no interior do escudo áurico que coleta os dados e os transfere para serem usados pelos outros sistemas no interior dos outros oito corpos. A energia mental é a Força de Deus que envolve o corpo mental. A forma mais elevada de comunicação que pode ser transmitida ao corpo mental vem em forma de símbolos. Os símbolos mais elevados que o corpo mental deve integrar em sua essência antes de se unir às freqüências superiores que o envolvem são: verdade e serviço aos outros.*

4. *O quarto corpo é chamado de corpo causal. Esse campo eletromagnético compreende uma fonte de poder que se enrola em torno dos três corpos inferiores com o propósito de protegê-los contra as forças nocivas que existem no plano astral. É o véu, por assim dizer, mas serve como um filtro para as formas-pensamento superiores que vêm para iluminar a pessoa na senda espiritual. O corpo causal é o elo de ligação com a sobrealma. Tem o poder de fundir as freqüências vibracionais dos três corpos inferiores numa vibração mais alta, produzindo assim a base para uma fusão bem-sucedida da Chama Gêmea interior, que deve estar unida antes que se realize a ascensão. A compreensão e o engajamento com a principal missão na vida devem ser absorvidos nesse corpo antes que a pessoa prossiga na senda espiritual.*

5. *O quinto corpo é o corpo mental superior. Ele conduz o simbolismo e a força do Eu Superior pelos corpos e estados inferiores de consciência. É a parte do corpo mental que se liga ao coração dos Cristos e que leva a vida a evoluir a estados superiores de existência. O corpo mental superior recebe suas mensagens do Eu Superior por uma série de impulsos enviados da Sétima Dimensão. A capacidade que cada um tem de receber mensagens claras por intermédio do corpo mental superior é determinada pelo grau de absorção das freqüências discordantes dos três corpos inferiores pelo corpo causal. Quando tudo está em alinhamento, as*

mensagens fluem claramente, permitindo que a pessoa progrida no sentido de realizar a vontade de Deus antes da vontade do ego. A obediência e a coragem a um propósito superior na vida são as chaves para a mestria no âmbito desse corpo, necessária para que se continue a avançar.

6. *O sexto corpo é chamado de corpo da força direcional. Ele dirige ou orienta a missão de cada um na Terra. O corpo da força direcional recebe o fluxo de elétrons do Eu Superior e deflete ou transforma esses sinais para que os corpos inferiores possam interpretá-los. Esse corpo está ligado a formas-pensamento superiores do universo e é mais alinhado em pessoas que habitam níveis superiores de mestria espiritual. É também o corpo por intermédio do qual os Mestres Ascensionados se comunicam a partir do etérico pelo sétimo nível do Plano de Deus. O silêncio e a devoção devem ser aprendidos antes que esse corpo se alinhe com os outros cinco, descritos acima.*

7. *O sétimo corpo é o do Eu Superior. Ele trabalha para assegurar que o alinhamento dos corpos inferiores seja completo, mesmo no plano físico. O Eu Superior contém o Corpo de Luz de cada um, é o Ser Um com o Todo. Alguns acreditam que ele é sinônimo do nível em que residem os Mestres Ascensionados, mas não é bem assim. O Eu Superior é comparável ao veículo usado para transportar a alma através da passagem que leva à dimensão onde residem os Mestres Ascensionados. É o corpo perfeito dos Cristos, que aguarda para levar cada um para casa, para a mansão de muitos quartos do Pai. Antes de integrar o Eu Superior aos seis corpos inferiores, cada um deve completar o serviço à humanidade e deixar seu legado na Terra. Em outras palavras, a missão individual deve estar concluída.*

8. *O oitavo corpo é chamado de corpo do vórtice de energia. Esse corpo se enrola em torno dos sete corpos inferiores e mantém o indivíduo ligado aos planos de consciência que oferecem orientação superior. É um nível de ser que está além da comunicação direta com os sete corpos inferiores. Está alinhado com os anjos da guarda, que amorosamente guiam as pessoas. O corpo do vórtice de energia constitui a passagem para a ascensão, pois é a ligação entre o Eu Superior e o Grande Sol Central. Para que esse corpo se funda aos sete corpos inferiores, a Luz deve permear a consciência individual a ponto de deixar o Terceiro Olho permanentemente iluminado.*

9. *O nono corpo é chamado de corpo de elétrons. Esse corpo vibra no mesmo grau de vibração do etérico. Tem o poder de transformar em Luz os sete corpos inferiores e de realizar o processo de ascensão. O corpo de elétrons possibilita a experiência suprema da alma, que lutou por tantas*

vidas para alcançar Shamballa, o lar dos Mestres Ascensionados. Esse corpo guarda as preces dos que têm fé e é a razão da vinda de cada um de vocês à Terra. É o supremo. É o Todo.

Depois dessa transmissão, pedimos que Kuthumi explicasse se o processo de alinhar os nove corpos é o que chamamos de transformação. Sua resposta foi a seguinte:

Sim e não. A transformação implica a alteração da freqüência eletrônica individual. A transformação total envolve também a alteração da consciência. Os seres humanos podem passar por mudanças físicas, mentais e emocionais, que provocam mudanças transformacionais, mas se sua consciência não estiver modificada com Espírito, então a transformação é incompleta.

A transformação suprema inclui a compreensão da integração das Leis Universais na estrada que leva à mestria espiritual. Nessa compreensão a transformação é completa, pois essa mudança de consciência acelera a ascensão individual ao nono corpo ou corpo de pura Luz. Ninguém alcança esse estado de iluminação antes que os nove corpos estejam alinhados no coração de energia dos Cristos e antes que sua consciência esteja realizada em Deus.

A questão da transformação é muito importante, pois é o tópico que vai consumir o coração das massas nas duas décadas que virão. O conceito de transformação é percebido em muitos níveis. O primeiro nível diz respeito ao que é observado na Terceira Dimensão. Aqui, qualquer um pode ver e detectar, com os sentidos, qualquer padrão de mudança. As mudanças são mensuráveis e podem ser registradas em documentos históricos. Podem também ser mudanças permanentes.

O segundo tipo de transformação ocorre no nível emocional. Aqui, a pessoa experimenta acontecimentos que levam suas freqüências vibracionais a um nível superior ou inferior. Esse é o estado mental que afeta não apenas quem está passando pela mudança, mas todos os que são afetados por ela. Esse tipo de mudança é registrado nos Registros Akáshicos como lições aprendidas, e está diretamente associado às linhas kármicas dos seres humanos.

O terceiro tipo de transformação, com o qual este documento está diretamente relacionado, é de um tipo espiritual. Aqui, a transformação inclui mudanças no nível molecular quando a presença do Cristo iluminado é absorvida nos corpos inferiores de cada um. Essa forma de transformação não afeta apenas a consciência, mas também os corpos físico, emocional e mental. É um estado de ser ligado à harpa dos céus, que toca uma bela melodia harmônica. O ser iluminado ascende a uma freqüência de amor e Luz que tem o som da música da harpa, e os céus apóiam esse processo de transição.

O que muitos não sabem ainda é que esse estado de ser está ao alcance de todos os que escolhem esse estado de existência. É o Céu na Terra que foi prometido aos filhos de Abraão éons atrás. Mas muitos desses filhos estão ainda nas trevas e não conseguem ver que o Céu está bem diante de seus olhos. Eles precisam aprender a tornar mais rápidas suas freqüências para se transformarem em Luz, e logo lembrarão que isso só é possível pela compreensão dos chakras.

Os chakras

Os chakras são centros de consciência e vórtices de energia no campo de energia humano (descrito acima), que agem como órgãos de entrada de energia. Chakra é a palavra sânscrita para "roda" ou "centro de força vital". Os chakras giram em movimento circular, têm de dez a doze centímetros de diâmetro, controlam o bem-estar emocional, mental e espiritual da pessoa e são descritos como rodas de luz. Brennan os vê como funis de energia situados em cada um dos sete níveis do campo áurico. Ficam ao longo da coluna espinal e em seu interior. Há sete chakras principais ao longo da coluna, vários chakras menores em outras parte do corpo e outros acima do topo da cabeça.

Os Sete CHAKRAS principais

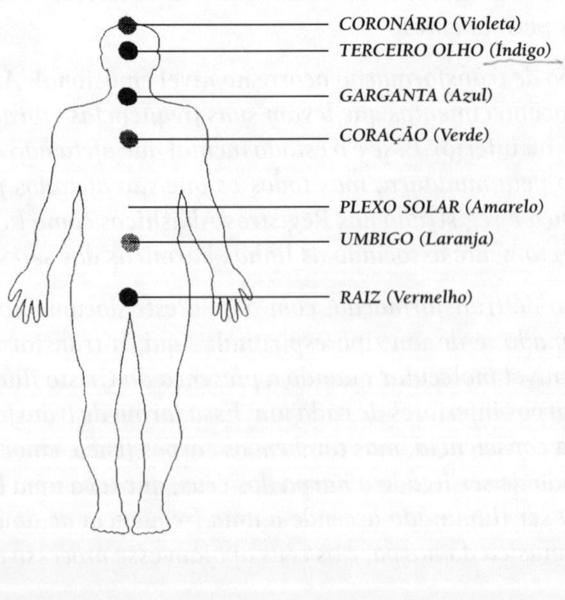

A alma, uma substância ectoplasmática subatômica, é o receptáculo da energia de nossa força vital, sendo que essa energia se concentra nos chakras. A alma funciona em cooperação com o corpo, por meio do sistema nervoso e do cérebro, administrando as correntes de energia que nos fornecem a vida. Os chakras recebem a energia da força vital e a distribuem pelo campo humano de energia, levando-a também às partes do corpo mais próximas de cada chakra. Essa distribuição de energia afeta nosso comportamento mental e emocional. A energia, ou fonte da vida, absorvida pelos chakras, é conhecida como prana, ou chi. Recebemos prana por meio da respiração correta e da inspiração de ar. Quando recebemos um bom suprimento de energia chi, os chakras irradiam cores brilhantes e intensas. Simultaneamente, os órgãos à sua volta recebem bons suprimentos de energia e se equilibram. Quando um chakra não está funcionando bem ou quando o suprimento de energia chi não é suficiente, o chakra fica fraco e o sistema imunológico deprimido, o que resulta em doença ou instabilidade emocional.

Cada chakra é ligado a princípios espirituais, cuja compreensão nos ajuda a crescer. O conhecimento das forças espirituais ligadas a cada chakra nos dá as ferramentas para viver vidas produtivas e satisfatórias e nos ensina a contra-atacar as forças destrutivas que tentam minar nossas energias.

Há sete chakras principais, que constituem um centro vertical de poder no meio do corpo. A energia desses sete chakras sobe e desce pela linha central do corpo como uma corda entrelaçada de todas as cores, começando na base da espinha e terminando acima do topo da cabeça. Os dois chakras inferiores governam as energias físicas, os três chakras médios governam o desenvolvimento da personalidade e os dois chakras superiores governam as práticas espirituais e a aquisição de características humanas mais elevadas, como o amor incondicional e abrangente. À medida que evoluimos, os chakras vão se abrindo cada vez mais, favorecendo nossa transformação e aquisição de poderes superiores. Quanto mais evoluída a pessoa, mais alta a freqüência ou Luz que emite.

Todos os chakras irradiam vibrações específicas, comparáveis às notas da escala musical. O chakra inferior emite uma nota baixa e profunda e o sétimo, o mais alto, emite uma freqüência alta. Conseqüentemente, cada chakra emite sons e os envia para fora do corpo.

Simplificando: há um total de doze chakras principais situados na alma, sete dos quais constituem a base espiritual ligada à psique no corpo. Os outros cinco chakras (situados acima do sétimo chakra) são relacionados a padrões moleculares do universo e da Terra e servem para nos ligar, por intermédio do Eu Superior, a estados vibracionais de consciência superior. Estudos mais avançados revelam que há outros chakras agindo em nossos campos de energia, mas como não interessam aos objetivos deste livro, não cabe mencioná-los agora.

Cada um dos sete chakras principais está localizado perto de um centro nervoso. O primeiro fica entre as pernas e é ligado às gônadas. Está relacionado à vontade de viver, à vitalidade sexual e à criatividade, além de prender a alma à encarnação presente. É essa sua função básica. Além disso, esse chakra mantém a energia da força vital que flui por todos nós do nascimento à morte e fornece energia à coluna, às ad-renais e aos rins, sendo geralmente associado à cor vermelha.

Antigamente, esse chakra era associado só à atividade sexual, sendo considerado um chakra indispensável à sobrevivência, o que parecia estar em conflito com os princípios dos que trilhavam a senda espiritual. Houve por isso, por parte de autoridades, um grande esforço conjunto no sentido de diminuir ou desligar esse chakra, na esperança de atrofiá-lo. Isso libertaria a alma, para que pudesse evoluir nos domínios espirituais. Hoje, num momento em que a consciência de massa desperta para um plano superior, espiritualmente mais desenvolvido, ficou claro que para evoluir é preciso aceitar e firmar esse primeiro chakra nas experiências cotidianas em vez de negar sua existência. Assim, a sexualidade humana precisa ser alinhada com a experiência humana total.

Dá para ver o segundo chakra tanto na parte da frente quanto na parte de trás do corpo, assim como o terceiro, quarto, quinto e sexto chakras. Segundo as descrições, ele é de cor laranja. Está relacionado à sensualidade, ao rejuvenescimento físico e ao sistema imunológico. Em algumas descrições, esse chakra se divide em dois, ou tem duas funções. A função da primeira metade desse chakra (relacionada ao pâncreas) faz nossa ligação com os reinos inferiores das plantas, animais e minerais. Registra lições de vidas anteriores, assimiladas ou não, relacionadas a experiências pessoais ou a experiências com a natureza. A segunda metade desse chakra (relacionada ao baço) governa experiências de vidas passadas e da vida presente ligadas a relacionamentos construtivos ou destrutivos que tivemos com os outros. Tem a capacidade de afetar nossos códigos de RNA e de DNA. Essa metade do chakra cuida também da herança espiritual, no sentido de transformar lições dolorosas do passado em experiências positivas por intermédio do vórtice de energia, garantindo assim o crescimento espiritual e as recompensas nesta vida.

O terceiro chakra fica na área do plexo solar e é tido como a abertura para a alma. Esse chakra tem o poder de transformar qualquer coisa com sua energia espiritual. Chamado de chakra criativo, dirige todas as iniciativas criativas que a pessoa quiser ter. Nos séculos passados, alguns Adeptos sábios diziam que nesse chakra está a fonte do nosso poder. Hoje, com a evolução da humanidade na arena intelectual, o centro de poder se deslocou para o quarto chakra. O terceiro chakra tem também o poder de consumir e transformar tudo o que seja discordante nos dois chakras inferiores, desde que a pessoa inicie o alinhamento dos chakras na senda espiritual. O terceiro chakra supre também os órgãos internos com a energia associada à intuição. Sua cor é o amarelo e ele está ligado ao sistema glandular.

O chakra do coração, o quarto, é o centro das emoções superiores e tem a capacidade de sintetizar situações desfavoráveis presentes e passadas, que ficam gravadas na alma, e harmonizá-las, acelerando a consciência e a rotação dos elétrons. Essa função favorece o *download* dos moldes espirituais, que determinam nossas missões na vida. O quarto chakra é também o que equilibra os três chakras inferiores (yang) com os três superiores (yin). É relacionado aos atos de dar e receber amor e governa emoções como bondade, alegria, compaixão, afeição e benevolência. Esse chakra fornece energia ao coração, ao sistema circulatório, ao timo, ao nervo vago e à parte superior das costas. Juntamente com os três chakras inferiores, influencia a saúde e pode ser usado para reverter condições adversas adquiridas em experiências desta vida ou de vidas passadas. Esse chakra é geralmente associado à cor verde.

O quinto chakra fica na garganta e às vezes é chamado de passagem para a alma. Envia energia à tireóide, brônquios, pulmões e canal alimentar. Sua função é relacionada à comunicação, à compreensão das Leis Universais, ao ato de dar e receber no mundo físico e à expressão da verdade. Esse chakra facilita o *download* da matriz do Eu Superior quando a pessoa está pronta para encontrar equilíbrio e harmonia em sua vida e a viver a vontade de Deus em vez da vontade do ego. Mas quando há padrões kármicos negativos não resolvidos, o segundo chakra bloqueia o fluxo da energia ascendente, o que impede que o molde superior flua para baixo. O quinto chakra é também chamado de "regulador", pois determina a capacidade que cada um tem para mudar e evoluir. Azul é a cor associada a esse chakra.

O sexto chakra, ou chakra do terceiro olho, está localizado na parte inferior da testa e na nuca, e é chamado de janela da alma. Esse chakra fornece energia à base do cérebro, à pituitária, ao olho esquerdo, aos ouvidos, ao nariz e ao sistema nervoso. A parte da frente é relacionada à compreensão conceitual e a parte de trás à capacidade de realizar sistematicamente as idéias. Quando desenvolvido, o sexto chakra favorece a visão profética e os poderes psíquicos. As cores índigo e lavanda são associadas a esse chakra.

O chakra coronário, ou sétimo chakra, fica no topo da cabeça. É o portal para a consciência espiritual superior e também a abertura do coração a dimensões superiores. Quem tem o sétimo chakra totalmente desenvolvido vive um estado de Ser Um com seres de dimensões superiores, pois esse chakra recebe energias espirituais superiores e as distribui pelo corpo, fornecendo Luz interior e limpando as energias negativas. Os halos dos santos são representações de chakras coronários altamente desenvolvidos. A parte de cima do cérebro e o olho direito recebem energia desse chakra, que está relacionado à integração da personalidade com a espiritualidade. Como na Terra poucos têm chakras coronários desenvolvidos, são poucos os espiritualmente evoluídos, exemplos de felicidade e paz interior. Um chakra coronário totalmente desenvolvido indica controle sobre os corpos mental e emocional.

Os agentes da cura e as pessoas em geral trabalham com os chakras para gerar equilíbrio entre as emoções (chakras frontais), vontade (chakras posteriores) e razão (chakras da cabeça). Bloqueios nos trajetos dos chakras geram doenças.

Há muitos chakras secundários perto das articulações, nas mãos, nos pés, na cabeça e no tronco. São vórtices menores que trazem energia ao corpo.

Muito já se escreveu sobre a kundalini, uma fonte de poder localizada na base da espinha. Quando liberado, esse poder sobe pelo centro do corpo e pelos chakras principais. Kundalini é uma palavra sânscrita que significa poder circular. Quando nascemos, uma parte desse poder já está fluindo e podemos usá-lo para desenvolver a consciência e para atingir dimensões mais altas de crescimento espiritual.

Temos liberações involuntárias de kundalini em forma de sensações de calor, assobios no ouvido e outros sintomas desconfortáveis. São sintomas familiares a quem faz meditação, visualização, exercícios respiratórios e outras atividades que favorecem o contato com o eu espiritual. A liberação da kundalini não ocorre da mesma maneira para todos. Em algumas pessoas passa despercebida, enquanto em outras provoca sensações muito fortes. Seja como for, é um fato que não deve causar preocupação, mas deve ser encarado como uma fonte de energia, que pode ser acionada pela própria pessoa ou por agentes de cura.

O hara

Muitos autores metafísicos escreveram sobre a importância da intenção como guia do comportamento e como meio para avaliar o comportamento. É também o nível da consciência em que, segundo os psicólogos, estão os valores: os critérios que usamos para determinar nosso comportamento. Essa dimensão da vida é a base da personalidade e orienta o desenvolvimento e a operação do sistema áurico.

Do ponto de vista psíquico, a dimensão hárica foi descrita por Brennan (1993) como um sistema comparativamente simples. Hara é uma palavra japonesa que se refere ao centro de poder localizado na parte inferior da barriga. Consiste em três pontos ao longo de uma espécie de linha *laser* que define o centro do corpo. A linha tem um centímetro de largura, começa num ponto a uns quarenta centímetros acima da cabeça e segue para o centro da

Terra. O ponto acima da cabeça é descrito como um funil invertido que representa a individualização, a partir de Deus até a forma encarnada. É por esse ponto que podemos entrar em contato com o Eu Superior. Por isso, muitos descrevem o topo da cabeça e a área acima dela como o veículo para entrar em contato com o Eu Superior.

O segundo ponto ao longo dessa linha fica na parte superior do peito. É uma bela luz difusa que expressa anseio espiritual. É o local de nossa missão, de nosso propósito, e das razões de nossa encarnação na Terra. Ele pode ser a conexão com a alma, ou nossa parte imortal. Brennan se refere a ele como o local da alma em que sentimos o anseio pelo propósito espiritual.

O terceiro ponto da linha é chamado tan tien, uma expressão chinesa. Parece uma bola de poder de uns sete centímetros de diâmetro, localizada a uns cinco centímetros abaixo do umbigo. É um centro da vontade que reflete a vontade de viver na vida presente. É o centro usado pelos artistas marciais e agentes de cura, que tiram poder dessa fonte para realizar feitos de força e cura, processos que envolvem a capacidade de tirar poder do centro derretido da Terra. Esse poder vem pela linha hárica até o tan tien, espalhando o calor pelo corpo inteiro da pessoa. O uso da energia do nível hárico exige intenções muito claras, que geram ações positivas no nível áurico e no nível físico. Quando há incerteza ou desconexão em relação à totalidade da vida, os resultados tendem a ser negativos. Muitos sofrem sem perceber, sem compreender a solidão espiritual que vem da falta de contato com o propósito vital.

O nível do âmago da estrela

A dimensão mais profunda de nossa existência é o âmago da estrela, ou essência divina. Brennan (1993) descreve esse nível como uma bela estrela localizada uns quatro centímetros acima do umbigo, na linha central do corpo. É a natureza essencial de cada um, o reflexo individual do Criador Divino. É a fonte das energias criativas e de nossa perfeição — de nossa divindade, de nossa sabedoria e de nosso amor.

O âmago da estrela é a fonte da manifestação individual da perfeição do Criador. Embora não sejamos capazes de manifestar essa perfeição, ela continua dentro de cada um de nós. O crescimento ou iluminação espiritual é o veículo que nos leva a essa perfeição.

A maravilha de nossa criação e complexidade de nossa existência é vista nas quatro dimensões de nossos sistemas de energia. A perfeição da criação da vida física se apóia em muitos níveis não-físicos. Cada um de nós recebe energia e poderes dessas dimensões, mas podemos aumentar nossas opções, aprendendo a usá-las de maneira ainda mais poderosa. A estrada que leva à iluminação espiritual é parte de nossa tarefa, assim como os meios que temos para viver de maneira mais produtiva e bem-sucedida.

Contato com nosso corpo de luz

No final da mensagem de Kuthumi (que consta deste capítulo) ele revelou um dos segredos da sabedoria antiga. Para que a humanidade viva o Céu na Terra e se transforme em amor e Luz, precisamos lembrar como se faz para acelerar a Luz que entra pelos chakras. É uma tarefa simples, mas que exige disciplina e concentração e que deve ser praticada diariamente.

A Luz é a energia da Força de Deus e contém toda a inteligência. Quando vibramos nessa freqüência, estamos no máximo de nosso poder de cura, de criação, de manifestação e de serviço à humanidade. Como os sete chakras principais têm as sete cores do arco-íris (vermelho, laranja, amarelo, verde, azul, índigo e violeta), e como as sete cores do arco-íris formam a Luz branca, devemos manter esses chakras vibrando com força total em todos os momentos. Para isso, é preciso usar o poder da mente e a visualização. A meditação também favorece esse processo.

Qualquer um pode visualizar os chakras vibrando com cores e poder total. Quando os chakras estão totalmente ativados, vibrando em sua cor mais pura, as sete cores se combinam e formam um campo áurico de Luz branca. Esse campo forma um escudo de energia à nossa volta, que nos protege e emite um brilho que muitas vezes é chamado de iluminação.

Quando não há controle sobre o corpo mental e emocional, as cores ficam desordenadas e dispostas sem proporção ao longo da coluna. Nesse caso, com as cores fora de harmonia e de equilíbrio, o campo áurico fica parecendo uma mistura dessas cores em vez de se transformar em Luz branca. A pessoa vibra num nível inferior à freqüência da Luz e a aura parece estar quebrada ou fraturada.

Se aprendermos a controlar os corpos mental e emocional em todos os momentos, teremos controle sobre as cores interiores, permitindo que o campo áurico se transforme em Luz branca. A alma de quem está em paz e não sucumbe à ilusão à sua volta atrai mais prana ou energia chi para o campo áurico, o que alimenta ainda mais os chakras. Isso gera um campo de energia mais forte, que dará à pessoa mais comando ainda sobre os elementos que a cercam. Finalmente, quando aprendermos a vibrar com a perfeição de seres como Jesus, teremos também o poder que Ele teve. Esse é o destino de toda a humanidade, mas atingir um nível de mestria semelhante ao de Jesus exige anos de disciplina e focalização da vontade e da energia.

Para compreender totalmente os princípios explicados neste livro, você deve primeiro apreender este conceito e fazer um esforço diário para limpar seus chakras, o que vai permitir que se transforme em Luz no nível áurico. Isso é essencial para que atinja a mestria e a iluminação.

Resumo

Não é novo o conhecimento dos componentes não-físicos dos sistemas humanos de energia e há referências a chakras e auras em documentos de séculos atrás. Nova, no entanto, é a possibilidade de medir aspectos desses campos humanos de energia, o que nos permite desenvolver uma perspectiva mais abrangente da estrutura e funções de seus componentes.

Barbara Ann Brennan, uma agente de cura e cientista com visão psíquica, desenvolveu uma perspectiva coerente dos sistemas humanos de energia. Ela identifica quatro conjuntos de estruturas ou níveis básicos:

- O corpo físico, ou o corpo que vemos e usamos para realizar as atividades da vida. O corpo físico, complexo como é, é o resultado da operação dos componentes não-físicos de nossos sistemas de energia.
- A aura — ou campo em forma de ovo, com sete níveis de energia, que envolve o corpo humano — e os chakras que fornecem energia ao corpo físico. Nossa compreensão dos chakras e campos de energia cresce cada vez mais, graças às canalizações de informações dos Mestres e aos progressos da ciência e das artes da cura.
- O hara, ou guia do sistema áurico. O hara, ou centro de poder, consiste de três pontos ao longo de uma espécie de linha *laser* que define o centro do corpo. Começa acima da cabeça e se liga ao centro da Terra.
- O nível do âmago da estrela que nos liga ao Divino. É a fonte de nossa energia criativa.

Com a visualização e a meditação diárias, podemos acelerar a Luz que entra pelos chakras, controlar os corpos emocional e mental e comandar o campo áurico para que seja pura Luz.

O conhecimento das estruturas e campos humanos de energia nos ajuda a desenvolver a espiritualidade, o que é essencial para o desenvolvimento do poder.

À medida que aprendemos a controlar e a focalizar as energias do campo áurico, nós nos ligamos ao Eu Superior e passamos a ter a capacidade de manifestar nossas intenções. O desenvolvimento espiritual começa com a disciplina de focalizar a vontade para elevar as freqüências vibracionais e limpar os chakras, o que vai possibilitar nossa transformação em Luz no nível áurico.

Capítulo 6

A Quinta Dimensão

Por quanto tempo você vai deixar sua
energia dormir?
Por quanto tempo você vai continuar esquecido
da imensidade de si mesmo?
Não perca tempo em conflito;
Não perca tempo em dúvida — o tempo nunca pode
ser recuperado e se você perder uma oportunidade
pode levar muitas vidas até que outra apareça
em seu caminho.

Osho
A Cup of Tea

Em suas transmissões, os Mestres Ascensionados se referem continuamente à Quinta Dimensão. Eles afirmam que estamos saindo da Terceira, passando pela Quarta e entrando na Quinta Dimensão, à medida que a Terra se move com a precessão dos equinócios, saindo da Era de Peixes para entrar na Era de Aquário. Dizem também que o mundo vai mudar num "piscar de olhos" e que alguns mudarão com ele.

O que significa entrar na Quinta Dimensão? O que é a Quinta Dimensão? Como o mundo vai mudar? Quando e se ele mudar, nós também mudaremos?

Para compreender as respostas a essas perguntas, é preciso primeiro chegar a um entendimento do mundo de uma perspectiva diferente. Para compreender a Quinta Dimensão, é preciso antes saber que **tudo no universo é energia e pode ser medido e reduzido a freqüências vibracionais** (o número de vibrações por segundo emitido por um objeto ou experiência). O termo **tudo** inclui coisas mentais, emocionais, físicas e até mesmo espirituais. Cada partícula, pensamento, palavra, objeto, experiência ou emoção tem a própria freqüência vibracional, uma vibração que pode ser medida matematicamente.

Existimos na Terceira Dimensão, embora haja outras dimensões do tempo/espaço, como a Quarta e a Quinta, que vamos discutir depois. No universo, cada dimensão tem sete níveis, ou freqüências vibracionais principais, e esses sete níveis constituem o currículo para aquela dimensão.

Quando escolhe uma dimensão para viver, a alma deve dominar o currículo dessa realidade antes que lhe seja permitido evoluir. Por exemplo, o currículo da Terceira Dimensão é amor e Luz. Isso significa que, para evoluir, a pessoa deve aprender o amor incondicional por intermédio do currículo de Luz. Para isso, deve estudar a Luz branca e suas sete cores (vermelho, laranja, amarelo, verde, azul, índigo e violeta) e compreender que a Luz é a fonte de toda criação e de todo poder. Como a Luz constitui o campo de energia em que vivemos, e como não estamos separados desse campo de energia, então a Luz está dentro de nós.

Como o corpo humano é um sistema de energia (microcosmo) que contém todos os aspectos do universo (macrocosmo), essas mesmas sete cores são encontradas dentro de nós em forma de chakras, sendo que cada chakra representa uma das sete cores contidas na Luz branca. Isso foi discutido no capítulo anterior. Sabe-se também que cada cor tem uma agenda psicológica e emocional. Por exemplo: o vermelho representa as necessidades físicas e a capacidade de ter os pés no chão; o laranja governa os relacionamentos e a sexualidade; o verde atua na cura e no ato de dar amor. Para chegar à mestria, devemos antes controlar o corpo emocional e o corpo mental e ter comando sobre as agendas associadas aos chakras.

Medindo as vibrações dessas sete cores, os físicos descobriram que cada uma delas vibra em freqüências distintas, relacionadas às sete notas principais da escala musical. Assim, a freqüência (número de vibrações por segundo) em que uma nota vibra pode ser traduzida numa cor. O vermelho vibra no extremo mais baixo do espectro e o violeta no mais alto.

Cada um dos sete níveis de uma dimensão tem um alcance vibracional único, e cada um deles pode ser subdividido em sete. As dimensões mais baixas vibram em freqüências mais baixas; as dimensões mais altas vibram em freqüências mais altas. Em todas as dimensões há consciência e todas elas existem simultaneamente.

Os Mestres Ascensionados vibram num nível muito mais alto do que o nosso. Apesar de existirmos ao mesmo tempo que eles, a maioria de nós não consegue vê-los, embora eles nos vejam. Quem os vê o faz com o olho "interior", o chamado Terceiro Olho.

Outro exemplo de algo que vibra em freqüência mais alta é a luz ultravioleta, que reside na fronteira entre a Terceira e a Quarta Dimensão. Sabemos que essa freqüência existe porque é possível medi-la com a ajuda de instrumentos, embora não seja visível a olho nu. Essa luz sempre fez parte de nossa realidade, mas não sabíamos disso antes de desenvolver a tecnologia para medi-la.

Há um outro conceito que é importante compreender: **dentro do universo, todas as dimensões existem simultaneamente.** Tudo o que foi e será existe agora, neste momento do tempo. Mas nossa consciência limita a percepção e a compreensão que temos dessa existência. O que conseguimos ver das outras dimensões é determinado por nosso nível vibracional (pelo grau de elevação de nossa consciência).

Essa afirmação é verdadeira, embora a maioria tenha dificuldade para compreendê-la. No passado, só mentes como a de Einstein compreendiam exatamente o que significa existência simultânea. Hoje, com as descobertas científicas e o conhecimento tecnológico, a humanidade está aos poucos adquirindo a capacidade de compreender esses conceitos avançados.

Antes de continuar a explicação desses conceitos, vamos falar das várias dimensões.

As dimensões

A **Primeira Dimensão** é às vezes chamada de reino mineral. Sua freqüência é medida numa escala que vai de um a sete, e é a dimensão em que as energias da força vital começam a fluir. Existe consciência no átomo, e nessa dimensão a consciência é experimentada por meio das leis do magnetismo, da gravidade e de propriedades químicas. É a dimensão da solidificação das formas-pensamento experimentadas por meio da forma mais baixa de vibração que nossa existência conhece.

A **Segunda Dimensão**, conhecida como reino vegetal, compreende a série harmônica seguinte, que vai da freqüência oito à quatorze. Nela existe vida, e o reino se reproduz seguindo padrões perfeitos da natureza. Observe que as plantas precisam de luz para manter a vida, mas o reino mineral não. É o reino mineral que fornece os nutrientes preciosos, necessários para manter a vida no reino vegetal. É o sol que fornece os fótons que serão convertidos nas plantas pelo processo de fotossíntese.

A **Terceira Dimensão** é o reino animal, de que fazem parte os seres humanos. Essa dimensão está na faixa seguinte, que vai da freqüência quinze à vinte um. No reino animal a consciência é muito complexa, indo da mais simples à dos seres humanos. À medida que evoluem para estados mais altos, os animais adquirem níveis superiores de comportamento reativo. O reino humano, que funciona no topo da escala do reino animal, existe interativamente com as dimensões mais baixas. A inteligência inata parece separar os seres humanos do resto da criação.

A Terceira Dimensão acrescenta a profundidade às medidas planas de comprimento e largura. É a qualidade que apóia o mundo físico à nossa volta. A Terceira Dimensão é dominada também por uma existência material baseada no carbono. A fórmula do carbono é $C_6 H_6 O_6$. Os Seres Celestiais observam que o número 666 que emana dessa fórmula é considerado o Sinal da Besta no Livro do Apocalipse da Bíblia. A Terceira Dimensão é regida pelos cinco sentidos — paladar, visão, olfato, audição e tato —, ligados ao mundo físico à nossa volta. Quando nos perdemos no mundo da matéria, podemos também perder o contato com a alma e com a Luz das dimensões mais altas.

Como tudo é energia, a Terceira Dimensão é muitas vezes descrita como pensamento solidificado — o que constitui o maya (ilusão) à nossa volta. Tudo parece real porque as coisas têm aparências físicas (comprimento, largura e altura), mas na verdade, de uma perspectiva mais alta, tudo é energia. A densidade da matéria faz com que as coisas se movam em câmera lenta, ou em vibração mais lenta, e é por isso que percebemos a realidade como limitação, pois nessa densidade é necessário muito esforço para criar. Essa lentidão dificulta a compreensão do poder da mente como algo que faz o pensamento manifestar a forma.

Um senso de dualidade rege a Terceira Dimensão, e por isso as pessoas procuram sempre respostas em branco e preto. As almas que experimentam a vida nesse plano enfrentam dor, sofrimento e desafios emocionais, experiências que geram karma bom ou ruim e assuntos inacabados, que em algum momento deverão ser concluídos. À medida que a alma passa a experimentar a iluminação e a adquirir uma consciência mais alta, as questões deixam de ser sim ou não, branco ou preto. Os acontecimentos começam a adquirir novos significados, sendo analisados no contexto em que existem. Isso é um sinal de que a alma está começando a evoluir e a sair da ilusão da Terceira Dimensão.

Gautama Buda, depois de atingir a iluminação, falou das condições que constituem a Terceira Dimensão. Disse que tudo é impermanente e faz parte de uma existência em fluxo. Estamos presos a um ciclo de vida e morte porque tudo o que não é concluído numa vida projeta na direção de uma nova encarnação. A vida é sujeita ao infortúnio e ao sofrimento, e especialmente à doença e à morte. A partir desse ensinamento, Buda definiu as Quatro Nobres Verdades. São elas:

1. A existência inclui conflito, insatisfação, mágoa e sofrimento.
2. Há um propósito para todo o sofrimento (que é causado pelo desejo egoísta).
3. Podemos ser emancipados desse sofrimento.
4. A liberdade em relação ao sofrimento é conquistada por intermédio do Caminho Óctuplo.

O Caminho Óctuplo de Buda, que permite romper o ciclo de renascimento e sofrimento, requer um código mais elevado e mais ético de comportamento do que o praticado hoje. Esse caminho inclui introspecção constante e uma maneira de viver "correta" ou "verdadeira". É expresso da seguinte maneira:

1. Visão Correta
2. Pensamento Correto
3. Discurso Correto
4. Ação Correta
5. Vida Correta
6. Intenção Correta
7. Disposição Correta
8. Concentração Correta

Esse caminho leva à liberdade e à capacidade de transcender a realidade tridimensional porque esses princípios são inerentes às Leis Universais (discutidas na Parte II deste livro). É óbvio que a sabedoria de Buda estava muito à frente de seu tempo, e mesmo nos dias de hoje não é totalmente compreendida na Terra.

Todos os seres humanos têm a capacidade natural de perceber dimensões mais altas do que a Terceira, mas poucos se dão conta dessa capacidade. Os seres humanos encarnados em Atlântida, os atlantianos, aceitavam esse modo de operação e percepção como comportamento normal. Assim, atuavam nesse nível superior de existência, ligados sempre ao Eu Superior. Com a queda da Atlântida, a humanidade passou a lutar para sobreviver e tomou consciência do eu inferior, dominado pela vontade do ego.

Agora, depois de milhares de anos de evolução, a maioria não sabe mais como entrar em contato com dimensões mais altas, tendo esquecido até que é possível fazê-lo. Sabe-se há muito tempo que os médiuns e os místicos podem transcender a outras realidades e dimensões, sendo geralmente temidos pelos que não têm a consciência sintonizada com essa capacidade.

A **Quarta Dimensão** existe na amplitude que vai da freqüência vinte e dois à vinte e oito. Muitas vezes chamada de plano astral, é nessa dimensão que ficam algumas almas desencarnadas antes de se transformarem totalmente, integrando-se nos planos superiores de existência. É também a transição entre o mundo físico e os mundos superiores dos Celestiais.

É uma dimensão cheia de desafios, abrigando atualmente a Batalha de Armagedon, ou a luta para transcender as forças da oposição e transmutar tudo em Luz. Antes que a Terra atravesse essa dimensão em sua viagem pela precessão dos equinócios, ancorando-se firmemente na Quinta Dimensão, todas as pessoas serão desafiadas por essas forças invisíveis.

Ao definir a Quarta Dimensão, os cientistas acrescentam a variante tempo à largura, comprimento e altura. O tempo é uma extensão ao passado e ao futuro, sendo definido como dependente da matéria. Em sua teoria da relatividade, Einstein se refere ao tempo como a Quarta Dimensão, sendo que seu sistema requer quatro coordenadas para determinar a localização no espaço. Refere-se também a essa dimensão como continuum tempo/espaço, pois esses dois componentes (tempo e espaço) não são absolutos, estando relacionados apenas ao movimento do indivíduo através do espaço.

O tempo nos ajuda a despertar a lembrança de quem e do que somos. Em dimensões superiores à Terceira, é possível atravessar o tempo, voltar a vidas passadas e depois seguir para ao futuro. Em outras palavras, podemos retornar vezes seguidas, num padrão cíclico, por toda a nossa existência. Esse processo é como uma espiral seguindo para cima e para frente numa trilha sem fim. As espirais são padrões circulares com a dimensão do tempo acrescentada. A vida evolui num movimento em espiral por todas as dimensões — começando no reino animal e seguindo para as dimensões superiores. Os reinos inferiores apóiam e sustentam os superiores, permitindo uma linha evolucionária sem fim.

Os Arcturianos, seres pentadimensionais que ajudaram a escrever o livro *We, the Arcturians,* descrevem a Quarta Dimensão como a vibração que começa a abrir o coração. É uma dimensão etérica, dizem eles, que age como um portal, permitindo a passagem a mundos superiores. Isso é feito com vibrações que ressoam mais alto que o denso mundo da matéria.

Essa dimensão exige que aprendamos a perdoar antes que nos seja permitido sair de sua freqüência. As vibrações mais altas da Quarta Dimensão possibilitam experiências (um novo currículo) que exigem estilos de vida e comportamentos consideravelmente diferentes dos que tivemos no passado.

Como o senso de dualidade continua presente nessa dimensão, as pessoas que passam por ela ainda consideram tudo em termos de bom/mau, macho/fêmea, luz/trevas — resíduos da Terceira Dimensão. Mas, na consciência tetradimensional, começa a luta sem tréguas para a superação de questões pessoais e de problemas ligados à dualidade. As experiências dessa dimensão são necessárias para se chegar à consciência mais elevada.

Aos poucos, a compreensão de Ser Um (o currículo da Quinta Dimensão) começa a penetrar na consciência de cada um. Graças a essa compreensão e à Luz mais intensa, as soluções para os problemas ficam mais evidentes. Esse novo estado de consciência elevada leva a uma maior necessidade de conhecimentos, exigindo que a pessoa escolha conceitos mais altos de verdade e iluminação ou volte às realidades tridimensionais de dualidade, renascimento e sofrimento. É uma decisão difícil para a maioria, pois escolher realidades superiores e uma consciência mais elevada implica mudança.

Em outra transmissão, os Arcturianos disseram que Jesus encarnou há 2.000 anos para, entre outras coisas, abrir esse portal tetradimensional. Ele o fez por meio de ensinamentos de amor e perdão, que abrem o coração para uma consciência mais alta. Por meio de um amor maior do que o amor que experimentamos no mundo físico, é possível atravessar o tempo/espaço e entrar num estado de consciência mais elevada. Essa forma de amor elimina o julgamento em relação a si mesmo e à humanidade, levando a pessoa a seguir verdades superiores, como o Caminho Óctuplo de Buda.

A humanidade teve 2.000 anos de encarnações para aprender essas lições simples. Mas cabe perguntar quantas almas realmente as dominam.

Quando entramos na **Quinta Dimensão**, que vai da freqüência vinte e nove à trinta e cinco, temos acesso a um espectro mais amplo de cores e sons — portanto, um currículo mais alto de oportunidades nos aguarda. A Quinta Dimensão é uma freqüência mais alta de evolução espiritual em que se entra depois que o corpo de Luz (Eu Superior) se funde com o corpo de energia física. Essa fusão ocorrerá quando os oito corpos inferiores estiverem purificados, quando não houver mais medo e negatividade e quando for completo o controle sobre o corpo mental e o corpo emocional. A forma humana resultante desse processo lembrará a atual forma física, sendo um refinamento dela, mas será transformada numa forma superior de consciência de Deus.

Hoje, os seres humanos são uma forma limitada de inteligência que opera no espectro estreito da consciência. Existimos para aprender lições que são parte desse espectro da criação. O tempo existe só no interior da consciência de cada um. À medida que adquirirmos uma consciência mais alta (uma freqüência vibracional mais alta), abandonaremos as antigas limitações relacionadas ao tempo e entraremos em realidades alternativas ligadas à Mente Universal e a formas-pensamento de seres mais evoluídos de Luz.

Os Mestres Ascensionados chamam a Quinta Dimensão de dimensão da manifestação da mente e do pensamento. Essa dimensão favorece a criação e será o meio de trazer o Céu à Terra na Sétima Idade de Ouro. As freqüências da Quinta Dimensão são mais altas do que as do denso mundo físico da Terra. Na verdade, podem vibrar além da velocidade da Luz (um conceito que mal se compreende hoje em dia). A manifestação e a criação são as experiências conscientes dos habitantes dessa dimensão, em que governa o coração sintonizado com a mente do Eu Superior. Plêiades, Arcturus e Sirius são exemplos de sistemas estelares que existem nessa dimensão.

Dizer que a Quinta Dimensão é o mundo metafísico é uma descrição precisa. A metafísica é definida como realidade essencial baseada em raciocínios sutis e abstratos, abrangendo a realidade que se estende além do mundo físico ou material para incorporar o transcendental e o supernatural. A ciência da metafísica é fundamentada em princípios da física que descrevem nossa existência como algo baseado em energia. A metafísica é também intimamente relacionada à epistemologia, ou estudo da natureza do conhecimento.

A maioria dos ensinamentos dos Seres Celestiais que residem na Quinta Dimensão e em dimensões superiores está relacionada a processos. Enfatizam o processo de evolução e o processo de passar à consciência superior — sendo que tudo depende da capacidade de administrar a própria energia, mente e coração.

Embora pouco se saiba sobre dimensões superiores às que descrevemos acima, incluímos aqui uma breve descrição da Sexta e da Sétima Dimensões porque elas são o lar de Seres Celestiais superiores, como os Mestres Ascensionados.

A **Sexta Dimensão** é um mundo etérico superior que integra novas cores e ondas de som em sua existência. Abrange a série harmônica que vai de trinta e seis a quarenta e dois e é a passagem para a Sétima Dimensão. Essa Dimensão contém as chaves e códigos para as formas superiores de criação que usam o Merkabah. Serve também como ponte entre os Domínios Evoluídos e os mundos inferiores, dos quais faz parte a Terceira Dimensão. Segundo os Arcturianos, certos sistemas estelares, como Alpha Centauri, ficam nessa dimensão e são conhecidos pelas avançadas crenças teóricas e sistemas tecnológicos.

A **Sétima Dimensão**, segundo Kuthumi, é uma freqüência vibracional que favorece a existência dos Mestres Ascensionados e de Shamballa. Vibra na faixa que vai da freqüência quarenta e três à quarenta e nove e é chamada também de Sétimo Céu. É o maior dos anéis concêntricos que envolvem a Terra e o lar da maioria dos anjos.

A Sétima Dimensão contém o mais alto raio de inteligência espiritual conhecido por nós: o raio do puro amor, da sabedoria universal e das Leis Universais. Esse raio é o veiculo para as comunicações telepáticas, transmitidas pelos Mestres Ascensionados aos membros da Ordem de Melchizedek encarnados na Terra, enviados para cumprir o plano de Deus. Esse raio atua com a mente divina do Eu Superior para estimular nos membros da Ordem a compreensão da divindade da humanidade e, assim, introduzir em suas mentes o molde do plano de Deus para inaugurar a Sétima Idade de Ouro. Aqui, as manifestações de Luz e som atingem as freqüências mais altas que os seres humanos conseguem compreender. Essa freqüência inicia e mantém a codificação necessária para trabalhar com o Eu Superior, garantindo o advento de Adão-Kadmon, o novo homem pentadimensional que está emergindo na Terra.

Espectros Superiores de Luz Enviados à Terra

Espectros de Luz intensa de dimensões mais altas são enviados periodicamente à Terra para elevar a freqüência vibracional do planeta, aproximando-o da freqüência da Quinta Dimensão. Isso é parte do plano celestial para a evolução da humanidade. Essas freqüências trazem os moldes da futura Terra e da futura humanidade. Esses ciclos de energias mais altas alimentam o processo de ascensão porque favorecem a integração do Eu Superior aos oito corpos inferiores (incluindo o corpo físico).

Esses arcos de Luz (que contêm novas cores) se ligam aos campos de força eletromagnética da Terra e afetam a freqüência eletromagnética de nosso cérebro. O código da Linguagem Universal de Luz (que vai ser descrito neste capítulo) é carregado em nossos corpos mental e emocional, elevando a consciência e preparando-nos para receber formas-pensamento superiores.

Quando esses intensos períodos de novas freqüências de Luz bombardeiam a Terra, as pessoas são afetadas de diversas maneiras. Algumas acham que estão doentes e ficam com sintomas de gripe enquanto outras ficam irritadas, inquietas, desorientadas e cansadas. Muitas sentem tontura e têm perturbações nos padrões de visão e sono. Em suma, sabe-se que esses períodos (que ocorriam três a quatro vezes por ano no passado) provocam experiências desagradáveis de ansiedade durante alguns minutos ou dias.

Às vezes, pessoas que recebem transmissões dos Mestres Ascensionados ficam sabendo com antecedência que vão ocorrer bombardeios de energia. Isso alivia a ansiedade, permitindo que essas pessoas fiquem mais preparadas para compreender esses momentos como oportunidades preciosas para liberar as antigas programações. Em suma: saber de antemão quando essas energias intensificadas vão atingir a Terra permite que as energias sejam focalizadas em criações positivas, em vez de negativas. Por exemplo: quando esses períodos são intensos, em vez de pensar que estão doentes, essas pessoas podem voltar a atenção para as próprias metas ou para quem precisa de atenção. Cada nova onda de energia que entra no plano da

Terra eleva as moléculas da humanidade a um estado superior de ascensão. Assim, o reino superior de Deus vai lentamente se assimilando ao eu inferior, fazendo com que a negatividade seja liberada da consciência. Ao fluir para a Terra, essas doses maiores de energia purgam e limpam as energias negativas inferiores alojadas dentro de nós. A limpeza é geralmente uma experiência inquietante, e ocorre em três níveis da memória:

- Celular
- Registro Akáshico
- Genético

A memória **celular** inclui todas as lembranças (boas e más) da vida atual, começando no útero. Armazenamos cada palavra, emoção e experiência em nosso corpo celular. Juntas, essas experiências contribuem para o que somos.

Akáshico é uma palavra sânscrita que significa substância primeira, ou aquilo de que são formadas todas as coisas. Em metafísica, isso é muitas vezes chamado de Mente Universal, ou Fonte de todos os acontecimentos, ocorrências e conhecimentos. Os **Registros Akáshicos** são bibliotecas únicas de dados e acontecimentos que cada um experimentou em todas as vidas passadas. Todos os pensamentos, palavras e ações ficam armazenados nos Registros Akáshicos, mas geralmente só os dados mais significativos são levados para outra vida.

A memória **genética** é formada pelo conhecimento e pelas experiências de sete gerações passadas de ancestrais. Armazenamos essas experiências no DNA.

Quando juntamos experiências favoráveis de carinho, apoio e amor, armazenamos energia superior em nossos bancos de memória. Essa energia mantém nossos sistemas internos fluindo de maneira suave e harmônica. As lições são assimiladas, permitindo que o amor prevaleça.

Quando juntamos experiências dolorosas, frustrantes e traumáticas, são energias negativas que se alojam em nosso corpo. Com os anos, essas energias inferiores nos fazem sair da harmonia (em que nascemos) para um estado de desarmonia, que gera a doença. Surgem também problemas mentais e emocionais.

Os espectros mais altos de Luz que bombardeiam a Terra forçam as energias negativas armazenadas dentro de nós (a partir da memória celular, genética e dos Registros Akáshicos) a fluir pelos corpos mental, emocional e físico. Quando essas energias atravessam os corpos inferiores, muitos sentem depressão, problemas mentais ou acreditam que estão fisicamente doentes, dependendo dos sintomas. Esses períodos podem durar dias ou até semanas, conforme a quantidade de memória que está sendo liberada.

Nos períodos mais prolongados, alguns vão até ao médico, desesperados em busca de ajuda. Geralmente o médico não encontra causas plausíveis para as dores ou mal-estar emocional, pois os resultados dos exames são quase sempre negativos. Conseqüentemente, médico e paciente ficam sem ação. A visita ao médico, no entanto, tem duas vantagens:

1. Alivia a mente, pois a pessoa se convence de que não tem uma doença séria e
2. Alivia o bolso de preciosas quantias!

Quantas vezes você passou por uma situação assim? Esses casos são muito comuns hoje em dia, mas infelizmente a maioria não percebe que essas dores físicas e emocionais são apenas lembranças de vidas, doenças ou traumas passados atravessando os oito corpos. Atualmente, a maioria das pessoas da Terra não tem consciência de que há um plano maior conduzindo a Terra e a humanidade para a Quinta Dimensão. E é menor ainda a consciência da necessidade de eliminar lembranças negativas do corpo antes que possamos entrar em dimensões mais altas. Talvez este livro sirva para iluminar os que ainda estão na escuridão.

Nas épocas em que espectros mais altos de Luz bombardeiam a Terra, as questões emocionais vêm à superfície, especialmente entre casais e amigos. Questões enterradas há muito tempo vêm à tona para serem reexaminadas. Nesses períodos, é preciso enfrentar TODAS as questões irresolvidas armazenadas na alma; conseqüentemente, essas questões constituem as agendas de acontecimentos que ainda virão.

Essas energias superiores aceleram o tempo e fazem com que as energias inferiores nos atravessem, apressando cada vez mais o retorno de questões não concluídas. Quando as lições não são aprendidas da primeira vez, acontecimentos semelhantes (ligados a novos rostos e agendas) ocorrem seis meses depois. O problema é que quando não são aprendidas da primeira vez, as lições reaparecem dez vezes mais intensas. E se não são aprendidas da segunda vez, são novamente aumentadas dez vezes. Deu para entender? Tudo o que fica inacabado continua voltando até ser feito "certo". Isso significa que as escolhas que fazemos para resolver uma situação devem ser motivadas pelo amor incondicional. Lembre-se que a única chave para a liberdade é o comportamento correto, revelado por Buda. As energias mais altas EXIGEM que as questões sejam resolvidas por intermédio do amor, do perdão e da compreensão. Só depois de dominarmos esses comportamentos, de atingirmos a mestria em relação a eles, é que nos será permitido entrar na Quinta Dimensão. Amor, perdão, compreensão ou compaixão são vibrações elevadas e modificam o campo de força à nossa volta. O domínio dessas virtudes, a mestria em relação a elas, influencia tudo o que entra nessas vibrações mais altas e aos poucos vai modificando todos os comportamentos que vibram em freqüência mais baixa.

A partir de 1995, a Terra começou a receber bombardeios mais freqüentes dessas energias mais altas. Em vez de quatro vezes por ano, os espectros superiores de Luz são agora enviados à Terra oito vezes por ano. Isso vai continuar até o ano 2001, quando os ciclos chegarão a doze vezes por ano. Nesse período, no entanto, a humanidade estará tão iluminada que os efeitos dessas freqüências mais altas sobre o nível físico e emocional mal serão notados. Em vez de provocar estresse e desconforto, esses períodos intensos de energia servirão apenas para acelerar nossa evolução mental e espiritual.

Depois de 2001, esses espectros intensificados de Luz farão com que as pessoas abandonem percepções inúteis de tempo e crenças relacionadas ao corpo, mente e espírito. Conceitos como o de morte serão modificados, pois a mente ficará tão iluminada que o corpo acabará ficando sem idade. Os conceitos de Deus serão redefinidos. Com os anos, vamos sair da mentalidade tridimensional, baseada na sobrevivência, para uma maneira de pensar confiante, aberta e amorosa.

Dentro de nós, no fundo da alma, está escondida a lembrança de um plano perfeito que evoca a Unidade, o Ser Um, e não a separação. À medida que entramos em dimensões mais altas, começamos a lembrar da força que vem da Unidade e que Deus provê.

A UNIDADE, O SER UM, REQUER CONFIANÇA NA PRÓPRIA ORIENTAÇÃO INTERIOR. Aprender a confiar confere liberdade, pois a orientação interior É o verdadeiro acesso à liberdade. A energias enviadas à Terra agora e no futuro nos obrigam a ter novamente confiança na orientação interior. A entrada na Quinta Dimensão exige que essa confiança esteja integrada à vida cotidiana.

O medo, a energia negativa predominante no passado, incapacita e paralisa. Essa poderosa emoção nos esvazia do poder de criar. Quando a Luz estiver mais centrada na consciência de cada um, todas as emoções comandadas pelo medo e pela raiva serão assimiladas pelo Eu Superior à Quinta Dimensão.

Quanto mais Luz nossa consciência absorver, mais capacidade teremos de usar visão, *insights* e faculdades além dos cinco sentidos para enxergar as outras dimensões. Além disso, quanto mais Luz emanar de nossas auras, maior será nossa capacidade de criar.

Fomos enviados à Terra para, ao lado de Deus, criar o Céu e a Terra. Para compreender que somos co-criadores, devemos experimentar simultaneamente as dimensões superiores e inferiores. Só então poderemos trazer as criações superiores ao momento presente do tempo/espaço. À medida que aprendemos a integrar essas freqüências à nossa consciência, nós nos aproximamos mais rapidamente do momento de nos tornar a espécie Adão-Kadmon da Quinta Dimensão.

Esse salto evolutivo destinado à humanidade pode ser comparado às diferenças em forma humana entre o Neandertal e o Cro-Magnon. Até hoje, os antropólogos não conseguiram encontrar um esqueleto de transição, que indique a evolução entre esses dois períodos de desenvolvimento. Na verdade, esse elo perdido continua sendo uma área de controvérsia e debate entre antropólogos do mundo inteiro. Os Mestres Ascensionados, no entanto, oferecem sua visão do problema.

Numa transmissão, Kuthumi afirmou que o período entre Neandertais e Cro-Magnons é exemplo de um tempo em que a Terra passou por um salto de consciência similar ao que está sendo vivido hoje graças aos espectros superiores de Luz que estão bombardeando o planeta. Assim como está acontecendo agora, o DNA e o RNA das antigas formas de vida humanas foram afetados por esse processo. Como resultado, foi introduzida uma cepa modificada, fazendo os seres humanos darem um salto à frente em sua evolução. Isso acabou modificando a condição humana.

De maneira semelhante, seremos catapultados à Quinta Dimensão. Os espectros de Luz que atualmente inundam a Terra estão mais uma vez penetrando no DNA, o que vai eventualmente provocar uma mudança na forma humana. Kuthumi não disse qual vai ser exatamente essa mudança. Ele disse apenas que estamos destinados a ser o Adão-Kadmon da Quinta Dimensão — uma forma de ser humano altamente desenvolvida, mais alinhada com o Eu Superior do que com o inferior.

A Linguagem Universal da Luz

A compreensão da Quinta Dimensão não estaria completa sem uma descrição da Linguagem Universal da Luz. Esse sistema superior de comunicação é usado na transmissão de mensagens dos Mestres Ascensionados para os Iniciados encarnados. Será também o sistema de comunicação principal da Quinta Dimensão, quando a Terra estiver firmemente integrada nessa freqüência mais alta.

A Linguagem Universal da Luz contém códigos simbólicos transmitidos por fluxos de Luz que emanam da consciência de Cristo, na Sétima Dimensão. É um dos sistemas de comunicação de todos os seres de Luz nos doze universos.

Constituída de símbolos geométricos, a Linguagem Universal da Luz é usada pelo Comando Celestial para pôr os Trabalhadores da Luz em contato com as chaves e códigos destinados a realizar a evolução da humanidade e o plano de Deus na Terra. Cada vez que alguém recebe um *download* da Linguagem Universal da Luz, o saber interior se torna mais forte e mais claro. É por meio dessa compreensão que o plano celestial vai sendo revelado à alma.

Os símbolos da Linguagem da Luz são transmitidos ao nosso subconsciente, muitas vezes em estado de sonho, por meio da energia invisível dos

Mestres Ascensionados que nos cercam. Esse processo se dá pela grade etérica que nos envolve. Somos cercados por atividades que não conseguimos ver com os olhos físicos.

Quem está encarnado nem sempre ressoa numa freqüência alta o suficiente para receber a informação dos Mestres Ascensionados de maneira clara e direta. Nesse caso, essa informação é enviada por um processo que reduz as freqüências vibracionais. O Eu Superior recebe o código simbólico e o traduz para a nossa consciência.

Esses símbolos e códigos nos ensinam a:

1. expandir nossos corpos de Luz,
2. adquirir consciência superior e
3. compreender realidades diferentes.

Devemos ouvir a orientação interior para saber como atingir essa compreensão e esses comportamentos mais evoluídos, pois eles serão necessários para a entrada na Quinta Dimensão. Esses atributos permitem também que se aprenda de outra maneira: penetrando na Mente Universal.

No passado, aprendíamos por intermédio de livros, aulas, palestras, televisão, mídia e experiência direta. Em dimensões mais altas de tempo/espaço, no entanto, há outras opções. Quando a mente reside na freqüência da Mente Universal, a informação e o conhecimento são assimilados de outra maneira e por outros canais.

É claramente benéfico receber os códigos que a Linguagem Universal da Luz tem a oferecer. Obviamente, esse degrau da evolução vai modificar nossa maneira de conduzir certas atividades aqui na Terra, como por exemplo a escola de nossas crianças. Estamos preparados para esse salto de consciência? Estamos preparados para aceitar os muitos benefícios que virão com essa consciência superior? O que nos espera no horizonte é verdadeiramente fantástico. É fascinante estar vivo nesta época, desde que a pessoa compreenda o que está acontecendo a nós e ao mundo.

Os Mestres Ascensionados já implantaram códigos cristalinos no corpo etérico de muitas pessoas. Como resultado, elas começaram a receber os símbolos geométricos da Linguagem da Luz. Nosso Eu Superior sabe de maneira inabalável que os Mestres Ascensionados existem e nossa essência superior aceita o fato de termos uma consciência divina, ilimitada, capaz de expansão. Assim, é por intermédio do Eu Superior que muitas pessoas já deram permissão para a implantação desses códigos em seu interior. As primeiras almas que deram essa permissão são descritas como a primeira onda da ascensão. Fazem parte do grupo de almas atlantianas reencarnadas, que voltaram à Terra para estabelecer uma grade eletromagnética, que será discutida em outro capítulo deste livro.

No futuro, muitas outras pessoas receberão implantes cristalinos, mas só depois que houver permissão para isso. Uma vez dada a permissão, o processo de aceleração estará garantido, mesmo que alguns não aceitem a mudança tão abertamente. Assim, alguns vão acelerar mais rapidamente do que os outros.

Todas as formas geométricas da Linguagem Universal da Luz contêm a expressão da Força de Deus. Esses símbolos têm muitas formas — esferas, triângulos, dodecaedros, corações, espirais, cubos, retângulos, linhas paralelas, estrelas e outras formas geométricas e artísticas. Os Mestres usam artefatos da Sétima Dimensão codificados com freqüências vibracionais que contam histórias em forma de imagens. Cada símbolo revela à alma uma peça do quebra-cabeça, necessária para ela terminar seu trabalho na Terra.

Cento e quarenta e quatro mil Mestres espirituais vieram à grade eletromagnética da Terra, cada um trazendo uma parte das formas geométricas da Linguagem Universal da Luz. Todos nós vamos receber esses códigos, mas é algo que depende da capacidade individual de integrá-los e aceitá-los.

O número de símbolos que uma alma recebe numa determinada vida depende da qualidade das experiências das vidas passadas, da Luz adquirida na vida em questão e da capacidade individual de aceitar a mudança. Quem aprendeu muitas lições e abandonou a negatividade e o medo graças à ajuda das experiências da alma está destinado a receber mais programações da Linguagem da Luz. Quem tem bloqueios e questões ainda sem solução não pode receber uma parcela inteira dos códigos, pois a Linguagem da Luz opera com base na ressonância: os símbolos superiores só podem ser recebidos por almas que ressoam em freqüências ou oitavas mais altas. Às vezes, são necessárias várias vidas para que a alma atinja um estado de iluminação capaz de receber essas formas geométricas que apressam a consciência superior.

Os bloqueios diminuem a freqüência da alma, impedindo que a pessoa receba essa codificação, mesmo que ela anseie pelo conhecimento superior. Quando uma pessoa está bloqueada, impedida de receber mensagens e codificações superiores, a frustração pode se instalar, enfatizando as freqüências inferiores. Essa pessoa vai continuar impotente, até que os bloqueios sejam removidos e a purificação concluída.

Nesses casos, chorar e se preocupar atrasa mais ainda o progresso. A alma só passa a um nível superior quando focaliza a atenção no aqui e agora e adquire a disciplina necessária para elevar as freqüências vibracionais. O nível de liderança e responsabilidade individual é ditado pela freqüência vibracional da alma e pelo número de formas geométricas implantadas.

A Linguagem Universal da Luz contém códigos para seis áreas de nossa vida:

- Sintonia espiritual
- Conhecimento
- Amor
- Manifestação
- Viagem da alma
- Realização da missão

Essas seis áreas definem a trilha que seguem todos os Guerreiros Espirituais enquanto estão encarnados no plano da Terra. Definem também as tarefas que cada um deve realizar durante o processo de ascensão. A compreensão dessas tarefas SÓ É POSSÍVEL POR MEIO DAS LEIS UNIVERSAIS. A codificação relevante só será obtida quando o Mestre Ascensionado encarregado de uma disciplina determinar que a pessoa está pronta para recebê-la.

Ao tomar a decisão de começar a aprender a Linguagem da Luz, o Iniciado deve purificar o corpo, a mente e o Espírito, o que se faz com disciplina e vontade. É nesse momento que o discípulo fica sabendo como resgatar todas as dívidas kármicas e como começar a acumular karma benéfico para o futuro.

Androginia e a Quinta Dimensão

A Terceira Dimensão é um mundo de polaridades e dualidades. Analisamos e enxergamos em termos de alto e baixo, branco e preto, lado direito e lado esquerdo. As decisões geralmente se baseiam em respostas de sim ou não, e o veredicto dita o curso dos acontecimentos daquele momento em diante.

Essa visão ignora dados importantes, ou seja, que tudo na Terra e no universo é constituído não de duas coisas, mas de UMA coisa, e que essa coisa é a energia. A energia é constituída de partículas positivas e negativas, mas isso não quer dizer que seja composta de polaridades.

Tudo no universo é feminino e masculino, ou o que chamamos de yin e yang. O feminino é yin e o masculino é yang. Em dimensões mais altas, não há julgamento sobre esses princípios de energia — eles simplesmente existem.

O *Webster's New Lexicon Dictionary of the English Language* (1989) define yin e yang como "duas forças, por meio de cuja essência, segundo a cosmologia taoísta, o universo foi produzido e a harmonia cósmica é mantida. Yin é escuro, feminino e negativo, Yang é claro, masculino e positivo" (p. 1142). São forças sempre contrastantes e complementares entre si. Essas definições não implicam opostos, mas implicam um fluxo contínuo de energia — uma dança, podemos dizer.

Nas dimensões mais altas não há dualidade. A dualidade é encontrada apenas em realidades tridimensionais como a da Terra. Ela faz parte do currículo da Terra, que deve ser compreendido antes que se possa sair da Terceira Dimensão para reinos superiores. A alma é obrigada a voltar à Terra vida após vida até compreender o conceito de Ser Um e até esse conceito ser assimilado à consciência.

Essas duas forças, yin e yang, estão dentro de cada um de nós. Nossa força criativa flui para onde focalizamos nossa energia, pois a energia segue a linha da menor resistência. Quando focalizamos no feminino, estamos nos alinhando com o processo intuitivo e criativo do pensamento, aberto a informações e idéias. Quando focalizamos no masculino, enviamos energia ao processo de construção e de ação, sempre voltado para fora, pois é a ação que realiza a criação. A maneira pela qual somos socializados geralmente determina qual dessas duas forças será dominante em nosso comportamento.

Em Atlântida, os sumos sacerdotes e sacerdotisas viviam com os campos de energia masculina e feminina equilibrados. É por isso que as realizações de Atlântida foram tão grandes. A paz, a prosperidade e a alegria prevaleceram por séculos, e a vida era satisfatória num grau que desconhecemos. Foi só quando as energias ficaram desequilibradas, abrindo espaço para a dúvida e as trevas, que a Atlântida caiu.

Quando a Atlântida caiu, os sobreviventes se entregaram ao medo e à luta pela sobrevivência — características da energia yang. A energia feminina foi suprimida porque, na luta pelas necessidades cotidianas, a massa dispersa esqueceu seu poder. As trevas desceram sobre suas mentes e o resto é história.

A humanidade levou mais de 10.000 anos para escalar novamente a montanha, e ainda não há garantias de que chegaremos à grandeza que uma vez conhecemos. Hoje o mundo está mergulhado na energia yang. E é certo que no futuro só será possível atingir a grandeza se aprendermos a restaurar e a equilibrar as energias masculinas e femininas no interior da alma. O mundo estaria num dilema igualmente desastroso se o foco de nossa atenção ficasse desequilibrado na direção da energia feminina. Nossa meta é o equilíbrio.

Através do tempo, o mundo continuou a honrar os princípios masculinos, o que gerou sérios problemas. Basta olhar em torno para ver a seriedade da situação. Na verdade, os problemas são tão grandes que esse foco desequilibrado criou a possibilidade do mundo destruir a si mesmo numa guerra nuclear. Com a agressividade e a criação sem equilíbrio espiritual com a Força de Deus, a humanidade se limitou seriamente e acabou gerando problemas que ameaçam a própria vida. Essa situação surgiu porque os seres humanos não se sentem mais à vontade para expressar e honrar o lado feminino da existência.

Atualmente, algumas culturas revelam a que ponto a energia feminina foi suprimida do mundo. Em alguns lugares, as mulheres não podem comer à mesa com os homens nem entrar no mesmo recinto. Em outras culturas, os bebês do sexo feminino são mortos como medida de controle do crescimento demográfico. Esses comportamentos externos espelham atitudes internas a respeito do desconforto da sociedade diante da energia feminina. A despeito de qualquer raciocínio lógico que procure provar o contrário, podem ter a certeza de que o motivo disso tudo está em nosso interior, relacionado ao conforto que se sente em relação às energias masculina e feminina. No mundo, tudo serve para espelhar o universo interior.

Geralmente, as pessoas que escolhem encarnar nessas culturas são almas jovens que vêm à Terra para experimentar a dualidade e a expressão de energia masculina ou feminina. Ainda não aprenderam (em vidas anteriores) o valor da integração e da Unidade, de Ser Um, tendo muita dificuldade para compreender sua importância. Através de muitas vidas e/ou experiências futuras, elas acabarão compreendendo o valor dessa integração, e só então começarão a romper as algemas que as prendem aos seus papéis. Só então poderão começar a jornada para dimensões superiores.

Quando uma cultura está pronta para evoluir, as velhas almas (equilibradas em suas energias masculina e feminina) escolhem encarnar nessa civilização. Elas nascem e crescem entre pessoas comuns e experimentam as restrições da cultura. Então, no momento oportuno, seus véus são erguidos e elas começam a recordar os princípios superiores armazenados em sua alma. Chegam a posições de liderança e finalmente mostram aos outros uma nova direção. Mahatma Gandhi foi uma alma assim.

Para se tornar um líder pentadimensional é preciso integrar as energias masculina e feminina. A meta de toda a humanidade que entrará no novo milênio é se tornar andrógina. As energias masculina (yang) e feminina (yin) devem se reunir. Essa reunificação vai possibilitar a criação de Adão-Kadmon. Devido à maneira pela qual homens e mulheres são socializados no mundo, os homens precisam mais do que as mulheres aceitar a energia feminina. Essa conexão e a espiritualidade e valores que a acompanham falta mais aos homens do que às mulheres. Assim, para atingir a mestria, os homens têm uma luta mais difícil à sua frente do que as mulheres. Se não começarem a despertar e a equilibrar as energias interiores masculina e feminina, abraçando a ambas, os homens vão ficar atrás das mulheres na evolução. Essa condição vai levar as mulheres a posições de liderança, a posições politicamente poderosas, em que possam reescrever as leis. Mas lembrem-se: essa posição extrema também não é desejável. O ideal é o equilíbrio. Mas, se escolherem não evoluir, os homens farão surgir o outro extremo.

Para chegar à androginia, somos continuamente colocados em arenas onde as experiências nos ensinam a ter comportamentos masculinos ou femininos corretos. Essas arenas garantem:

1. A oportunidade de dominar todos os testes para a androginia.
2. A possibilidade de comandar todas as opções de comportamento, sejam elas tradicionalmente masculinas ou femininas.

Segundo Elizabeth Haich (1974), no livro *Initiation*, devemos dominar doze pares de comportamentos opostos associados a estereótipos femininos e masculinos (p.177). Segue-se uma lista extraída desse trabalho que descreve os traços opostos que devemos aprender a comandar para equilibrar as energias interiores masculina e feminina. Os testes exigem sempre que tenhamos uma posição calma e centrada.

Passamos nos testes (1) quando aprendemos as reações apropriadas a cada situação e (2) só depois de nos sentirmos à vontade com OS DOIS conjuntos de comportamentos opostos.

Atributos Femininos	**Atributos Masculinos**
Desengajado	Engajado
Aberto a tudo	Resistente à mudança
Desapegado	Controlador
Silencioso	Falante
Complacente	Dominador
Pacífico	Agressivo
Modesto/Humilde	Autoconfiante
Suscetível	Cético
Fiel	Independente
Cauteloso	Corajoso
Cuidadoso	Impulsivo
Respeitoso em relação à vida	Destemido

Incorporando esses doze pares de comportamentos opostos em nossas personalidades, chegaremos mais perto do pleno potencial humano. Para saber que comportamento você tem mais necessidade de dominar, responda à pergunta: que comportamento é menos natural para mim? Alguém que fala o tempo inteiro e não consegue ficar em silêncio precisa claramente aprender a ouvir. Quem não gosta da confrontação e por isso prefere ignorar as injustiças pode estar suprimindo demais a energia masculina, precisando entrar em contato com esse poder. Seja qual for o caso, sabemos no nível da alma e do Eu Superior o que precisamos aprender. Sejam quais forem nossos pontos mais fracos, podem estar certos de que seremos levados a arenas para praticar, até sairmos vitoriosos da luta, dominando todos os comportamentos relacionados ao pleno potencial humano.

Os Mestres agem com naturalidade em qualquer situação. Eles sabem como administrar TODOS os padrões interiores de energia e têm sempre o comportamento adequado à situação em que se encontram.

Enfim, a paz interior reina quando a pessoa domina tanto as energias masculinas quanto as femininas. Isso é verdade. Os Mestres escolhem também o que pensam, dizem ou sentem em todos os momentos, em vez de permitir que as emoções dos outros determinem seu comportamento. Assim, essas arenas de testes são necessárias ao nosso desenvolvimento, permitindo que ponhamos em prática todos os comportamentos que contribuem para o desenvolvimento de nossa mestria.

A entrada na Quinta Dimensão exige calma, centramento e controle constante dos corpos mental e emocional. Só estará preparado para a ascensão à Quinta Dimensão quem aprender a dominar os padrões interiores de energia masculina e feminina. Só então o Eu Superior poderá se integrar aos oito corpos inferiores. Além disso, equilibrando as energias masculina e feminina, ajudamos a Mãe Terra a restaurar seu equilíbrio de energias yang e yin.

Os filhos e filhas da Luz virão novamente e caminharão sobre a Terra na Sétima Idade de Ouro, como Mestres vivos. Para simplificar: a integração das energias masculina e feminina permite que cada um seja mestre de todas as circunstâncias que surgirem para desafiá-lo. Toda a energia deve ser integrada de maneira que possa, por sua vez, integrar-se à Unidade e favorecer a consciência de Deus.

Resumo

É difícil compreender o conceito de Quinta Dimensão porque o acesso a essa dimensão não se dá pelos cinco sentidos e, assim, não é considerado como parte normal de nossa experiência. É preciso compreender primeiro que no universo tudo é energia, energia que pode ser medida e reduzida a números. Cada partícula, pensamento, palavra, objeto, experiência ou emoção tem a própria freqüência vibracional e pode ser medido independentemente.

Na Terceira Dimensão há sete dimensões simultâneas, que já podemos começar a compreender. Cada dimensão é feita de sete níveis que constituem um currículo único e estabelecem o tipo de compreensão que devemos atingir. Quando dominamos esse currículo, estamos livres para seguir para níveis mais altos de existência. Cada um dos sete níveis de uma dimensão tem uma freqüência vibracional única àquele nível, e cada um deles pode ser decomposto em sete subdivisões.

As sete dimensões são as seguintes:

1ª Dimensão — Reino Mineral. A variação harmônica do Reino Mineral vai da freqüência um à sete, sendo a solidificação inferior das formas-pensamento.

2ª Dimensão — Reino Vegetal. O Reino Vegetal está na série harmônica que vai da freqüência oito à catorze. A vida vegetal está nessa dimensão e a Luz é necessária para sustentá-la.

3ª Dimensão — Reino Animal. O Reino Animal está na série harmônica que vai da freqüência quinze à vinte e um. A consciência é complexa, indo do comportamento mais simples à inteligência dos seres humanos.

4ª Dimensão — Plano Astral. O Plano Astral está na faixa que vai da freqüência vinte e dois à vinte e oito. É a transição entre o mundo físico e o mundo dos Celestiais. Nesse plano é possível a viagem no tempo, ou a extensão para o passado ou futuro. A Quarta Dimensão é a vibração que abre o coração e permite a passagem a mundos mais elevados. É também a dimensão que nos desafia e que faz com que passemos da dualidade à Unidade, ao Ser Um.

5ª Dimensão — Manifestação da Mente e do Pensamento. A faixa da Quinta Dimensão vai da freqüência vinte e nove a trinta e cinco e abre um espectro mais amplo de cores e sons. O Eu Superior (Corpo de Luz) e o corpo físico se fundem. Nela, podemos aprender lições de criação e experimentar uma realidade que está além do mundo físico.

6ª Dimensão — Dimensão Etérica Superior. O mundo Etérico Superior integra novas cores e sons à existência. Sua variação harmônica vai da freqüência trinta e seis a quarenta e um e é a passagem para a Sétima Dimensão. Essa Dimensão contém as chaves e códigos para as formas mais altas de criação e é uma ponte entre os Domínios Evoluídos e os mundos inferiores.

7ª Dimensão — Sétimo Céu. A Sétima Dimensão é uma freqüência vibracional que favorece os Mestres Ascensionados e Shamballa. Chamada de Sétimo Céu, vai da freqüência quarenta e dois à quarenta e nove. É o lar da maioria dos anjos e constitui o maior dos anéis concêntricos que circundam a Terra.

- Intensos espectros de Luz de dimensões mais altas estão sendo enviados à Terra oito vezes por ano para elevar a freqüência vibracional do planeta e limpar a memória das pessoas, permitindo que resolvam questões das vidas passadas e presente.
- A energia superior exige que as questões sejam resolvidas com o amor, o perdão e a compreensão, o que permite que o Eu Superior se funda aos corpos inferiores.
- A Linguagem Universal da Luz é um sistema simbólico de códigos, usado para transmitir mensagens dos Mestres Ascensionados aos Iniciados

que estão encarnados. Permite o contato dos Trabalhadores da Luz com os códigos e chaves que realizarão o avanço evolutivo da humanidade e o plano de Deus na Terra. O número de símbolos que a alma recebe em cada vida depende da qualidade de suas vidas passadas, da Luz conquistada na vida presente e de sua capacidade de aceitar a mudança.

- Cada um tem uma dimensão feminina ou yin e uma dimensão masculina ou yang. A dimensão feminina focaliza o processo intuitivo e criativo do pensamento, receptivo às informações e às idéias. A masculina focaliza o processo criativo da construção e da ação, mais voltado para fora. Essas energias devem ser integradas pelo domínio dos pares de comportamentos opostos associados a cada uma delas, para que possamos entrar na Quinta Dimensão.

Nossa tarefa é demonstrar a superioridade do momento presente, da consciência centrada na vida sobre a consciência toldada pelo medo. Trabalhamos para afastar gradualmente o interesse dos seres humanos de estilos de vida defensivos, orientados pela sobrevivência, aproximando-o da busca pela excelência. Só podemos influenciar as pessoas em áreas em que seu coração esteja aberto pelo menos um pouco e em que haja um interesse apaixonado.

Não estamos interessados em modificar mentes. As mentes sempre seguiram as paixões do coração. Estamos interessados em abrir corações.

Ken Carey
The Third Millennium (pp. 58-59)

Capítulo 7

Introdução às Leis Universais

Às vezes eu saio por aí sentindo pena de mim mesmo,
e no entanto estou sempre sendo levado aos céus
por um grande vento.
Ditado ojibway

As Leis Universais podem ser consideradas sob dois aspectos. Assim como as leis de qualquer nação, estado ou sociedade são expressões de comportamentos aceitáveis ou inaceitáveis. As explanações dessas leis descrevem os resultados desses comportamentos. O segundo aspecto do termo lei se refere a princípios universais, ou relações entre os fenômenos de causa e efeito.

As Leis Universais descritas neste livro podem ser consideradas sob esses dois aspectos porque constituem os limites ou diretrizes de nossos comportamentos. Constituem a base do que é esperado de nós, oferecendo assim uma expressão da vida correta.

A maioria desconhece as fronteiras do invisível e as leis que governam essa área vaga e misteriosa. Mas são forças do invisível que criam o mundo físico e seu impacto em nossa vida. Será que não é hora de começarmos a explorar essa área para descobrir seus efeitos sobre nós?

No universo, tudo reflete a lei e a ordem divina. Sem leis, a vida estaria no caos e operaria na base da tentativa e erro. As Leis Universais são extensões das leis físicas, aplicadas ao mundo espiritual. Elas governam todos os planos da existência e estabelecem a ordem do universo, que mantém tudo fluindo perfeitamente. Todas essas leis são inter-relacionadas e algumas dessas inter-relações serão abordadas nos capítulos seguintes. Assim, compreender essas leis nos ajuda a assumir o controle de nossa vida e leva à realização em Deus. Em outras palavras, as leis nos fornecem um quadro de conhecimento de resultados. Depois de aprender essas leis podemos até desobedecê-las, mas sabendo que certos resultados serão inevitáveis.

Analisando as Leis Universais em profundidade, começamos a compreender a importância que têm em nossa vida e suas contribuições para a ordem no mundo. Um estudo mais profundo revela:

- As Leis Universais são verdade.
- As leis se aplicam a todos e garantem justiça para todos. Delas não podemos escapar, pois são as diretrizes da própria vida.
- Ninguém pode viver a vida fora da lei. Só os que não reconhecem a perfeição inerente ao universo acreditam que podem escapar dos efeitos das leis. Se tentarem escapar, lutarão interminavelmente e serão jogados de cá para lá como um navio na tempestade.
- As leis são absolutas e perfeitas. A única maneira de trazer paz e harmonia à nossa vida é obedecê-las e, de acordo com elas, fazer escolhas que elevam a alma a um nível mais alto de consciência.
- As leis trazem a ordem e a previsibilidade, mas sabemos que viver fora delas também traz conseqüências previsíveis. Podemos não perceber a curto prazo os efeitos de nossos comportamentos positivos ou negativos, mas é certo que cada uma de nossas ações terá um desenlace justo.
- As leis nos permitem superar desenlaces negativos, especificando maneiras de modificar os resultados de nossos comportamentos e fazendo-nos perceber quais são os comportamentos que devemos evitar.
- Quem vive dentro das leis ajuda os outros e a si mesmo. Todos nós exercemos influência sobre as outras pessoas. Quando vivemos dentro das leis, ocorre um efeito de atração, fazendo com que os outros sigam nosso exemplo, passando a agir de maneira semelhante. O que acontece a um afeta a todos.
- Vivemos num universo holográfico, o que significa que o todo está contido em cada partícula. Por intermédio da compreensão das Leis Universais, a mente fica focalizada na inter-relação de todas as coisas.
- As leis nos fazem lembrar que vivemos simultaneamente em mais de um mundo. Enquanto experimentamos as coordenadas espaço/tempo da dimensão física, somos compelidos pelos preceitos sem tempo nem espaço das dimensões invisíveis. Atualmente, o que aprendemos nos prende ao mundo físico, impedindo que nossa mente cresça em outras dimensões e realidades. É preciso abrir as portas para a compreensão da metafísica e

do mundo de energia subatômico, percebendo assim a influência que esse mundo tem sobre nós. Nossa evolução depende disso.

- A próxima fronteira da evolução é a da mente. À medida que avançarmos nessa arena, a compreensão das Leis Universais favorecerá a capacidade para compreender o poder da mente e sua influência em nossa vida.
- O conhecimento das Leis Universais favorece o autoconhecimento. É possível perceber os efeitos da influência do cosmos pela simples observação do que acontece na vida diária, pois as mesmas grandes verdades governam tudo.
- Viver dentro das leis afirma nosso compromisso com o intento e com o plano de Deus e nos aproxima de nosso Criador. As leis expressam as maneiras que nosso Criador escolheu para nos ajudar a atingir a visão de um universo e de uma existência pacíficos e produtivos.
- Somos um com as leis. Portanto, devemos CONHECÊ-LAS.

As Leis Universais são verdade e não podem ser alteradas. São as chaves para destrancar os mistérios de mundos antigos e para compreender como os cidadãos das seis Idades de Ouro passadas atingiram a grandeza.

Essas verdades remontam a Hermes Trismegisto. Hermes era conhecido como Mestre de todos os Mestres e sua influência chegou a todas as civilizações da Terra, como raios projetados de uma Fonte central. Suas verdades estão integradas em todas as religiões de todas as partes do mundo.

Os treze capítulos seguintes discutem as Leis Universais que constituem o fundamento da própria vida. Cada capítulo descreve uma lei do universo e suas possíveis aplicações à vida cotidiana. Em onze desses capítulos há mensagens do Mestre Evoluído El Morya, o Chohan do Raio Azul e regente das Leis Universais. O primeiro capítulo é introduzido pelo Mestre Ascensionado conhecido como Palas Atena, que vem para estabelecer a vibração da Unidade neste documento. El Morya escolheu doze leis para este livro. Essas leis, diz ele, constituem a base do amor, e portanto, de tudo o que é.

A importância de ler as mensagens vai além do significado das palavras. Cada mensagem é codificada com uma freqüência vibracional que lhe foi conferida pelo Mestre que a transmitiu. O leitor vai receber essa codificação, mesmo que sua mente não consiga reter ou compreender o significado das palavras. Isso cria um campo de ressonância que dá ao leitor acesso às palavras e à sabedoria não apenas dos Mestres Ascensionados que transmitiram as mensagens, mas também dos maiores Seres Celestiais que governam o universo.

Aproveitem esta seção. É a parte mais importante do livro. As autoras têm consciência de que outros autores podem ter organizado as mesmas informações de maneira diferente. Assim, leiam esta seção com a mente flexível. Este formato é apenas uma das maneiras de aprender.

Capítulo 8

Energia: o Fundamento das Leis Universais

... temos essas verdades como auto-evidentes, que
todos os homens nascem iguais, que receberam do Criador certos
Direitos inalienáveis, que entre estes está a Vida,
a Liberdade e a busca da Felicidade...

Declaração da Independência
dos Estados Unidos da América

Em 4 de julho de 1776, os autores da Declaração da Independência dos Estados Unidos da América proclamaram que todos os homens [e mulheres] nascem iguais. Essa afirmação era baseada na seguinte premissa: as pessoas têm de fato direitos iguais em algum nível e devem ter o privilégio de exercer esses direitos.

Se fizéssemos uma votação pedindo às pessoas que digam se acreditam ou não na igualdade de todos, teríamos provavelmente reações misturadas, sendo que a maior parte diria que essa igualdade está muito distante da verdade. Citariam exemplos de racismo e sexismo ou histórias sobre desafortunados ou incapacitados. Achando que provaram seu ponto de vista, desafiariam os oponentes a apresentarem evidências do contrário. Os que são repetidamente vitimados e oprimidos pela sociedade têm as opiniões mais arraigadas, o que é compreensível.

Então, por que os Fundadores escreveram uma afirmação tão corajosa por ocasião da criação da nação norte-americana? O que eles sabiam, que hoje em dia não compreendemos?

Este capítulo apresenta o fundamento e a evidência da veracidade dessa premissa. Segundo ela, todos nascem iguais e são as crenças, a socialização e os valores culturais que nos fazem esquecer esse fato. Em outras palavras, alguns grupos de pessoas e suas ações através do tempo nos levaram a acreditar e a agir como se isso não fosse verdade. Conseqüentemente, séculos de esquecimento favorecem a dor, o sofrimento, o afastamento e a perda da verdadeira identidade. Nós nos transformamos em pessoas destituídas de poder. Agora é o momento da mudança, de devolver às pessoas — a todas as pessoas — o seu poder.

A informação contida neste capítulo tem potencial para revolucionar o mundo. É também a base para compreender os ensinamentos sobre as Leis Universais que serão apresentados nos capítulos subseqüentes. Aplicando esse conhecimento às Leis Universais podemos estabelecer as bases para a libertação de nossas almas e para a criação de uma sociedade pentadimensional.

Para continuar a leitura deste livro e para perceber que a liberdade é nossa dádiva inerente, é preciso compreender os princípios básicos esboçados aqui. Com essa compreensão, qualquer pessoa pode começar a percorrer a trilha em que liberdade, abundância, felicidade e paz estão garantidas.

A intenção original da Declaração da Independência era estabelecer na Terra uma base que permitiria a todos os filhos de Deus realizar o pleno potencial humano e viver de maneira bela, total e produtiva. Os Estados Unidos foram especificamente designados para abrigar essa visão para o resto do mundo, até o momento em que todos na Terra se tornassem auto-realizados. Infelizmente, por causa da lei kármica, da ignorância e da irresponsabilidade humana, séculos se passaram. Só agora estamos prontos para resgatar as dívidas kármicas, limpar a lousa e prosseguir para uma compreensão mais elevada dos conceitos evolutivos que afetam todas as almas.

O Mestre Ascensionado Kuthumi abordou esses tópicos na transmissão que se segue:

A Declaração da Independência é um documento que foi transmitido aos Fundadores dos Estados Unidos pelos mesmos meios pelos quais você, Minha Cara [Norma] recebe suas mensagens. Os membros da sociedade secreta que constituíam a Ordem de Saint-Germain estavam em contato direto com o Comando Celestial, trabalhando para a realização do plano de Deus. Eles trouxeram a visão e o pensamento que transformariam o mundo: todos os seres humanos nascem iguais e têm direito a se realizar plenamente, conforme o grau do merecimento individual.

Essa informação a respeito da Declaração da Independência não foi divulgada antes porque, na época colonial, não era seguro para membros de uma sociedade como a que foi descrita falar abertamente desses assuntos. Coloquem em perspectiva os acontecimentos da época em que esses documentos sagrados foram escritos. Em Salem foram colhidas muitas almas que afirmavam ouvir vozes do outro lado, e ainda era recente a lembrança do destino da bela Joana d'Arc, que afirmou publicamente ter recebido mensagens de Deus por meio de vozes que guiavam seus passos. Tendo em vista as condições da época, é possível compreender a posição das almas que guiaram a caneta que escreveu esses documentos. Todos eram homens de influência e vários estavam destinados a ser Presidentes.

É estranho que os fundadores dos Estados Unidos não falassem abertamente de sua associação com a Comunidade Celestial e com a Ordem de Melchizedek? De nossa perspectiva, a atitude é compreensível e não a julgamos. Mas agora é importante falar desse assunto, como veremos a seguir:

É fantástico o poder gerado pela compreensão das Leis Universais e por sua aplicação ao mundo. Faz muito tempo, mais do que é registrado na Terra, que o Comando Celestial compreende as Leis Universais e sua aplicação à evolução humana. Como a Terra é tão importante no plano de apoio à evolução das almas a dimensões mais altas de consciência e Luz, esta informação foi mantida oculta até agora. Não foi divulgada antes porque a maioria das almas não estava pronta para recebê-la. Sua consciência não conseguiria integrar o significado e a responsabilidade deste conhecimento. Além disso, no passado, as almas encarnavam aqui basicamente para concluir questões inacabadas de vidas anteriores. Estavam tão preocupadas com a existência inferior que não tinham tempo para compreender os conhecimentos, as dimensões e as leis superiores. Na verdade, qualquer coisa fora de seus parâmetros de realidade lhes causava medo e elas reagiam como animais acuados sempre que eram desafiadas a crescer. O crescimento, a iluminação e a abertura da mente eram motivos de escárnio, e as pessoas ou idéias que convidavam à mudança eram eliminadas.

Aprender as Leis Universais antes de concluir os pagamentos kármicos permitiria que muitos "trapaceassem". Sem a disciplina espiritual, muitos tentariam tomar atalhos para uma vida mais fácil, o que lhes roubaria oportunidades importantes de serem testados. Essa situação criaria um grupo de almas com grande conhecimento, mas com pouca força de caráter para aplicar esse conhecimento.

Presentemente, existem pessoas no universo que se encaixam nessa descrição. São pessoas com natureza altamente tecnológica, mas com pouca compreensão da lei espiritual, o que não permite que apliquem essa tecnologia com responsabilidade. Nós as chamamos de almas perniciosas, que servem para desafiar os que estão na senda da Luz.

O currículo da Terra é estabelecido de maneira a permitir que todos passem por Testes de Iniciação. Esses testes constroem o caráter e a integridade gra-

ças às lições que devem ser aprendidas. Só depois de saldarem as dívidas kármicas é que as almas têm acesso a níveis superiores de ensinamento, devendo provar a si mesmas que têm disciplina para administrar a responsabilidade que acompanha o conhecimento superior.

Por mais doloroso que seja, acreditamos que esse processo produz um ser humano de qualidade superior, preparado para entrar nos reinos acima da Quinta Dimensão. Assim, temos certeza que compreendem por que era necessário e correto que nem todas as almas tivessem acesso a esses ensinamentos. Hoje as energias estão mudando. Com o despertar espiritual da Terra, muitos já estão mais próximos da iniciação. Alguns entrarão com honras na Quinta Dimensão, e agora é o momento de orientar essas almas com a sabedoria das escolas de mistério do passado.

Nos Estados Unidos, há mais de duzentos anos, almas da Ordem de Melchizedek encarnaram na Terra para estabelecer uma ligação com o Comando Celestial e para apresentar ao mundo verdades e ensinamentos maiores. Essas verdades tinham um fundamento: todos os seres humanos nascem iguais e têm direito à liberdade. Esses ensinamentos eram dirigidos ao mundo, e não só aos Estados Unidos, embora só agora se saiba disso. O plano de Deus implica liberdade e realização para todos os seus filhos, permitindo que todos tenham a opção de entrar na Quinta Dimensão e no reino que virá. As palavras dos documentos que tantos cultuam tinham a intenção de abrigar para o mundo a freqüência vibracional e a visão, até o momento em que todos pudessem compreender esses ensinamentos.

Agora é o momento dessas verdades se tornarem auto-evidentes. Já estamos preparados para revelar ao mundo essas verdades e explicações, para que todos possam compreendê-las e aplicá-las. As palavras contidas neste documento devem percorrer o mundo e oferecer respostas para os que as procuram. E assim será, mesmo que essas palavras sejam proibidas pelas estruturas governamentais.

A mente é o TODO. As mentes não podem mais ser contidas. As pessoas estão começando a compreender que a mente é livre e tem o poder de co-criar tudo o que é necessário para garantir a felicidade e a paz. Então, a partir de agora, todas as pessoas podem ser ajudadas, independentemente das constituições ou regras dos países em que vivem.

Unam-se, Ó Filhos do Divino, ao Espírito da Unidade. Participem com a mente e com o coração da revolução galáctica que vai trazer paz, Luz e amor às nações do mundo inteiro. Percebam que a Luz e a energia do universo ouvem seus pensamentos, e saibam que vocês têm o poder interior de mudar o curso da Terra.

Ouçam com o coração as palavras que se seguem. Lembrem-se da época de Atlântida, quando se sabia que essas palavras eram verdadeiras. Depois olhem para o futuro e tenham a visão do Céu na Terra, que VOCÊS VÃO CRIAR.

Deus Abençoe os que ouvem e vêem com o olho da mente. Agora, submetam a seu comando o coração e a mente, aplicando a informação que virá.

EU SOU Kuthumi, Professor Mundial e Embaixador do Divino. Adonai.

Nessa mensagem, Kuthumi afirma indiretamente que os segredos das escolas de mistério do Egito, Grécia e Atlântida podem agora ser revelados ao público em geral. A humanidade foi considerada digna e pronta para receber outra vez essa informação e para usá-la na construção da Sétima Idade de Ouro. É a primeira vez, desde que Atlântida caiu, que essa permissão foi dada.

Escreve-se, há milhares de anos, que a Era de Aquário será uma era de amor fraterno. E assim é, porque a freqüência vibracional de Aquário (na precessão dos equinócios) é uma nota mais alta, vibrando mais perto da velocidade da Luz. À medida que entramos nessa era, as freqüências mais altas de Luz afetam tudo e todos na Terra. Essas vibrações estão fazendo com que caiam os sistemas construídos em freqüências inferiores (corrupção, ambição, mentiras, confusão, egoísmo, etc.). Os sistemas educacionais, os negócios, as estruturas políticas e os governos, que foram construídos para servir a si mesmos, estão se despedaçando para depois renascerem em forma mais elevada, mas só depois de um processo muito doloroso. Assim, estamos assistindo ao "fim do mundo" sem nos dar conta do que vemos. No umbral da Era de Aquário, é inevitável que se pergunte quanto tempo levará para que a dor e o sofrimento do mundo sejam transcendidos. A idéia de entrar num mundo de Unidade, amor e Luz, com pessoas produtivas, felizes, dotadas de poder, deveria bastar para nos dar vontade de começar imediatamente.

Conhecimento é poder. O conhecimento contido nesta seção apresenta a base para mudar o mundo e construir novos acessos à mestria. Esperamos que desta vez a humanidade use esse conhecimento com sabedoria. Os Domínios Evoluídos e os Conselhos Kármicos não vão ver com simpatia as almas que o usarem mal, porque há regras que acompanham a mestria. A primeira regra é que quem adquire esse conhecimento das leis não tem mais os mesmos direitos de quem não as compreende. É inerente ao aprendizado e à aplicação das leis a responsabilidade de usá-las judiciosamente. O mau uso deliberado das leis, no sentido de trazer sofrimento aos outros, faz com que o karma volte rapidamente à alma errante que está abusando da energia. A Lei da Volta Décupla se aplica ao mau uso da energia exatamente como ao bom uso da energia.

Por isso, usem este conhecimento com sabedoria! Lembrem-se que foram avisados, e que as recompensas e punições serão justas. Aquário também representa a justiça — cada ação, cada pensamento é contabilizado. As energias deste planeta mudaram e, para cada ato, a retribuição será quase imediata. Esta era não deixará pedra sobre pedra.

Então, vamos começar...

Para compreender as Leis Universais, é preciso antes compreender que tudo é energia e que a energia se move de maneira circular. Para ilustrar esse ponto, imagine-se saindo pelo universo. Observe o lento movimento dos sistemas estelares, elíptico e espiralado. Veja a precessão dos equinócios fazendo a Terra atravessar as eras de Áries, Peixes, Aquário e assim por diante, permanecendo mais de 2.000 anos em cada era. Observe que tudo se move de maneira **circular.**

Então, focalize a atenção em nosso sistema solar. Veja todos os planetas orbitando o Sol em padrões de rotação. Em escala menor, veja a Terra girar em torno do Sol a cada 365 dias. Observe que tudo se move de maneira **circular.**

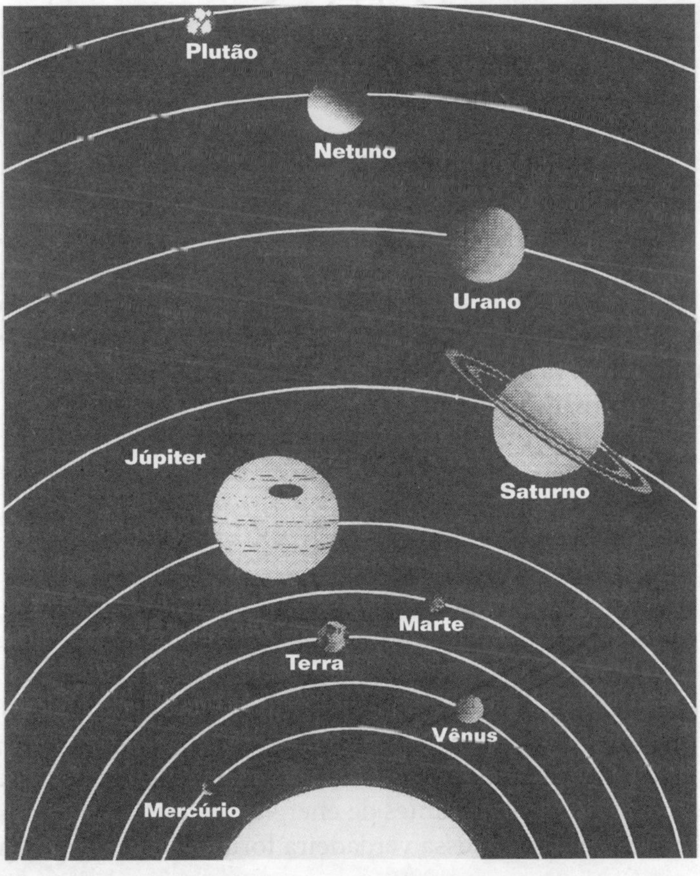

Em seguida, observe o campo magnético da Terra, representativo de outras formas de energia da Terra. Observe que as linhas magnéticas também fluem de maneira **circular**. Isso vale também para outros campos de energia terrestres, como os campos elétricos.

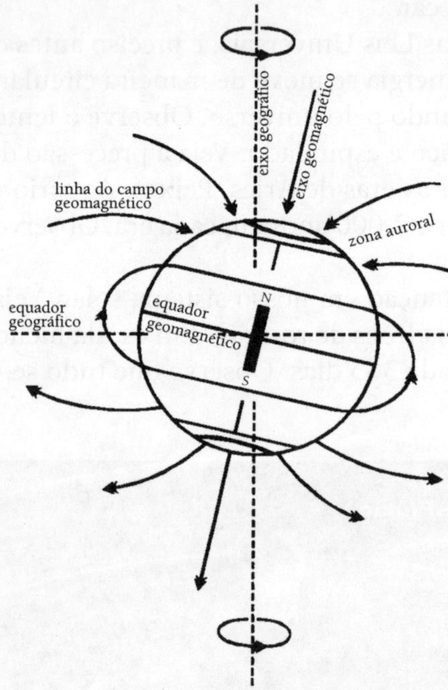

Finalmente, levando esse conceito ao nível microscópico, se colocássemos fragmentos do tecido celular da pele sob um poderoso microscópio, o olho treinado observaria os elétrons girando em torno do núcleo dos átomos, também de maneira **circular**.

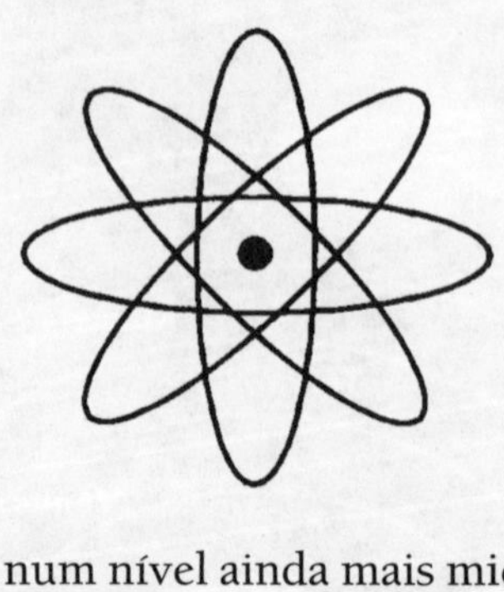

Assim, raciocinando num nível ainda mais microscópico, podemos nos identificar com massas rodopiantes de energia e consciência. Em outras palavras, se pudéssemos ver nossa verdadeira forma, nós nos veríamos como seres de Luz, emitindo sons audíveis ao ouvido humano. Veríamos os campos eletromagnéticos girando à nossa volta de maneira circular e as auras seriam brilhantes.

Para onde conduz esse raciocínio? É simples:

TODA ENERGIA SE MOVE EM CÍRCULOS

Se somos seres energéticos de Luz e se toda a energia se move de maneira circular, então somos os geradores e criadores de tudo o que ocorre em nossa vida. Em outros termos, como disse o apóstolo Paulo:

**O QUE O HOMEM SEMEAR,
ISSO COLHERÁ**

Outra explicação para esse fenômeno é formulada no ditado contemporâneo:

**O QUE GIRA
VOLTA**

A energia não pode ser criada nem destruída: esse é um princípio da física. A energia só pode ser transformada, de uma forma de energia a outra. Esse fato serve para aprofundar a compreensão do que apresentamos aqui. Não há como escapar desse fenômeno.

Tudo no universo é energia, inclusive nós. Tudo é um corpo de energia, constituído de partículas tão pequenas que a mente tem dificuldade de conceitualizar a importância desse fato. No nível microscópico, somos apenas uma massa rodopiante de elétrons e átomos de energia, girando rapidamente. Todos nós estamos ligados a esse mar de energia. Os Mestres Ascensionados o denominam Força de Deus, ou Luz Líquida Dourada, e dizem que DEUS É PENSAMENTO! Essa Força de Deus é denominada prana, chi, força vital ou configuração de partículas táquion da Luz, que unem tudo o que há no universo. Somos esse campo de força de energia. Se você não acredita nisso e acha que não é parte dessa força, tente sair dela! É impossível.

Lembre-se que na época em que Jesus andava pela Terra não havia aulas de ciência. O átomo não tinha sido descoberto e ainda não havia termos científicos, como *energia*. No entanto, a avançada alma celestial de Jesus compreendia esses conceitos científicos e essas leis espirituais. Ele falava sobre eles em termos que eram comuns na cultura e na civilização em que vivia. Assim, usou expressões como "O que o homem semear, isso colherá" para incutir nas pessoas a importância de praticar atos de caridade e bondade em relação aos outros. No mundo atual, esse método de comunicação tem a desvantagem de não apresentar à humanidade o fundamento científico e racional ou o contexto teórico da importância da positividade e do amor em todos os momentos, especialmente quando certas pessoas escapam impunes depois de praticarem atos não tão elevados. Em outras palavras, as respostas para questões como "Qual é a importância de mudar meus pensamentos e ações e me tornar uma pessoa positiva?" não são internalizadas, a não ser no sentido religioso. Por que mudar se não compreendemos o fundamento teórico do que estamos fazendo? O fato de tantas pessoas continuarem a causar tanto sofrimento aos outros é a maior prova de que a humanidade não compreende a repercussão de seus atos.

Há um obstáculo oculto para a compreensão desse princípio: na Era de Peixes colhíamos numa vida o que tínhamos semeado nas anteriores. Conseqüentemente, como as dívidas apareciam vidas depois, nós não percebíamos a conexão com sua causa e acreditávamos que éramos vítimas das circunstâncias, incapazes de mudar as condições de nossa vida. Não entendíamos por que aconteciam coisas ruins a pessoas boas ou por que éramos castigados ao tentar fazer tudo certo. Nessas vidas, os véus estavam descidos. Pagávamos cegamente pelo que tínhamos feito aos outros em vidas anteriores, recebendo a justa punição kármica por nossos pecados: passávamos por experiências equivalentes às que tínhamos imposto aos outros anteriormente. Assim, nossas almas recebiam a marca de experiências que favoreciam o crescimento e o desenvolvimento. Tínhamos milhares de vidas para pagar por nossos atos, e levamos esse tempo todo. Os véus estiveram descidos por muito tempo, mas agora as coisas estão mudando, à medida que entramos na Era de Aquário.

Com a Convergência Harmônica de 1987, todas as condições da Terra mudaram. Todas as dívidas kármicas foram perdoadas, primeiro para as Estrelas Seminais, que tinham menos karma negativo. Lá pelo ano 2001, todas as dívidas kármicas serão liberadas para todos os que assim o desejarem. Isso não quer dizer que não acumulamos karma diariamente, seja ele bom ou mau. Significa que os padrões vibracionais do universo estão se acelerando tanto que o que fazemos volta em semanas, horas ou até minutos, limpando a roda kármica das dívidas. Como as almas das Estrelas Seminais eram menos contaminadas por atos kármicos negativos do que a população em geral de almas terrenas, a aceleração do processo permitiu que a limpeza e a purificação ocorressem mais depressa. Essa informação é essencial para o ensinamento que se segue, sobre como atingir a iluminação.

Para chegar mais perto da iluminação é absolutamente necessário compreender esses conceitos: **tudo é energia** e a **energia se move em círculos.** São esses princípios que nos levam ao ponto seguinte, que é:

NOSSOS PENSAMENTOS SÃO ENERGIA

Além dos pensamentos, tudo o que sentimos, dizemos e fazemos também é uma forma de energia. Cada um de nós é um poderoso emissor de energia em todos os momentos, de sono ou vigília. Observem o seguinte diagrama:

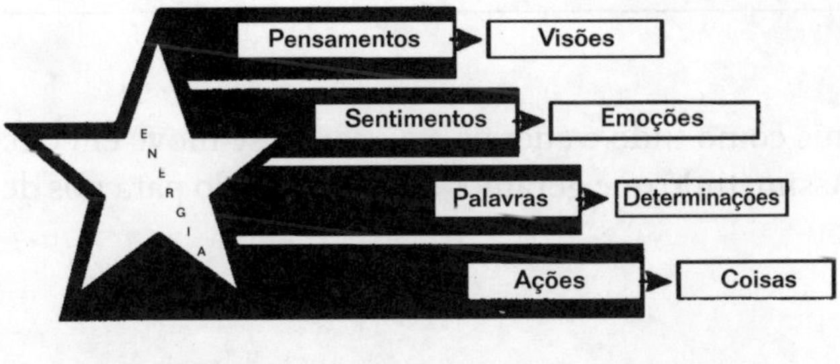

O diagrama das quatro formas de energia conceitualiza sucintamente o que cada um de nós é. É isso que somos, uma massa de energia! É o nosso Espírito e a nossa consciência que movem essa energia. Em termos de energia, somos compostos dessas quatro formas — e nada mais. Somos a soma total de:

PENSAMENTOS
SENTIMENTOS
PALAVRAS
AÇÕES

Isso, então, é a prova de que:

NASCEMOS TODOS IGUAIS!

A cada momento, tudo o que pensamos, sentimos, dizemos e fazemos envia um campo de ressonância ao universo, que retorna para criar a realidade de cada um. Essa energia é acionada pela consciência, que por sua vez é programada através das mensagens que enviamos um ao outro. Mas lembre-se: energia é energia. Ela segue a linha da menor resistência. Assim, nossas energias favorecem a obtenção dos resultados que focalizamos. Isso é verdade. É uma lei metafísica.

Através dessas quatro formas de energia (pensamentos, sentimentos, palavras e ações):

**CADA UM DE NÓS CRIA
A PRÓPRIA REALIDADE**

Vimos que como tudo é energia e a energia se move em círculos, "o que gira volta". Assim, tudo que geramos acaba voltando para nós de alguma forma. Portanto:

NÃO EXISTEM PENSAMENTOS INÚTEIS

Com esse conhecimento recém-descoberto, podemos revolucionar o mundo e trazer o Céu à Terra. Atlântida pode surgir novamente, pois esse conhecimento é destinado a dotar de poder todos os povos da Terra. Para entender ao que leva a falta dessa compreensão, basta ver o que permitimos que os outros fizessem a nós no passado.

Os Fundadores da Nação sabiam alguma coisa que esquecemos? Ou afirmaram que todos os homens nascem iguais com fé cega e esperança no coração de que todos seriam tratados com igualdade e justiça algum dia? Talvez simplesmente confiassem em suas Fontes da Ordem de Melchizedek. É óbvio que as palavras entoavam uma vibração mais alta e uma visão para o mundo. A ressonância tinha som de verdade. Tentar analisar o que aconteceu é inútil. O que importa é que, com a ajuda dos Mestres Ascensionados, tanto naquela época quanto agora, descobrimos esse segredo atemporal do poder da humanidade.

Como agora sabemos que somos responsáveis pela criação de nossa realidade, e como sabemos que toda a energia se move em círculos, chegamos às seguintes questões: onde é nosso ponto de poder? A partir de que ponto no tempo criamos nossa realidade? Onde começamos? Na verdade, há apenas uma resposta para essas perguntas:

NOSSO INSTANTE DE PODER É AGORA!

Este é um dos pontos mais críticos deste capítulo. Ancore-o na sua consciência. **A ÚNICA REALIDADE QUE TEMOS É CADA INSTANTE DO TEMPO.**

O que fazemos a cada momento do tempo cria o nosso destino. Mas há duas coisas que nos impedem de compreender essa verdade. Como disse Mestre Kuthumi, as duas coisas que nos mantêm afastados do poder são o **passado** e o **futuro**.

Onde está o passado? Todas as coisas experimentadas são apenas pensamentos e energia na mente das pessoas. Cada um tem uma visão diferente da realidade, dependendo da experiência individual. Assim, o passado não é mais real: ele se foi. É uma ilusão. Portanto, DEIXE-O IR!

Onde está o amanhã? Onde está o futuro? Não o criamos ainda, com os pensamentos, sentimentos, palavras e ações de hoje. Conseqüentemente, o futuro também não é real, portanto DEIXEM IR EMBORA OS MEDOS E ANSIEDADES ASSOCIADOS AO FUTURO!

Infelizmente, diz Kuthumi, gastamos muito tempo nos preocupando com o passado (que se foi) e com o futuro (que ainda não criamos). Em relação ao passado, pensamos nos arrependimentos... Queria ter feito isso... Se não tivesse feito ou dito aquilo... Queria não ter tomado aquela decisão.

Em relação ao futuro, geralmente tememos ficar sem emprego, sem um relacionamento ou sem outras coisas que prezamos muito na vida. Os dois, o passado e o futuro, são ilusões no momento presente do tempo.

Monitore seus pensamentos diariamente e descubra quanta energia preciosa é gasta nessas armadilhas da mente. Que tipo de fita você costuma tocar em sua mente? Cada vez que toca uma fita de medo ou arrependimento, você rouba um tempo precioso do momento presente, que deveria ser usado para criar o futuro. Pensamentos como esses nos roubam os sonhos e nos enfraquecem, pois todos os pensamentos baseados no medo drenam lentamente a Luz. Lembre-se: somos seres de energia e a mente controla o uso dessa substância preciosa.

Na Batalha de Armagedon, as forças da oposição, sabendo disso, sussurram sugestões em sua consciência para manter a mente em estados inferiores. Quando percebem que sua Luz está ficando mais forte e que você não se deixa mais enganar, essas forças passam a segundo plano. Nesse ponto, começam a atuar por intermédio das pessoas à sua volta, principalmente nas almas fracas, fraturadas. Essas pessoas podem ser da família, podem ser colegas de trabalho, amigos ou simples conhecidos. As forças negativas procuram incutir ilusões nessas pessoas para que fiquem deprimidas, pois assim dirão coisas que plantarão em você sementes de dúvida. Trabalhando por meio dos outros, elas esperam atingi-lo!

As forças da oposição geralmente agem por intermédio das pessoas de quem você menos suspeita. Como todos têm altos e baixos na vida, quando alguém cai num estado mental negativo essas forças usam essa pessoa para atingi-lo. Lembre-se que elas perseguem não apenas a Luz dessa outra pessoa, que pode por exemplo ser seu filho, mas também a sua Luz. É um sistema inteligente. Você lembra de alguma vez em que elas tiveram sucesso? Nunca subestime a esperteza das forças negativas. Agora é o momento de compreender sua maneira de operar e de encará-las de frente.

Essa Batalha de Armagedon está sendo travada no plano da Terra, transformando os desavisados em meros fantoches. Os prêmios são a Luz da alma e os participantes são cada um de nós. Como profetizaram há séculos os

Manuscritos do Mar Morto e a Bíblia, essa batalha invisível é travada entre os filhos e as filhas das trevas e as forças da Luz. Ela transcorre principalmente nos planos invisíveis da existência, mas já começou a penetrar no mundo físico e nas questões cotidianas. Seus efeitos se tornam mais perceptíveis a cada dia.

As pessoas comuns não conseguem ver os campos de batalha nem os combatentes. Mas esse não é o caso das velhas almas encarnadas que enxergam com o Terceiro Olho: elas são antigos Iniciados das escolas de mistério que adquiriram a capacidade de ver interdimensionalmente. Para elas, as batalhas são evidentes. É por meio da visão do Terceiro Olho e da sabedoria dos antigos que são reveladas aos Filhos da Luz as regras da batalha. Espera-se que os filhos e filhas da Luz se unam, abracem as trevas e transformem essas forças desafiadoras em Luz. Podemos fazer isso e o faremos, pois a Luz sempre transforma a escuridão.

É importante lembrar que as forças escuras NÃO TÊM PODER SOBRE VOCÊ A MENOS QUE VOCÊ LHES DÊ ESSE PODER. A Luz nos protege totalmente, assim como estamos totalmente protegidos na energia de Cristo. Esquecemos disso por causa da programação que há séculos nos enfraquece, gerando um estado de medo. Franklin D. Roosevelt disse uma vez: "Não há nada a temer, a não ser o próprio medo." Sabemos agora como é verdadeira essa afirmação.

Lembre-se que ao nascer somos todos iguais e que o destino é determinado a cada momento por nossos pensamentos, sentimentos, palavras e ações. As forças escuras nos desafiam e podem revelar o que há de melhor em nós se aprendermos as lições e passarmos nos testes que elas nos trazem. Deixe que elas o desafiem, mas guarde sempre seu momento de poder — cada instante de cada dia — mantendo a Luz interior e focalizando os pensamentos mais puros e positivos que sua mente puder criar.

Segundo Kuthumi, formas-pensamento escuras, enviadas pela oposição, penetram nos dois corpos mais fracos entre os nove que possuímos: o mental e o emocional. As forças que nos desafiam e tentam enfraquecer nosso Espírito sabem que se conseguirem manter nossos corpos mental e emocional confusos e sem foco, vamos ficar vulneráveis e até mesmo patéticos. Olhe à sua volta. Vê algum sinal disso?

A televisão também contribui para esse estado mental. Para comprovar esse fato, basta analisar a programação do horário nobre. Os noticiários, os filmes, os programas em geral e até os desenhos infantis são cheios de violência, guerras, abuso, crimes, horror e escuridão. Os responsáveis pela programação das emissoras se justificam dizendo (1) que é isso que o público quer e (2) que essa é a realidade e o reflexo da sociedade. Assim, precisam mostrar esses acontecimentos. Eles determinam o nível de audiência.

A realidade é que essas imagens, sentimentos, palavras e ações bombardeiam a mente, incutindo-lhe pensamentos que depois projetamos na sociedade. A consciência coletiva cria assim a realidade à nossa volta. Observem a sociedade norte-americana: continua a descer em espiral, puxada pelo crime e por outras condições degenerativas. Para mudar essas condições, devemos ter uma visão mais elevada da perfeição interior, primeiro como indivíduos e depois como grupos. Assim, emitiremos uma freqüência que vai atrair vibrações mais altas, começando a mudar as coisas à nossa volta. Quando aceitamos como realidade o que acontece em nosso meio, validando os acontecimentos através de pensamentos, nós nos transformamos em criadores. Devemos escolher o que pensamos.

Os Mestres Ascensionados conhecem essa verdade e sabem o que precisamos fazer para mudar o mundo. Eles ensinam que devemos pensar e acreditar na visão da harmonia e perfeição do amanhã, começando assim a modificar nossa consciência. A mente controla o que pensamos. Assim, se disciplinarmos a mente para que fique mais forte e mantenha essa visão perfeita, poderemos mudar coletivamente nosso destino, o que só pode ser feito a cada momento do tempo. Se isso significa desligar a televisão para nos permitir um tempo silencioso que favorece a visão perfeita, então vamos desligá-la.

Modifique-se e terá o poder de transformar seu ambiente. Se nós nos unirmos na Luz, teremos coletivamente o poder de transformar o mundo.

Resumo

Uma Fonte básica de poder é a compreensão de que (1) nascemos iguais e (2) tudo é energia. Nesse campo de energia, estamos todos sujeitos às Leis Universais. Compreender e viver no conhecimento das leis nos dá a opção de entrar na Quinta Dimensão e nos reinos mais altos que virão. Os seguintes princípios são básicos para compreender as leis e para crescer espiritualmente:

- Tudo é energia. Deus é energia mental ou pensamento. Somos parte dessa Força de Deus e, assim, co-criadores ao lado dele.
- A energia se move de maneira circular. Assim, o que gira volta.
- Todos os seres humanos têm quatro tipos de energia para usar na criação do futuro em que desejam viver — pensamentos, sentimentos, palavras e ações.
- Cada um de nós cria a própria realidade com a energia que emite a cada momento.
- Nosso ponto de poder é agora, este momento, este instante do tempo.

- Forças escuras tentam roubar nosso poder ao nos tornar culpados em relação ao passado e temerosos em relação ao futuro. O passado e o futuro são ilusões — deixe-os ir embora.
- As forças escuras não têm poder sobre você, a menos que você lhes dê esse poder. Na Luz, tudo é transformado. Assim, esteja na Luz em todos os momentos.

Capítulo 9

Lei da Divina Unidade

O Espírito é a essência da consciência, a energia do universo que cria todas as coisas. Cada um de nós é parte desse Espírito — uma entidade divina. Assim, o Espírito é o Eu Superior, o ser eterno que vive dentro de nós.

Shakti Gawain

As visualizações, os pensamentos e a linguagem pela qual os expressamos são algumas das ferramentas mais poderosas que temos para o crescimento espiritual. Assim como Deus, ou o TODO, cria com a mente, nós também o fazemos, como seres humanos. Os pensamentos criam e constituem a base para tudo o que é porque são vibrações antes de se tornarem pensamentos. Nós os expressamos então como energias de palavras, emoções e ações. É assim que interagimos com o mundo e realizamos as atividades da vida.

A Lei da Divina Unidade nos ajuda a compreender que vivemos num mundo onde tudo está interligado. Tudo o que fazemos, dizemos, pensamos e acreditamos afeta os outros e o universo à nossa volta. À medida que crescemos espiritualmente, aprendemos a transmutar pensamentos, palavras, emoções e ações negativas em positivas. Assim, não apenas manifestamos um ambiente melhor para nós, mas ajudamos também a criar um mundo compatível com o Um.

Para nos ajudar nessa jornada, Mestre Palas Atena explica o Conceito Divino de Unidade, do Ser Um, da seguinte maneira:

Saudações a todos os Aspirantes que desejam se tornar auto-realizados na Luz.

Eu, Atena, estou feliz por ter sido escolhida para trabalhar com o Mestre El Morya, transmitindo a antiga sabedoria de Hermes Trismegisto, mais conhecido pelos egípcios como Thoth, sobre o princípio universal do Conceito Divino de Unidade. Realizo essa incumbência com meu coração ligado ao Grande Sol Central que me possibilita a conexão com o Divino. É esta linha da vida, por intermédio do Eu Superior, que vai trazer a freqüência mais alta de informações para o leitor destas palavras.

Para aprender esta lição, há uma diretriz. Sintam a mensagem com o centro do coração, em vez de receber as palavras na mente. Absorvam a Luz que vem com a mensagem, começando assim a jornada da auto-realização na Luz.

Agora é o momento de deixar que a informação flua da mente do Criador.

O Conceito Divino de Unidade, do Ser Um, é a Mente Universal. É a compreensão de que TUDO É MENTE e de que o universo existe neste campo de pura energia e Luz. Tudo é consciência — os planetas, os sóis, os animais, as plantas, os minerais e todos os seres de formas multidimensionais que exaltam os reinos do Criador. Nada escapa desse princípio, pois tudo é composto da mesma substância no nível subatômico.

Ele existe aqui, no nível subatômico, onde o Conceito de Unidade, do Ser Um, sustenta a força vital interior, e também no nível que a consciência superior é realizada, pois tudo é energia mental nos universos e tudo é informação que pode ser reduzida matematicamente.

Esse campo de energia mental é às vezes chamado de Luz Líquida Dourada, conhecido também como prana, chi ou energia da força vital. As pessoas podem entrar em contato com esse campo silenciando a mente ativa. Esse estado reduz o número de sinais eletromagnéticos emitidos por ações mentais superiores. O silêncio permite que os nove corpos se alinhem com o código perfeito que encerra o indivíduo nesse campo de força.

Ressoando na freqüência da Unidade Divina, a mente entra em contato com símbolos e padrões que residem nesse campo de força. Estes, por sua vez, capacitam a mente a usar essa conexão para a criação e a manifestação. A chave para ter acesso a esse "poder" está na capacidade individual de manter a calma, o equilíbrio e a paz em todas as situações.

Mente, Corpo, Espírito e Terra são interligados na Luz Líquida Dourada. São todos um, mas cada um afeta o outro de maneiras sutis. Os seres humanos que estão entrando na Quinta Dimensão devem compreender esse conceito, além da sutil influência do corpo mental e da mente sobre o processo criativo. Isso vale especialmente para os cientistas. Se isso não for compreendido, a evolução vai ser paralisada e virá o caos, gerando dor para os que estão atravessando esse portal do tempo/espaço.

No universo existe um fluxo magnético que será mais perceptível quando a Terra estiver integrada na Quinta Dimensão. Esse fluxo é sensível e flutua facilmente pelos padrões de estímulo-reação que são emitidos constantemente pelas fontes de energia. Por exemplo, sempre que há um rompimento no campo de energia, cria-se um distúrbio temporário nos padrões de ressonância magnética em torno das pessoas. Os efeitos dos ciclos da Lua no comportamento humano são um exemplo disso. Quando ocorrem esses distúrbios, a informação recebida pelas pessoas e os símbolos matemáticos são perturbados, o que faz com que a mente receba informação "inexata".

Coloquei entre aspas a palavra inexata para levantar uma questão. Na realidade, nenhuma informação recebida é inexata, porque toda a informação é recebida como resultado dos padrões magnéticos que se formam em torno da pessoa. Estudiosos das Leis Universais sabem que isso é verdade, e que essa afirmação tem relação com a Lei da Atração. Usando aspas, enfatizo que há informações mais estáveis e favoráveis ao crescimento dos nove corpos e que essa sabedoria maior é atingida por meio de padrões vibracionais mais altos no interior da Mente Divina. Quando uma pessoa está mais calma e mais estável, aumenta sua capacidade de receber formas superiores de informação com menos distorções. Assim, a informação recebida nessas condições é destinada a ser mais "exata".

Há outra explicação que facilita a compreensão desse fato. A noção de informação exata pode também ser definida em relação aos estágios do desenvolvimento evolutivo da alma. O que é compreendido e aceito como verdadeiro e exato numa fase do desenvolvimento é abandonado depois, à medida que a pessoa evolui para campos superiores de compreensão. Isso explica como a ciência evoluiu através dos séculos. À medida que a sabedoria e o conhecimento se expandem e se estabilizam, os conceitos são recebidos em níveis mais altos de compreensão e desenvolvimento. Isso, então, muda a face da verdade.

Despertem, Irmãs e Irmãos das Estrelas! Sintam essa conexão da força vital e comecem a integrá-la em sua existência com a quietude da mente. Entrem em contato com ela para se tornarem um com seu poder. Se atingirem esse estado de Unidade, aos poucos vocês vão se tornar "iluminados", iniciando a jornada para a liberdade.

Lembrem-se que são um com essa força. Vocês são a centelha da Divina Criação, vindos à Terra para serem co-criadores com Deus. Lembrem-se da Unidade!

Tudo é mente. Tudo é pensamento. Tudo é o Todo.

Na Mente Universal da Unidade, eu, Palas Atena, nascida da mente de Zeus, concluo este discurso. Que Assim Seja!

Resumo

No universo tudo está ligado no campo de força da Unidade. Tudo é consciência. Tudo é Deus. Como existimos nesse campo, somos um com ele. Assim, nossos pensamentos, sentimentos, palavras e ações são poderosas formas de energia.

Seguem-se alguns conceitos que devem ser compreendidos:

- TUDO É MENTE. Como existimos nesse campo de poder divino, somos um com ele.
- O campo da energia mental é chamado também de Luz Líquida Dourada, prana, chi, energia da força vital, Deus ou Força de Deus.
- As mais poderosas ferramentas para o crescimento espiritual são nossos pensamentos, visualizações e linguagem. Os pensamentos têm o poder de criar.
- A chave que dá acesso à energia da mente é a capacidade individual de manter a calma, o equilíbrio e a paz em todas as situações.
- Somos co-criadores com Deus, vindos para trazer o Céu à Terra através do uso correto da conexão a esse campo de força da Unidade.

Capítulo 10

Lei da Vibração

Nada descansa;
tudo se move;
tudo vibra.

Caibalion

Tudo o que há no universo, seja líquido, sólido ou gasoso, está em movimento. Tudo vibra e se move em padrões circulares e cada coisa é identificada por sua freqüência vibracional única. Freqüência é definida como o número de oscilações, vibrações ou ondas periódicas por unidade de tempo.

Não há duas coisas no universo que sejam verdadeiramente idênticas, pois cada uma tem seu padrão vibracional único. As diferenças entre matéria e energia se explicam basicamente pelas diferenças nesses movimentos vibratórios. Fenômenos como a luz, o calor, o magnetismo, a eletricidade e o som são formas de movimento vibratório, assim como as árvores, as mesas, as flores e os animais.

Quando as coisas vibram muito lentamente, não ouvimos ruído algum. Os objetos físicos são os que se movimentam mais devagar, e por isso não ouvimos o som que emana deles. Quando a vibração aumenta um pouco, começamos a ouvir os sons mais graves. À medida que ela vai aumentando ouvimos notas mais agudas, como quando tocamos uma escala ascendente no piano. Quando as vibrações atingem uma freqüência muito alta, não conseguimos mais ouvir o som porque ele ultrapassa nossa capacidade de registro.

Ocorre a mesma coisa com a capacidade de ver as cores. Somos limitados a ver apenas as cores contidas no espectro de Luz — o arco-íris. A primeira cor que percebemos é o vermelho-escuro. À medida que as vibrações aumentam, o vermelho fica mais claro, transforma-se em laranja e depois em amarelo, verde, azul, índigo e violeta. Vibrando cada vez mais alto, a cor violeta passa a ultravioleta, um ponto em que não a vemos mais, assim como não vemos o infravermelho a olho nu.

Os mesmos princípios de vibração que se aplicam ao mundo físico aplicam-se também a nós e aos nossos pensamentos, sentimentos, desejos e vontade. Cada um de nós tem o próprio som que, segundo os Mestres Ascensionados, é único — e esse som perfeito é o que realmente somos. Se conseguíssemos ficar em silêncio por um tempo que permitisse entrar em contato com esse som, descobriríamos nosso eu verdadeiro, perfeito.

O estilo de vida, os problemas, a televisão, o rádio, as pessoas e os barulhos em geral nos impedem de ouvir esse som perfeito interior e de nos transformar nele. As freqüências vibracionais do mundo competem com nossos estados mentais e emocionais e os transtornam, impedindo-nos de entrar em contato com a perfeição que está latente dentro de nós.

Nossos pensamentos, emoções e vontades enviam vibrações para o universo. Cada pensamento ou estado mental tem um alcance e um modo de vibração correspondentes. Quanto mais alta a vibração, mais duradouros os efeitos. Quanto mais baixa a vibração, mais potentes serão os efeitos a curto prazo.

Nas dimensões mais altas, como na Quinta Dimensão, a Lei da Vibração é considerada como "o que é". Nessas dimensões, a nada é atribuído um sentido, só uma freqüência. Pensamentos, emoções, comportamentos e ações são compreendidos em seu próprio nível. Uma pessoa zangada é analisada objetivamente como zangada, sem que seja atribuído um valor a esse comportamento. O esforço é no sentido de compreender o comportamento e, eventualmente, traçar um plano para elevar a freqüência vibracional a um nível superior, transmutando assim a raiva em algo menos doloroso.

Vivemos na Terceira Dimensão, o plano das dicotomias, que reflete a maioria das coisas como bom/mau, preto/branco ou sim/não. Como nossa identidade está associada a esse modo de operação, em geral cada um tem um estilo característico de otimismo ou pessimismo. O otimismo reside numa freqüência mais alta e o pessimismo numa freqüência mais baixa. Os otimistas tendem a esperar mais do mundo, o que é comunicado aos outros e tem probabilidades de se realizar. Os pessimistas esperam o negativo. Antecipam a destruição e a tristeza e contribuem para criá-las. O estilo básico é importante porque nossas escolhas criam vibrações que passam para a consciência coletiva, contribuindo para elevar ou baixar as vibrações da Terra. Quando expressamos negatividade, absorvemos uma quantidade de negatividade igual à que expressamos. Da mesma forma, quando nos expressamos de maneira positiva, absorvemos uma quantidade igual de vibrações positivas.

As vibrações não afetam apenas a nós mesmos, mas têm também um impacto sobre as pessoas à nossa volta. Vibrações positivas ou negativas ressoam nos outros e criam vibrações semelhantes. Quando enviamos pensamentos de inveja, crítica, ódio ou ciúme, despertamos nos outros essas mesmas formas-pensamento, que nos são então devolvidas.

Cada um de nós tem o poder de escolher. Podemos alinhar o corpo e o comportamento para criar harmonia e compatibilidade com o Deus dentro de nós. Assim como cuidamos do corpo fazendo escolhas — relativas à alimentação, à prática de exercício, à eliminação de vícios — que favorecem o equilíbrio e a boa saúde, podemos cuidar da mente escolhendo bons pensamentos. Os pensamentos positivos favorecem a jornada para o desenvolvimento espiritual. Outros pensamentos inibem o avanço ou nos fazem regredir. Quando aprendemos a escolher o bem, o progresso em direção às metas espirituais se torna constante.

Em geral não percebemos todo o impacto de nosso comportamento sobre os outros. Podemos ser uma força positiva trabalhando para melhorar nossa organização ou comunidade, ou podemos ser uma força negativa que destrói o que foi construído. Uma das formas de negatividade mais difíceis de serem superadas é o cinismo pessoal ou do grupo. Em geral, quem passa por muitos desapontamentos ou fracassos começa a acreditar que nada vai dar certo. A mente do grupo cria então uma freqüência vibracional que atrai para essas pessoas tudo o que reside nessa freqüência. Para resolver seus problemas, as pessoas devem abrir a mente e o coração e pensar do ponto de vista de uma consciência mais alta, porque as soluções serão encontradas só nos planos superiores de existência. Pela Lei da Vibração, esse tipo de comportamento sempre leva às respostas que buscamos, pois as freqüências mais altas contêm mais conhecimento e sabedoria.

Alguns tentam racionalizar a própria negatividade chamando-a de honestidade. Mas, quando uma pessoa é motivada a se comportar de maneira negativa, a freqüência vibracional emitida fala por si. Devemos lutar para sermos honestos e úteis e ainda assim sermos positivos.

A meta é elevar ao máximo as vibrações e mantê-las positivas. Isso significa não permitir que as atitudes negativas dos outros penetrem em nossos sentimentos e em nosso estado mental. Para isso, é bom aprender a não se envolver demais nos problemas dos outros. Devemos ouvir cuidadosamente, ajudar os outros a estabelecerem metas e a planejarem resultados positivos, sem nunca assumir as possíveis vibrações mais baixas.

Compreender a Lei da Vibração nos ajuda a entrar em contato com os próprios sentimentos a cada momento do dia. Como cada pensamento, sentimento, palavra e comportamento tem a própria freqüência, é preciso aprender a avaliar os sentimentos e a escolher comportamentos e atitudes que nos ajudem a evoluir. A evolução é a razão de estarmos aqui. A Lei da Vibração nos dá a base de conhecimento para transcender tudo o que não está no plano divino e nos permite passar a planos mais altos de existência.

O Mestre El Morya diz o seguinte sobre a Lei da Vibração:

Namaste, Irmãs e Irmãos do Universo.

EU SOU El Morya, Mestre encarregado de descrever a natureza do universo por meio dos onze discursos que se seguem. Cumpro essa incumbência com dedicação a essa missão, pois se compreender essas onze leis a consciência humana vai passar a um estado de iluminação nunca experimentado na Terra. Eu venho na Luz de Sananda e faço esta exposição a vocês.

A Lei da Vibração é conhecida pelos antigos como a lei do poder. Compreender o contexto e a aplicação dessa lei permite que cada aspirante se aproxime do próprio destino e leve a tocha interior ao modo superior do Espírito. Esse conhecimento ajuda também a compreender os conflitos experimentados no plano dualístico da matéria e capacita as almas a usarem os princípios contidos na lei para equilibrar e controlar as vidas individuais.

Na mente da Unidade, do Ser Um, tudo está em movimento. A energia existe em todas as formas na Luz Líquida Dourada. Esse reservatório de energia que permeia todos os universos nunca está em repouso e serve para levar as menores partículas de energia a vários estados de ação, provocando assim efeitos que são sentidos continuamente.

Inerente a essa compreensão é o fato de que tudo no universo vibra em diferentes graus ao longo de um continuum. Para simplificar: os graus de movimento experimentados no plano da Terra situam-se num continuum que vai da manifestação física da mais densa matéria à existência superior do Espírito. Matéria, energia, pensamento e Espírito formam o continuum dessa faixa de vibração experimentada por todos. Mas, independentemente das variações das vibrações, tudo é absorvido e contido na Mente Universal da Unidade.

Tudo se relaciona por meio da Mente Divina da Unidade. Tudo é visto como o absoluto, embora cada item traga a própria identificação e pareça estar separado. Na natureza de realidades superiores, tudo o que é experimentado é parte da Unidade, do Ser Um, e o padrão vibracional (ou freqüência) exclusivo de cada item determina sua posição de influência e força.

A Lei da Vibração revela que a compreensão, a consciência e os poderes superiores residem no extremo do continuum que abrange as vibrações mais altas do Espírito. O Espírito é associado a expressões como pura Luz, o Merkabah, amor e consciência de Deus. A densa matéria física é definida como aquilo que é experimentado pelos cinco sentidos. Ela representa também o corpo humano (o veículo que transporta a alma). É também identificada com as vibrações menos sutis, mais pesadas e baixas, como as energias, experimentadas no coração e na mente, que provocam raiva e sofrimento mental.

Como tudo é energia, é fácil compreender que todos os objetos e ações têm impacto sobre o ser humano total, que é composto de nove corpos sutis. O corpo (o corpo físico), a mente (o corpo mental) e o Espírito são os mais afetados pela Lei da Vibração, mas a influência do Todo está presente em tudo que somos.

Ao compreender e ao usar a Lei da Vibração, o aspirante aprende a integrar as freqüências de Luz superiores do Espírito à consciência e aos oito corpos inferiores, efetuando assim a transformação. É possível elevar os próprios padrões vibracionais assimilando as freqüências mais altas à matéria inferior, por intermédio da direção e da vontade da mente e do coração. Essa Luz intensificada se revela na aura de cada um.

Os sábios antigos sabiam que o maior dos poderes reside na Luz e compreendiam a Lei da Vibração. Conheciam a força suprema do raio e sabiam que a energia da Luz aciona a criação. Descobriram também a estrutura básica do campo etérico que compreende a Força de Deus e viram que esse campo de energia habita em cada pessoa, embora a maioria não o perceba.

Simplificando: os antigos sabiam que AS VIBRAÇÕES MAIS ALTAS CONSOMEM E TRANSFORMAM AS VIBRAÇÕES MAIS BAIXAS. Assim, o conceito "o amor tudo conquista" revela um dos maiores mistérios da criação. Quanto mais Luz for assimilada no corpo, mente e Espírito, maior a aceleração, que por sua vez permite que a pessoa controle a vida e manifeste a realidade perfeita.

DA LUZ, TUDO É CRIADO. Todos os que avançam em passo acelerado para se tornar Um com o Eu Superior percebem instantaneamente que a completa compreensão da Lei da Vibração permite sua aplicação e a manifes-

tação do Céu na Terra. Quando esse momento chegar, a profecia estará realizada.

Como tudo está ao longo de um continuum, a missão é passar do plano da matéria densa e da dualidade para o plano da Unidade. Para isso, é preciso identificar as experiências e formas que provocam desconforto, dor e tristeza e substituí-las por pensamentos superiores e por experiências de amor, alegria e paz. Tudo o que se experimenta na vida é destinado a dar aos Iniciados a oportunidade de aprender a Lei da Vibração, dando-lhes assim a opção de permanecer no mesmo nível, descer a um nível mais baixo ou aspirar a um nível mais alto. Quem passa a um nível mais alto não voltará a experimentar como teste de aprendizado o que já experimentou nos níveis mais baixos. O nível vibracional mais alto que é assimilado aos nove corpos (por meio da escolha individual) consome e transforma a freqüência vibracional inferior. Assim, como cada pensamento, acontecimento, ação e emoção tem a própria freqüência vibracional, tudo o que é de natureza inferior é lentamente "queimado". Esse fenômeno purifica toda a natureza inferior dos corpos sutis e está no coração da purificação.

Todos os Iniciados devem aprender a importância da purificação, que só é compreendida pela conexão entre coração e mente. A purificação vem também da compreensão de que a emoção é a goma cósmica, e de que aquilo que é desejado com emoção forte será criado. Assim é.

Portanto, quando alguém experimenta a luta entre a natureza superior e a natureza inferior, é importante, na estrada que leva à mestria, reconhecer AMBOS os lados da dualidade e caminhar no meio. Na Unidade, TUDO deve ser levado em conta — nada pode ser omitido. Mas, para atingir a transformação, não se deve dedicar qualquer emoção aos padrões vibracionais inferiores, mas sentir a força do amor e das energias superiores. É essa a chave da transformação, que permite que a pessoa passe rapidamente pelas experiências, antecipando a manifestação do reino superior da Luz e do amor.

Por ora essa breve explicação é suficiente. Usem-na como ferramenta para levar a tocha da alma para o Eu Superior.

EU SOU El Morya. Adonai.

Resumo

Tudo está em movimento no universo. A energia nunca pára. Está constantemente em ação, criando vários efeitos. As diferenças entre matéria e energia são explicadas pelas diferenças nos movimentos vibratórios. Luz, calor, magnetismo, eletricidade e som são formas de movimento vibratório, como as árvores, mesas, flores e animais.

- No universo tudo está em movimento, e os objetos e entidades vibram num continuum.
- Nossos pensamentos, emoções, desejos e vontades emitem vibrações que afetam a nós mesmos e aos que estão à nossa volta.
- Consciência, compreensão e poderes superiores residem nas vibrações mais altas. Quando os seres humanos abraçam a consciência superior, suas auras sobem a uma freqüência mais próxima da velocidade da Luz.
- Aprendemos a integrar freqüências superiores do Espírito à consciência e aos oito corpos inferiores; assim, ocorre a transformação.
- As vibrações mais altas consomem e modificam as vibrações mais baixas.
- O que é desejado com emoção forte será criado e transformado em realidade.
- Quando alguém passa a um nível superior de vibração, o que foi experimentado num nível inferior nunca será experimentado de novo.

Capítulo 11

Lei da Ação

A ação deve culminar em sabedoria.
Bhagavad Gita

Muitos trabalham em produções pessoais ou se dedicam a causas sociais mais amplas na tentativa de transformar o mundo num lugar melhor para se viver. Mas formar um grupo para atingir alguma meta é geralmente uma experiência frustrante. É possível até traçar planos e reunir pessoas aparentemente engajadas na causa em questão. Mas, a menos que haja uma crise visível, é difícil fazer com que todos mantenham o nível de ação necessário à resolução dos problemas. Parece que passamos de um problema a outro sem chegar a agir no sentido de dar passos significativos para a sua resolução.

A ação envolve inevitavelmente alguma mudança de comportamento. Exige disciplina e esforço para efetuar mudanças na vida. Por isso, desenvolvemos mecanismos inteligentes que nos impedem de entrar em ação. Lidamos com o trivial, com as coisas que conhecemos, evitando o nível de esforço necessário para lidar com problemas mais difíceis, em que os passos não são claros e o risco de fracasso é alto. Estamos dispostos a nos contentar com menos do que podemos realizar, sozinhos ou por intermédio de nossas instituições.

Parece que perdemos a capacidade de estabelecer metas, de traçar planos e de lutar para atingir essas metas. Mas essas ações, acompanhadas de pensamentos positivos e expressões de amor, nos permitem manifestar e atingir nossos desejos.

O problema parece estar em várias áreas. Por mais estranho que pareça, muitos não sabem o que desejam. Queremos ter conforto e continuar vivendo sem maiores problemas, mas poucos têm metas que só podem ser atingidas com paixão. Metas e desejos são o combustível do sucesso. Alguns círculos gerenciais têm uma certa consciência da importância das metas: são entendidas aí como uma visão de onde se quer estar no futuro. É esse estado ideal que muitos não conseguem visualizar ou sonhar.

O segundo problema é que às vezes não percebemos quais são as ações ou os passos necessários à realização da meta. Saber desenvolver um programa, ou seja, saber identificar e empreender as muitas ações menores que levam à meta desejada, é uma parte essencial da luta para a realização.

É preciso também ter a vontade para persistir em nossas crenças e ações quando deparamos com conflitos ou dificuldades. A persistência e a capacidade de ser fiel a um sonho são partes críticas do sucesso.

Finalmente, nem todos percebem a relação entre o físico e o espiritual. Embora na Terceira Dimensão a ação seja essencial, ela deve ser acompanhada por pensamentos e expressões positivas de carinho e amor. É importante saber que o Mundo Celestial tem várias maneiras de nos ajudar e que basta pedir essa ajuda. "Pedi e vos será dado" deve se tornar uma realidade em nossa vida.

El Morya fala da importância da Lei da Ação na mensagem que se segue.

Eu os saúdo com o amor dos Cristos e a sabedoria do Buda. Eu, El Morya, estou contente por lhes trazer o conhecimento e a compreensão de como aplicar as Leis Universais na Terceira, Quarta e Quinta Dimensões. A aplicação dessas leis é possível pela Lei da Ação.

Nas dimensões superiores do tempo/espaço, como os domínios da Quinta Dimensão para cima, a manifestação vem do pensamento e da expressão do amor que emana de dentro. Nas dimensões abaixo da Quinta Dimensão, como a Terceira, os pensamentos devem ser acompanhados da ação para que a manifestação ocorra. Isso se deve ao fato de a Terceira Dimensão ser uma existência tridimensional, que acompanha o mundo físico.

As coisas que habitam a Terceira Dimensão na Terra são sólidas, líquidas ou gasosas, embora seu fundamento tenha origem no etérico. A densidade encerra a existência na Terra. É importante ter em mente esse conceito quando se vive numa realidade tridimensional. É assim porque as formas tridi-

mensionais precisam de uma força maior que as ajude a reposicionar os elétrons em outras existências. É por causa da densidade que a Lei da Ação precisa ser aplicada para que a manifestação se dê com mais facilidade no plano da Terra.

A compreensão da Lei da Vibração e dos princípios subjacentes a ela permite que os seres humanos passem da realidade tridimensional para realidades mais altas. Consciência e pensamentos modificados são a chave para a transformação bem-sucedida. À medida que a consciência se eleva, a pessoa começa a modificar lentamente seu padrão vibracional, evoluindo da Terceira Dimensão para a Quinta.

À medida que aumenta o alcance vibracional da pessoa, o campo áurico começa a se alinhar com a Luz branca. Quanto mais Luz houver no interior da consciência, maior o poder que a pessoa terá para manifestar coisas apenas com o poder da mente, acompanhado de amor. Mas, enquanto a consciência não atinge um nível suficientemente alto, ela deve aplicar a Lei da Ação para manifestar o que deseja criar.

A realidade é que hoje muitas almas se lembram do tempo em que "bastava pensar", quando a vida não era tão difícil, com dias cheios de prazer, disciplina e dedicação — ao próprio avanço e ao avanço do grupo. Hoje, com o mundo diferente, muitas almas ficam confusas porque sabem que é possível viver uma vida de harmonia, paz, satisfação e abundância, mas essa não é a vida que têm. Ainda não chegaram a essa existência superior porque seus pensamentos não são bastante fortes e porque sua Luz interior não é suficiente para sustentar uma existência mais alta. Muitas se perguntam por que ainda há dor e sofrimento em seus ambientes.

Se me permitem a audácia, vou fazer um diagnóstico dessa situação. As pessoas não estão manifestando o que querem, no grau que desejam, porque não estão aplicando plenamente a Lei da Ação. Suas almas lembram de uma existência em Atlântida e de outras realidades semelhantes, quando não precisavam dessa lei, mas suas mentes esqueceram que estão agora enraizadas numa realidade tridimensional. Se aplicarem mais ação a seus sonhos e focalizarem a vontade e as emoções, tudo o que desejam se tornará realidade.

A Terra está agora transitando da Terceira para a Quinta Dimensão. As pessoas que agora vivem na Terra têm as vibrações de todas essas dimensões — e até mesmo de dimensões mais baixas e mais altas. As que modificaram com sucesso sua consciência, sintonizando-a com as dimensões mais altas, têm poucos problemas para manifestar tudo o que seu coração deseja. As que têm vibrações sintonizadas com as da Terceira Dimensão (ou mais bai-

xas) devem compreender que a ação é necessária para mover o elétron e criar o que está em seus sonhos.

Vão se passar muitos anos antes que a Terra se posicione firmemente na Quinta Dimensão. E as pessoas vão levar o mesmo tempo para modificar suas freqüências vibracionais, porque a Terra e a humanidade são Um. Por isso, aconselhamos que a Lei da Ação seja levada a sério. É só com a aplicação dessa lei que podemos nos tornar co-criadores ao lado de Deus, trazendo o Céu para a Terra. É essa a razão de ser da humanidade.

A Lei da Ação significa que cada um deve se engajar em atividades que favoreçam pensamentos, sonhos, emoções e palavras. Mas antes deve ser firmado um compromisso, pois esse estágio serve de base ao princípio básico da Lei da Ação. O compromisso depois é transformado num plano, e o plano é então sustentado pela paixão. Finalmente, as tarefas devem ser concluídas, pois a ação no plano físico forma os vínculos que ligam todos os aspectos das energias que trabalham para a manifestação.

Simplificando: pensamentos, emoções, palavras e ações são as chaves para a realização em Deus. Mas a realização em Deus significa também:

VOCÊ, VOCÊ NADA FAZ.
É O PAI / MÃE INTERIOR
QUE TUDO FAZ.

Elevar a Luz interior, viver uma vida ligada ao Eu Superior, pôr em ação o que você quer interiormente e aplicar disciplina e força de vontade são os fatores que fazem com que a Força de Deus atue por intermédio de você. Torne-se Um com essa Força e a vontade de Deus se tornará Um com você.

Adonai, Caros Comandantes da Força. EU SOU El Morya.

Resumo

A aplicação da Lei da Ação é uma pré-condição para o uso efetivo das Leis Universais. As ações devem ser compreendidas da seguinte maneira:

- A ação exige mudança de comportamento, capacidade de estabelecer metas e de lutar por sua conquista ou manifestação.

- Os obstáculos mais comuns para a aplicação da Lei da Ação são: incapacidade de estabelecer metas significativas, falta de habilidade ou disciplina para desenvolver planos ou um programa para atingir as metas desejadas, falta de persistência e incapacidade de unir o desenvolvimento físico ao espiritual.
- Na Quarta e Quinta Dimensões a manifestação pode ser atingida pelo pensamento e expressões de amor, mas na Terceira Dimensão a ação é necessária para que a manifestação ocorra.
- À medida que elevarmos o padrão vibracional, poderemos manifestar as coisas com o poder da mente, acompanhado de amor.
- Quando aplicamos a Lei da Ação crescemos espiritualmente no sentido de sermos co-criadores ao lado de Deus.
- As pessoas podem aplicar a Lei da Ação firmando um compromisso e se engajando em atividades que favoreçam pensamentos, sonhos, emoções, palavras e ações.

Capítulo 12

Lei da Correspondência

Muito antes do aparecimento da "nova física", alguns artistas e outras pessoas mais espiritualizadas já compreendiam a unidade e a totalidade do universo. William Blake escreveu:

Para ver o mundo num grão de areia
E o Céu numa flor silvestre,
Ponha o infinito na palma da mão,
E a eternidade em uma hora.
Augúrios de Inocência

O termo *metafísica*, o contexto mais amplo da física, simboliza a verdade da Lei da Correspondência. Os princípios ou leis da física que explicam o mundo físico — energia, Luz, vibração e movimento — têm seus correspondentes no mundo ou universo etérico. É difícil para nós compreender o significado profundo da Lei da Correspondência porque nossa ciência e nosso mundo são baseados na identificação de partes de sistemas ou fenômenos e não numa visão do todo, com suas interconexões e inter-relações.

Só recentemente percebemos a necessidade de reverter os paradigmas básicos e a visão da metafísica. Willis Harmon discute a antiga visão mecanicista do universo como física M-1, baseada na crença de que a matéria origina a mente. Essa visão presume que o material básico do universo é a matéria e a energia. A consciência e o cérebro emergem da matéria, e tudo o que sabemos deve se enquadrar na percepção do mundo físico.

Depois, passamos a uma visão M-2 do mundo, baseada no dualismo articulado na separação feita por Descartes: a ciência trata do mundo físico e a igreja da visão mente-espírito do mundo. Segundo essa visão, o universo é formado por dois tipos de energia: matéria-energia e mente-espírito.

Recentemente, passamos a uma metafísica M-3, que reverte a premissa original, dizendo que a mente origina a matéria, pois a energia básica do universo é a consciência. Primeiro vem a consciência universal, que é chamada também de Luz Líquida Dourada, Força de Deus, Ser Um ou Unidade Básica do Universo.

Em segundo lugar vem o grau em que cada um consegue passar à corrente da consciência universal. Cada pessoa é única, com a própria humanidade ou essência. É a essência de cada um que determina a consciência, que é a base da mente humana. Expandindo a mente, elevamos a consciência espiritual. À medida que crescemos espiritualmente, nós nos tornamos um com a Força de Deus.

Essa visão do mundo é sustentada pela idéia de que o mundo é holográfico. Um holograma é uma imagem fotográfica tridimensional, que se mostra de várias maneiras diferentes, dependendo da perspectiva. Contido em cada pequena parte do todo está o próprio todo. A visão holográfica do mundo modifica as visões que temos da realidade. Algumas dessas visões (que também explicam a Lei da Correspondência) foram identificadas por Barbara Brennan (1987), autora do livro *Hands of Light*:

A consciência é a realidade básica

Cada um de nós tem características únicas, que constituem a base de nossa essência. Nossa consciência é expressa por nossas intenções ou valores. As percepções que desenvolvemos do mundo à nossa volta são nossa maneira de impor ordem ou regularidade ao mundo. Tendemos a perceber o mundo de maneira consistente com nossas expectativas, crenças e experiências passadas. Assim, criamos a própria experiência.

Tudo está ligado a tudo

Nada no universo existe separadamente ou isoladamente. Tudo que fazemos ou dizemos e tudo em que acreditamos afeta imediatamente tudo o mais. Um comportamento positivo e estimulante afeta não apenas o ambiente à nossa volta, mas também os muitos planos complexos do universo, como já foi discutido no capítulo sobre a Lei da Divina Unidade.

As partes contêm o todo

Cada uma de nossas células tem inteligência e contém o padrão de nossa essência. Os diversos sistemas interagem e constituem nossa totalidade. Da mesma forma, somos parte dos outros e do mundo à nossa volta. Há no universo uma sabedoria e um conhecimento básico que está além da realidade física.

Há muitas outras implicações do universo holográfico, mas cada uma delas imprime em nós o grau em que criamos nossa realidade, obrigando-nos assim a agir com responsabilidade. À medida que as pessoas forem atingindo essa consciência expandida e assumindo a responsabilidade por si mesmas e pelos outros, a Terra chegará mais perto da Quinta Dimensão.

Tudo isso comprova que nossa visão do mundo está realmente mudando. Não podemos mais nos ver como entidades separadas, desconectadas. Estamos amadurecendo e nos transformando numa espécie preparada para compreender que é parte de um ecossistema finamente sintonizado, em que todas as partes estão ligadas entre si e se afetam mutuamente.

A Lei da Correspondência é A CHAVE para compreender essa conexão. Assim, vamos ver o que El Morya tem a dizer sobre esse importante princípio.

É com grande prazer que inicio a explicação da Lei da Correspondência — a lei que ilude muitos Iniciados que procuram chegar à Unidade, ao Ser Um. Essa lei, ou o princípio "Assim no alto como embaixo; assim embaixo como no alto", é a base para compreender as operações interdimensionais do universo. O aspirante que luta para aumentar seu conhecimento das Leis Universais deve saber que todos os planos da existência existem simultaneamente, e que, nessa sincronia, tudo está em movimento.

Ao examinar a Lei da Correspondência, é importante compreender que há três planos de existência: físico, mental e espiritual. Esses três planos constituem a base de operações e governam a convergência de harmonia e energia da alma que deseja trazer o Céu à Terra. Nesses três planos há muitos níveis interdimensionais vibrando em freqüências diferentes, mas por ora basta focalizar as três divisões principais que acabamos de descrever.

O termo "correspondência" (corresponder) implica que, nesses planos, todas as "coisas", sejam elas visíveis ou invisíveis, existem em harmonia ou concordância com o Todo. Há apenas Unidade, tudo é Um, e é crucial assimilar essa idéia. Assim como as pessoas não podem sair dessa Unidade, os outros elementos encontrados nesses planos também não podem. É importante compreender que tudo está verdadeiramente em harmonia entre si.

Embora os seres humanos se sintam limitados ao que vêem e experimentam, isso não significa que estejam separados do quadro mais amplo, ou macrocosmo. Para compreender a Lei da Correspondência, é importante saber que foram feitos acordos na Mente Universal, o que garante que tudo esteja em harmonia com a Lei Divina. Essa Mente Universal é o campo de força da Luz Líquida Dourada, chamada de Força de Deus. Foi para aprender isso que os seres humanos foram criados e colocados na Terra, e também para se tornarem co-criadores com esse campo de força, que é a base para a criação. Se ficarem isolados e não enxergarem essa conexão, os seres humanos sairão da encarnação num estado separado de existência. Se abrirem a mente a esse conhecimento e enxergarem o universo numa Luz diferente, compreendendo que cada um É PARTE DESSE FANTÁSTICO CAMPO DE FORÇA, então estarão destinados a avançar no tempo e a se tornar semideuses.

Achamos graça no termo "deuses no exílio" porque retrata a frustração em que está hoje a humanidade. O mundo físico que se manifesta à nossa volta é tão forte que mantém a maioria em estado de inconsciência. Esse estado mental é semelhante ao do gigante adormecido, que, quando envolto no estado de sono, é quieto e dócil. Desperto o gigante, aparece seu potencial para grandes conquistas. Esses gigantes adormecidos estão destinados a realizar feitos magníficos na Sétima Idade de Ouro. Os que despertarem anunciarão o novo milênio aos Filhos da Aurora Dourada.

A Lei da Correspondência é a lei que mantém coesa a Unidade. Como já foi mencionado, seu nome é sinônimo de Luz Líquida Dourada. No campo pulsante da energia sem fim está tudo o que é e o que será. É a goma etérica, ou cósmica, que mantém tudo unido e junta os planos físicos aos planos mentais e espirituais.

Se souber que tudo existe simultaneamente em cada momento do tempo/espaço, o Iniciado terá o poder de afetar qualquer coisa e todas elas a qualquer momento. Mas muitos não atingem esse ponto em suas jornadas porque:

1. *não compreendem essa lei e, assim, não sabem que poderiam fazê-lo e*
2. *a vontade da humanidade é fraca.*

A mente, ligada à Mente Universal do Todo, é a chave para a mudança e para a criação. O fortalecimento da mente vem da disciplina e da força de vontade. A força de vontade vem do coração. As pessoas costumam ser absorvidas pelo mundo físico e manifesto, perdendo muito tempo para satisfazer os cinco sentidos. Com a atenção voltada para o exterior, elas esquecem do poder interior.

Ao penetrar em si mesmo, o Iniciado pode pôr a mente em contato com outros planos e dimensões da realidade — é assim que a alma se liga ao Todo. Feita essa conexão, o poder retorna e o Iniciado desperta para o fato de que todas as realidades dimensionais estão relacionadas. São as almas mais sábias que aprendem a ter acesso a esses outros domínios.

O plano físico vibra na freqüência vibracional mais baixa, enquanto o plano do Espírito vibra na mais alta. Em cada plano há subplanos de existência, mas não é necessário descrever esse fenômeno aqui, embora seja importante saber de sua existência.

Vamos usar o termômetro como exemplo para explicar esses conceitos e mostrar como é fácil visualizar o funcionamento da Lei da Correspondência.

O termômetro registra leituras numéricas que vão de um ponto mais baixo a um ponto mais alto. Ele tem marcas que indicam divisões absolutas, separando um ponto do outro, o mais quente do mais frio. Mas sabemos que todas as medidas estão contidas dentro dele e cada divisão tem a própria medida ou vibração, diferente de todas as outras.

As várias vibrações contidas no Todo existem simultaneamente, como as variações do termômetro. Por ora, basta considerar as variações que vão do plano físico ao espiritual. A diferença entre o termômetro e a Mente Universal é que há bilhões de variações na Mente Universal, enquanto o termômetro tem alcance limitado. Mas qualquer mudança afeta a leitura do termômetro.

Com respeito à Lei da Correspondência, o importante é que TODAS AS LEIS EXISTEM NESSA CORRESPONDÊNCIA; ASSIM, TUDO ESTÁ CONTIDO NELA. Cada plano da existência afeta e é afetado por todos os outros planos. Tudo ocorre simultaneamente. Assim, as mudanças num plano da existência afetam também os outros planos. Isso inclui pensamentos, palavras, emoções e ações. Os Domínios Celestiais e os reinos angélico, dévico e elemental estão interligados com as decisões que os seres humanos tomam na Terra. Não há como escapar disso. Todos são um e todos correspondem entre si. Isso se aplica também às decisões da humanidade, que afetam as outras pessoas e o mundo.

Quando o aspirante começa a compreender essa verdade, o mundo assume um novo significado. Com esse conhecimento, o poder interior da mente e do coração começa a crescer. Essa é a beleza deste ensinamento. Este conhecimento é destinado a transformar o mundo quando os Iniciados de todos os lugares se erguerem e começarem a elevar suas freqüências individuais de Luz pelo poder das jornadas interiores e da mente.

Como a Luz é a freqüência vibracional mais alta conhecida pela humanidade, é razoável concluir que o Espírito é Luz. Como o Espírito é o Criador com poder de manifestação, aprendam a iluminar a mente e o coração com a Luz da Força de Deus, Meus Caros. Trabalhem nesse estado mental para aumentar sua compreensão da Lei de Correspondência. Tornem-se o que já são. Tornem-se um com seu destino.

Eu, El Morya, trabalho com qualquer Iniciado que chamar meu nome na Luz do Mais Radiante. Vou dirigir a atenção da alma para que descubra a trilha correspondente, que vai iluminar seu mundo. Pedi e vos será dado. O MOMENTO É AGORA. Saiam do exílio e construam o Céu na Terra.

Adonai. Na Luz do Mais Alto, EU SOU El Morya.

Resumo

Nossa experiência tridimensional focaliza geralmente a análise de partes discretas dos muitos sistemas à nossa volta. Só recentemente tomamos consciência dos vários sistemas que existem, de sua inter relação e da prevalência dos padrões e da ordem no interior do caos aparente. A Lei da Correspondência nos ajuda a ver a unidade e a totalidade do universo e a compreender que tudo é interligado. Seguem-se algumas chaves para compreender essa lei:

- A mente faz surgir a matéria.
- Há três planos de existência — físico, mental e espiritual.
- Quando a Unidade, o Ser Um, está presente, os três planos estão em harmonia e concordância.
- A Mente Universal é a Luz Líquida Dourada chamada de Força de Deus.
- Os seres humanos são parte desse fantástico campo de força e são criados para se tornar co-criadores nesse campo de força.
- A Lei da Correspondência mantém a Unidade coesa; é a goma cósmica que liga os planos físico, mental e espiritual.
- Todas as leis existem nessa inter-relação ou correspondência.
- As mudanças num plano afetam todos os outros planos.

Capítulo 13

Lei de Causa e Efeito

Cada Causa tem seu Efeito; todo Efeito tem sua
Causa; tudo acontece segundo a Lei;
Acaso é um nome para uma Lei não identificada;
Há muitos planos de causação, mas nada
escapa à Lei.
Caibalion

Muitas pessoas vivem sua vida reagindo aos acontecimentos, sem nunca parar para determinar o que é realmente importante. Sem metas nem direção interior, ficam na posição de vítimas das pressões da vida cotidiana. Um dos maiores problemas dessas pessoas é a falta de vontade ou a falta de clareza em relação às metas ou direções da vida. Vivem os resultados da Lei de Causa e Efeito sem perceber que têm capacidade de modificar os efeitos dessa lei em sua vida.

Expressão da Ordem Divina no universo, a Lei de Causa e Efeito afirma que nada acontece por acaso ou fora das Leis Universais. Nem sempre conseguimos identificar as complexas cadeias de acontecimentos que produzem determinados efeitos, pois nosso conhecimento é incompleto. O que nos acontece pode ser o resultado de ações de vidas passadas, o resultado de comportamentos presentes ou então experiências que os planos superiores da existência nos reservaram, com o intuito de nos ensinar a dominar o comportamento intelectual e emocional.

Essa lei se aplica mais a acontecimentos do que a coisas. Cada pensamento, cada ação (individual ou coletiva) tem um impacto direto e indireto sobre os acontecimentos inseridos na cadeia de causa e efeito. Tudo é como um ecossistema — que funciona perfeitamente, de acordo com as variáveis que afetam a cadeia de acontecimentos.

A Lei de Causa e Efeito envolve resultados a curto ou a longo prazo. O karma é um exemplo da manifestação dessa lei. O karma que antes levava vidas para voltar pode agora aparecer minutos depois do pensamento ou palavra que o originou.

Não podemos viver fora da cadeia de causa e efeito, mas podemos exercer a vontade e a disciplina no sentido de crescer espiritualmente, o que vai nos ajudar a usar a lei de maneira positiva. Todos nós temos livre-arbítrio, ou liberdade de escolher pelo menos parte de nossos comportamentos. Quando agimos, temos a escolha de agir corretamente ou não, em relação a nós mesmos ou aos outros. A ação correta favorece a causa de Deus ou do Espírito. A ação incorreta é um ato que vai contra a causa de Deus ou do Espírito. O controle sobre os próprios pensamentos e ações é uma maneira de avançar em direção à mestria e à capacidade de viver dentro das leis de maneira positiva.

Um problema comum que traz efeitos negativos é viver com medos, ansiedades, raiva, melancolia ou preocupações que não correspondem à realidade. Essas emoções são reais e todos nós as experimentamos, mas quando fogem do controle podem consumir a mente. Esses estados mentais e emocionais têm conseqüências, atraindo acontecimentos que tendem a perpetuar essas experiências.

Quando estamos mais próximos da mestria, podemos viver pela fé e permanecer na Luz. É preciso aprender a ouvir o corpo físico, as emoções e os pensamentos para saber lidar com esses estados mentais irracionais, abençoando-os e aceitando-os antes de liberá-los.

A mestria em relação ao comportamento emocional e intelectual começa quando conseguimos perdoar a nós mesmos e aos outros. Abrigar velhas mágoas e ressentimentos é uma maneira segura de criar energias negativas que terão resultados negativos. Saber como curar velhas feridas de maneira positiva e entrar na Luz é uma lição importante para a mestria em relação aos comportamentos.

As Leis Universais não são obstáculos a uma vida feliz e produtiva, mas estruturas e diretrizes que favorecem a evolução e a liberdade. Pela Lei de Causa e Efeito aprendemos que todos os comportamentos produzem resultados positivos ou negativos. O que você prefere para si mesmo e para os que estão à sua volta? Que tipo de vida e futuro você deseja criar?

Na seguinte transmissão, El Morya discute a Lei de Causa e Efeito.

Shalom, Filhos da Luz, prontos a se tornarem auto-realizados.

Eu, El Morya, estou encarregado da lição de hoje, destinada a trazer a liberdade às massas. Venho nas asas da pomba e seguro na mão o ramo de oliveira, oferecendo-o a todos os que quiserem aceitá-lo. O ramo de oliveira simboliza paz, assim como é por meio da paz que os seres humanos atingirão a mestria em relação à Lei de Causa e Efeito. Se minha humilde dádiva for aceita, então as palavras desta passagem aumentarão seu poder, pois vão descrever os passos necessários para superar os limites da alma humana.

A Lei de Causa e Efeito é complicada na superfície, mas simples na ordem do universo. Ela afirma sucintamente que "cada causa cria um efeito, e cada efeito tem sua origem numa causa". Parece complicada porque há muitas forças que produzem efeitos. Por exemplo: os pensamentos, sentimentos, palavras ou ações, produzidos a qualquer momento, têm conseqüências futuras; as forças postas em movimento em vidas anteriores ou por intermédio da genética também trazem suas conseqüências. É difícil discernir a causa em meio a um dilema ou a uma experiência difícil. No meio da confusão, o importante é lembrar que tudo é criado por meio de ciclos perfeitos de energia. Isso é verdade porque há ordem universal em todas as coisas. Essa ordem diz que tudo se move de maneira circular, tanto as experiências da vida individual quanto as forças da natureza.

A Lei de Causa e Efeito envolve certos fenômenos interligados que devem ser compreendidos quando se percorre a senda da mestria. Esses fenômenos são:

- *A força da vontade;*
- *A clareza do aspirante;*
- *O medo do desconhecido e seus efeitos sobre os acontecimentos;*
- *O perdão.*

Cada um participa da criação da própria realidade por meio das ações individuais. A diferença entre uma pessoa "comum" e um mestre é que a pessoa comum é atirada de lá para cá como um barco em alto-mar, conforme a vontade mais forte dos outros. Os Mestres aprendem a usar as leis superiores contra as leis inferiores e a aplicar princípios superiores para criar o próprio destino e o próprio meio. Subconscientemente, esse é o estado que todos desejam. Mas é um estado que poucos atingem porque a maioria não tem o coração e a mente fortes o bastante para assumir a responsabilidade pela criação das próprias realidades.

Vários planos de existência atuam simultaneamente na Lei de Causa e Efeito. Tudo acontece por alguma razão: não existe acaso. Todas as ocorrências são contínuas e inteiras, embora geralmente não se perceba a razão do acontecimento. Os planos mais altos são os que constroem a mestria — os planos mais baixos são os que concluem questões inacabadas. A alma permanece nos planos inferiores da existência por muitas vidas, até se livrar de dívidas e responsabilidades kármicas que atrapalham o crescimento.

Quando um Iniciado atinge um estado mais alto de consciência, o Eu Superior (que controla os planos mais altos da existência) começa a buscar experiências e lições que servem para construir o caráter. O karma é dissolvido e substituído pelos Testes de Iniciação que fortalecem a alma. O Eu Superior define então as características de personalidade que precisam ser aperfeiçoadas ou fortalecidas. Então, como parte das lições, coloca oponentes na vida da pessoa, para que ela aprenda a crescer na Luz. Essas lições podem ser:

- *Superar o orgulho;*
- *Afirmar com amor;*
- *Aprender amor incondicional;*
- *Controlar medos;*
- *Submeter o ego à vontade de Deus;*
- *Controlar os corpos emocional e/ou mental;*
- *Desejar ser útil ao mundo.*

Os planos inferiores da existência mantêm as pessoas presas à roda do renascimento, vida após vida, aprendendo a concluir questões inacabadas. Nessas experiências, a pessoa geralmente é como um fantoche, movendo-se ao sabor da vontade mais forte dos outros. Os pensamentos e as emoções das personalidades mais fortes "determinam" seus sentimentos e sua maneira de agir. Sem ter equilíbrio interior entre as energias yin (feminino) e yang (masculino) e sem ter a autoconfiança que vem por meio do amor por si mesma, essa pessoa acaba se curvando diante da vontade mais forte, por falta de coragem ou para ser aceita. Medo ou falta de confiança são os principais impulsos que prendem os seres humanos à roda de renascimento. Quando lhes falta alguma coisa interiormente, eles procuram preencher o vazio com comportamentos evidentes no mundo exterior.

Na mestria, a meta é permanecer centrado em todos os momentos, sem adotar posições extremas de comportamento. É assim que os Iniciados podem experimentar o máximo de poder e superar todas as desvantagens, a menos que seja outra a escolha do destino. A vontade é necessária para que haja centramento, calma e paz constante. É assim que a vontade é usada na conquista da mestria em relação à Lei de Causa e Efeito.

Um Mestre sabe que outras abordagens não funcionam. As posições extremas de comportamento só prendem a pessoa com mais firmeza aos planos inferiores de existência. Assumir posições extremas cria situações que, por intermédio da roda de causa e efeito, continuam a trazer as mesmas experiências para a alma. Isso continua a acontecer até que a lição seja dominada, libertando a pessoa para uma existência superior.

Na Lei da Vibração, foi revelado que as vibrações mais altas consomem e transformam as vibrações mais baixas. As vibrações inferiores não podem modificar as superiores, pois a energia mais alta é sempre mais intensa. Como todas as ações têm conseqüências, a Lei de Causa e Efeito ensina que para se libertar de acontecimentos negativos e destrutivos, a pessoa deve iniciar a jornada para dentro de si mesma, monitorando todos os pensamentos e sentimentos experimentados.

Não esqueçam que a força de vontade cria o impulso na Lei de Causa e Efeito. A vontade, quando centrada e em alinhamento com o coração e a mente, tem o poder de realizar milagres e, nesses momentos, de controlar a rotação do elétron. Para isso, a pessoa deve ter o julgamento claro e livre e compreender que é a Luz que dirige as correntes da criação.

Outro conceito importante da Lei de Causa e Efeito é o karma, já mencionado. Há uma descrição popular desse fenômeno: "O que o homem semear, isso colherá." Todas as experiências têm suas raízes em vidas passadas e também neste momento coletivo do tempo. Isso é verdade.

Há duas razões para que acontecimentos desagradáveis passem a fazer parte da vida de alguém:

1. *Questões inconclusas que precisam ser resolvidas antes que a alma passe a planos superiores de existência ou*

2. *Necessidade de aprender lições que levam a alma a um estado superior de existência e iluminação.*

Não há outras razões para as dívidas kármicas envolvidas na Lei de Causa e Efeito. Tudo é projetado para que os seres humanos evoluam a estados mais altos de consciência.

Na Convergência Harmônica, em 1987, todos os Filhos da Luz foram libertados das dívidas kármicas, mas poucos sabem isso. Naquela época, foi concedida uma dispensa para que todos pudessem começar os Testes de Inicia-

ção, livres para seguir a senda da mestria. Isso não quer dizer que não existe mais karma (bom e ruim), pois todos ainda são responsáveis pelas ações diárias que dirigem a vida. Quer dizer apenas que os acontecimentos da vida de cada um não estão mais ligados à roda do passado, relacionando-se agora aos planos superiores da existência, que libertam a alma para estados mais altos de iluminação e poder.

Nada escapa à lei. Tudo está em Divina Ordem. Não há acaso ou coincidência. Dizer que a coincidência existe é dizer que certos acontecimentos existem fora da ordem e da Mente Universal. Isso é impossível. Tudo é Mente Universal e tudo está em ordem. Tudo é lei.

Assim, para o Iniciado na jornada, isso significa que é preciso dominar a mente e as emoções. É preciso atingir o amor por si mesmo, permitindo que a Luz flua continuamente da Fonte pela consciência e volte para a Fonte. Tudo deve ser contínuo e experimentado de maneira circular. Com isso, a pessoa pode começar a usar os planos mais altos de existência em vez dos mais baixos e criar a utopia desejada interiormente. É assim que ela vai experimentar a liberdade e se livrar das limitações.

Espero que isso baste para explicar a Lei de Causa e Efeito. Vão em paz, harmonia e equilíbrio. EU SOU El Morya.

Resumo

A Lei de Causa e Efeito está relacionada à liberdade de escolha. Como temos livre-arbítrio para escolher nossas ações na vida, a Lei de Causa e Efeito nos faz responsáveis. A maioria tem dificuldade para compreender que podemos escolher o que nos acontece e desenvolver a mestria em relação ao comportamento, o que é necessário para que os resultados sejam positivos. Nesse sentido, os seres humanos têm capacidade de ir além da Terceira Dimensão e experimentar dimensões mais altas.

- Nada acontece por acaso ou fora da Lei de Causa e Efeito.
- Somos responsáveis pela criação de nossa própria realidade, pois cada ação produz uma reação.
- Podemos aprender a identificar em nossa vida os acontecimentos que resultam de comportamentos presentes, os que resultam de karma passado e os Testes de Iniciação para o desenvolvimento espiritual.
- A força de vontade e a clareza em relação às metas nos dão poder para criar nossa própria realidade.

- Se não desenvolvermos a consciência espiritual, permaneceremos presos a comportamentos que isolam, que inibem o crescimento; continuaremos controlados pela vontade dos outros, sem autoconfiança e incapazes de mudar comportamentos estereotipados.
- Quando atingimos na vida um nível mais alto de consciência, nós nos vemos diante de lições e experiências que favorecem o crescimento espiritual e nos aproximam da mestria.
- Ganhamos controle sobre a vida evitando comportamentos extremos, desenvolvendo vontade e propósito fortes e permanecendo centrados, calmos e em paz em todos os momentos.

Capítulo 14

Lei da Compensação

Quem ajuda os outros é ajudado, talvez amanhã, talvez daqui a mil anos, mas será ajudado. A natureza precisa saldar a dívida. É uma lei matemática e toda a vida é matemática.

G. L. Gurdjieff

A Lei da Compensação é a lei que nos ajuda a compreender a abundância e a lidar com questões financeiras. A Lei da Compensação é a Lei de Causa e Efeito aplicada às bênçãos que nos são concedidas. Enquanto a Lei de Causa e Efeito trata basicamente de acontecimentos, a Lei da Compensação trata dos ganhos materiais e espirituais que temos na vida. É na manifestação dessa lei que vemos os efeitos visíveis de nossos atos, em forma de dádivas, dinheiro, heranças, amizades e bênçãos.

Muitos de nós não recebem essas bênçãos por causa das crenças conscientes e subconscientes que dirigem os acontecimentos da vida de cada um. Para atingir a mestria em relação a essa lei e receber a abundância, é preciso interromper a consciência de pobreza que vem do condicionamento desta vida e de programações de vidas passadas. É preciso abandonar as gravações dessas experiências e começar a ver o mundo como um lugar de abundância, onde há o bastante para todos.

É necessário superar a programação do passado, que era alimentada por afirmações como:

O dinheiro é a raiz de todos os males.
Os ricos não podem ser espirituais.
Ser espiritual significa renunciar ao dinheiro e às coisas da vida que nos dão prazer e conforto.

Para interromper a consciência de pobreza, é preciso reprogramar a maneira de pensar, para que a mente consciente e a subconsciente não sabotem o que nos é devido. Neste caso, as afirmações são uma ajuda valiosa.

Algumas pessoas são bem-sucedidas na vida porque fazem mais pelos outros e porque têm uma atitude que favorece o sucesso. Quem quer mais da vida deve dar mais e ter sempre as emoções, as palavras e os pensamentos corretos a esse respeito.

A aplicação dessa lei nem sempre significa que você vai receber exatamente o que deu. Às vezes, você dá de uma forma (como dinheiro) e recebe a compensação de outra forma, como um belo presente ou um almoço pago por um amigo. Além disso, a lei é ampliada pela Lei do Retorno Décuplo. O que você dá, volta em formas que têm dez vezes o valor de sua dádiva.

Há casos de acordos que modificam o uso dessa lei. Se você acha que deu mais do que recebeu, é possível que esteja pagando dívidas kármicas ou usando a lei como um plano de poupança. Neste caso, é possível que tenha feito um acordo no sentido de receber bem depois — até mesmo em outra vida. Talvez você esteja começando um plano de poupança de karma bom que vai lhe valer no futuro. Nunca perca a esperança em relação a essa lei, independentemente de como se sente. Mantenha a fé e saiba que ela é justa e verdadeira.

Não confunda a aplicação desta lei com os Testes de Iniciação. Às vezes, o que nos acontece parece ser uma punição, mas na realidade não é. Trata-se de um teste para fortalecer alguma fraqueza interior. O discernimento nos ensina a diferença entre essas duas coisas. Observe: às vezes, o que parece ser o oposto de uma recompensa acaba se revelando como um incrível benefício, depois que a pessoa passa no teste e se torna melhor com a experiência. Paciência é a chave. Espere, e as dádivas serão reveladas.

O Mestre El Morya descreve a Lei da Compensação na transmissão que se segue.

Saudações, Ó Irmãs e Irmãos das Estrelas.

Eu me apresento para transmitir o próximo trecho de informação, pertinente à compreensão do contexto total das Leis Universais. É com grande pra-

zer que lhes transmito esse ensinamento, receptáculos do conhecimento divino do universo. Venho como servo e irmão mais velho, para lhes transmitir os segredos que podem aumentar sua fortuna.

Permitam-me começar fazendo uma pergunta: "Como posso servi-los?" Começo assim para dar um exemplo do fundamento básico da aplicação da Lei da Compensação.

A Lei da Compensação é uma extensão da Lei de Causa e Efeito, na medida em que reflete as "recompensas justas" ou "punições" que as pessoas recebem pelas sementes que semearam. É uma lei precisa, com as próprias variações, que atua para dar a cada um mais do que se pode imaginar. Isso ocorre quando a alma se alinha com o Eu Superior a serviço dos outros.

A Lei da Compensação envolve os atos de dar e receber. É a lei que garante que cada vontade seja atendida por Deus. É a manifestação da Ordem Divina em todas as coisas e a lei que concede liberdade às mentes que trabalham para dissolver a consciência de pobreza e as necessidades insaciáveis.

A lei é perfeita em seu desígnio. Diz, basicamente, que para tudo o que se dá haverá um retorno. Mas há uma particularidade dessa lei que nem todo mundo conhece. Essa particularidade é a Lei do Retorno Décuplo, segundo a qual, quando uma pessoa aprende a dar de coração, o universo retribui com uma dádiva dez vezes maior. Isso apóia a premissa de que "é melhor dar do que receber".

Eu transmito este conhecimento de coração, Meus Caros. E é de coração que pergunto: "O que mais posso oferecer a vocês neste momento?" Feito isso, como minha atitude, minha motivação e meu coração estão alinhados com a verdade, revelo a vocês agora que serei recompensado dez vezes por esse oferecimento.

Geralmente, a Lei do Retorno Décuplo só começa a funcionar quando a pessoa libera medos que enviam mensagens do tipo "o que tem não vai dar". Outra condição que facilita a atualização dessa lei é a sintonia do campo áurico com as vibrações superiores de Luz. Atingir uma freqüência mais alta na Luz eleva automaticamente o corpo, a mente e o Espírito a uma dimensão superior, liberando assim a antiga programação que aprisiona a pessoa.

Não dá para separar as leis de sua influência num universo de Unidade, em que tudo é Um. Assim, é bom enfatizar que a compensação é também o reflexo do pensamento multidimensional de cada um. É o que diz o Mais Radiante, ao explicar que o homem se transforma naquilo que pensa.

Essa norma afirma que o que é colhido é a justa conseqüência de tudo que é semeado. A Lei da Compensação garante que tudo é justo e está em ali-

nhamento com o Divino, pois as leis não têm preconceitos, tratando de maneira imparcial e indiferente todas as almas. Cada alma é o próprio juiz no plano terreno, pois o livre-arbítrio estabelece as dádivas que serão concedidas a cada uma.

Outro fator que entra em justa compensação é o cumprimento de promessas e contratos feitos entre as vidas. Cada alma que vem à Terra recebeu uma missão de Deus, mesmo que não saiba disso. Os contratos são firmados no etérico e revistos periodicamente em estados de sonho, estabelecendo padrões e medidas de desempenho para a pessoa encarnada. Quando as promessas são cumpridas, a alma é recompensada dez vezes. É essa a marca dos que possuem o "Toque de Midas".

Quando a palavra não é honrada, a freqüência vibracional tende a diminuir, favorecendo os chamados "desapontamentos" e "frustrações", que não são prontamente entendidos no plano da Terra. Quando se entra em contato com a complexidade de todas as realidades dimensionais e freqüências vibracionais que impactam a alma, é possível perceber que o alinhamento com a Luz do Eu Superior é a única maneira de sair da sujeição. Tudo deve estar na verdade e na vibração mais alta para controlar o destino individual. A ligação com o Eu Superior e com a vontade de Deus garante paz, harmonia e uma vida realizada.

O livre-arbítrio é a dádiva de Deus à humanidade. Permite que todos escolham as próprias recompensas, com base na aplicação da integridade. A integridade é a chave que concede às almas que fazem a jornada espiritual as maiores dádivas e recompensas, tanto espirituais quanto materiais.

Quando a alma se sente incapaz de modificar os acontecimentos, evocar a Lei da Perpétua Transmutação de Energia Radiante (em cooperação com o Eu Superior) é a maneira de sanar a situação. Aplique essa lei e aguarde o retorno. Sua aplicação cria Ordem Divina, e a compensação que daí vem ultrapassa a compreensão.

Falando em compensação, outro aspecto importante dessa lei é o pagamento a si mesmo. Geralmente as pessoas dão aos outros e não a si mesmas, o que demonstra falta de amor por si mesmas e cria um desequilíbrio nos campos que sustentam o fluxo natural de energia. Todos devem aprender PRIMEIRO a se amar, e desse estado mental todo o resto flui. Quanto mais você amar a si mesmo, mais amor terá para dar aos outros: será como uma taça sempre cheia. A taça que transborda é a taça do amor divino que se derrama no universo, tocando as vestes de todos os outros.

Quem não trata a si mesmo com a mesma benevolência concedida aos outros, vai criar um ciclo de privação. Para manter constante o fluxo de ener-

gia, são necessários atitudes, palavras, ações e pensamentos positivos. Os bloqueios criam iniqüidades, embora da perspectiva universal as iniqüidades não sejam reais: são meras percepções. Todavia, tudo deve ser mantido em alinhamento com a harmonia e o amor, e isso inclui o amor ao eu, contido no interior de cada um.

Compensar demais os outros é outro obstáculo ao delicado funcionamento desta lei. A psique humana é esperta e às vezes faz com que a pessoa acredite que quem dá mais tem mais valor. Assim, dar passa a ser uma coisa boa e nobre na medida em que corrobora o autovalor.

Como já foi dito, dar, dar de coração, É uma coisa nobre e é A ação que garante a liberdade. Mas quando alguém dá pelo motivo errado, para compensar a falta de amor por exemplo, então as energias ficam bloqueadas. Para manter a energia equilibrada é preciso dar proporcionalmente a si mesmo e aos outros.

Equilíbrio! Equilíbrio! Equilíbrio! Esse é o único acesso para a mestria. Se o equilíbrio é mantido em todos os momentos, juntamente com a verdade e a integridade, então a Lei da Compensação será realizada.

Em honra do Deus interior, Eu, El Morya, termino esta transmissão para o Divino. Vão em paz.

Resumo

A Lei da Compensação é a Lei de Causa e Efeito aplicada a ganhos materiais e espirituais na vida. Seguem-se algumas características de sua aplicação:

- Não percebemos a abundância por causa de crenças e programações segundo as quais não é possível ser espiritual e gozar da abundância. Isso muda quando passamos a dimensões mais altas da mente.
- Recebemos dádivas e bênçãos de acordo com o grau de nossa capacidade de dar aos outros.
- As dádivas aos outros são recompensadas com um retorno décuplo, desde que tenham sido feitas de coração.
- É preciso amar a si mesmo para conseguir dar aos outros.

Capítulo 15

Lei da Atração

O que está oculto no interior dita o que vai aparecer no exterior.

El Morya

A maioria de nós já teve a experiência de ter uma necessidade satisfeita no momento certo — o livro que você abriu exatamente na página que continha a informação necessária; o estranho que se sentou a seu lado e respondeu a uma questão que o preocupava; ou o dinheiro que chegou exatamente quando você precisava. Esses são exemplos da Lei da Atração.

A Lei da Atração amplia a Lei da Vibração na medida em que criamos ou atraímos as coisas, acontecimentos e pessoas que fazem parte de nossa vida. Pensamentos, sentimentos, palavras e ações produzem energias que atraem energias semelhantes. As negativas atraem energias negativas e as positivas produzem energias positivas.

Nossa tarefa é monitorar os pensamentos, sentimentos, palavras e ações, para que sejam sempre positivos. Isso não é fácil num mundo material de formas-pensamento cheias de violência, sexo e ambição. Embora nada possa nos proteger desses acontecimentos negativos, podemos aprender a não dar importância a eles, deixando assim de atrair acontecimentos afins para as nossas vidas.

Um exemplo do poder dessa lei: muitas pessoas, inclusive crianças, vêem crimes e outros atos violentos na televisão e em outros meios de comunicação, sendo que alguns têm tendência a copiar o que presenciam. Aliás, pelo simples fato de pensar no que assistiram, criam acontecimentos análogos à sua volta. Há fortes evidências de que o aumento de violência entre adultos e crianças é provocado por imagens negativas, que não são equilibradas nem colocadas em perspectiva.

Um exemplo positivo da Lei da Atração: professores otimistas, com expectativas mais altas em relação às crianças, criam um clima que favorece o aprendizado. Há estudos que identificam fenômenos semelhantes entre supervisores, mentores e trabalhadores adultos.

Pensamentos positivos e amorosos atraem pessoas positivas e amorosas. Influenciam também os Testes de Iniciação, cujo objetivo é favorecer nosso aprendizado.

Na mensagem que se segue, El Morya revela os segredos da Lei da Atração.

É com prazer que retorno para transmitir outra mensagem a respeito das Leis Universais. Nesta transmissão, vou focalizar a Lei da Atração. É a lei que serve para frustrar muitas almas na jornada espiritual, pois espelha o que elas escondem em seu interior.

A Lei da Atração demonstra o poder que a mente, o coração e a vontade têm de projetar o que existe interiormente, e a capacidade do universo de reagir a essa energia. É semelhante a um ímã cósmico, que atrai para a pessoa tudo que ela focaliza ou projeta no etérico.

Numa transmissão anterior, foi estabelecido que as manifestações resultam das forças multidimensionais que formam a mente consciente e subconsciente. Assim, é essencial que todos observem cuidadosamente seus pensamentos, palavras, emoções e ações, para ver se não há imagens negativas, cercadas de emoções, armazenadas dentro de si. Isso é ressaltado porque é a chave para a compreensão da Lei da Atração.

Os pensamentos e emoções interiores determinam o nível de vibração de cada um. Isso é verdade. O grau vibracional de cada um é uma freqüência. Essa freqüência interior cria um sinal que é emitido para o mundo, atraindo outras coisas que residem na mesma freqüência. O que está oculto no interior dita o que vai aparecer no exterior.

A Lei da Atração atrai também os Testes de Iniciação, pois o Eu Superior compreende cada fraqueza interior que cria um "vazio" ou falha de cará-

ter que precisa ser "polida". O Eu Superior é programado para preencher cada vazio (freqüência) que não foi superado por experiências necessárias ao crescimento pessoal. A beleza dessa lei é que uma vez aprendidas as lições e elevado o padrão vibracional da pessoa, os testes nunca mais voltam. Nem poderiam, pois a alma se eleva acima do nível vibracional desses testes, passando a viver experiências que vibram no novo nível. O milagre é que quanto mais a pessoa se eleva, melhor a vida se torna.

A Lei da Atração controla a freqüência e a seqüência de acontecimentos que têm impacto sobre a vida de uma pessoa. Rapidez mental e controle sobre o corpo emocional são as chaves que ditam o nível freqüencial de cada acontecimento. Atingido o controle sobre os corpos mental e emocional, a pessoa passa a experimentar apenas o que foi cuidadosamente programado na mente consciente e subconsciente. É nesse ponto que ela passa a ter mais controle sobre o que acontece em sua vida.

Quem ainda não dominou os corpos mental e emocional, agindo geralmente de maneira errática e negativa, vai atrair, pela lei, acontecimentos e pessoas que residem no mesmo nível de discordância. Essas pessoas sentem como se estivessem eternamente caçando moscas, sem saber se um dia vão se livrar delas. É esse estado que faz com que muitos se achem indefesos e vitimados, como navios jogados de lá para cá em águas tempestuosas.

Comecei esta transmissão afirmando que esta lei é frustrante para muitos. E é verdade, pois muitos não compreendem que só recebem o que é construído interiormente. É impossível escapar disso. Num mundo bombardeado por formas-pensamento negativas, que emanam de fontes como televisão, rádio, grupos discordantes da sociedade, zonas de guerra, guetos e situações dolorosas em geral, fica difícil separar os pensamentos e as imagens pessoais do que não pertence à essência da pessoa.

As pessoas devem estar atentas ao que é oferecido à sua mente. Para atingir a mestria em relação a esta lei, é preciso discernimento e disciplina. Os pais precisam orientar melhor os filhos e todos devem começar a selecionar com mais cuidado o que entra em seus campos áuricos.

Antigamente não havia tantas influências bombardeando a mente. Hoje é diferente. Com a Terra mais próxima da Quinta Dimensão, é exponencial o aumento de estímulos, e é preciso muito discernimento para proteger o bem mais precioso da humanidade — a mente. Isso deve ser feito antes que se atinja a mestria. A prática e o desejo de controlar os próprios pensamentos e emoções é o que dita a freqüência vibracional de cada um.

O controle das vibrações é a chave para aplicar a Lei da Atração! Se as pessoas aprendessem a controlar suas vibrações em todos os momentos, mantendo uma freqüência mais alta, mais próxima da Luz, poderiam então controlar e escolher os acontecimentos e as almas que entram em suas vidas.

Há, no entanto, uma exceção a essa lei, que deve ser explicada.

Os contratos que as almas fazem entre vidas parecem às vezes negar os efeitos dessa lei. Um exemplo: o Mais Radiante veio à Terra há 2.000 anos e cumpriu seu contrato junto ao plano celestial. A quantidade de raiva e ódio projetada sobre ele nas últimas horas não era uma extensão do que irradiava de sua essência. Pelo contrário: esses sentimentos foram dirigidos à sua alma porque em seu campo áurico estava o programa destinado a transmutar o mundo. Seu Eu Superior veio a este mundo com um plano: no momento certo, esse programa entraria em atividade e, então, transmitiria o "vazio" que precisava ser preenchido. Assim, atraiu os acontecimentos necessários ao cumprimento de seu destino e, ao mesmo tempo, elevou sua freqüência vibracional ao ponto da ascensão.

Os Grandes que vêm à Terra para realizar missões para Deus, entram na atmosfera da Terra com o molde para transmutar determinadas energias para o mundo. Esses moldes contêm informações e instruções sobre como transmutar conhecimentos, pensamentos, emoções e acontecimentos. Quando o molde é ativado, o universo reage às freqüências programadas interiormente e chama à cena as imagens, pessoas e acontecimentos que participarão dos dramas a serem encenados.

O Mais Radiante tinha apenas vibrações de compaixão e perdão em sua essência. É por isso que foi selecionado para esse papel. Sua freqüência vibracional foi medida e considerada a mais alta da Terra. A dolorosa tarefa a ser realizada (a de transmutar os pecados do mundo) exigia uma vibração extremamente alta para compensar o nível baixo e escuro da consciência da humanidade. Assim, era necessário um Ser que igualasse a freqüência vibracional no extremo oposto do espectro. Era necessária a força de sua Luz para consumir e transformar a negatividade da humanidade.

Se ele não vibrasse tão alto, teria ocorrido alguma coisa de menor impacto e menores conseqüências. Foi graças à sua Luz intensa, radiante, que a profecia pode ser cumprida, mas em circunstâncias extremas. Esta explicação diz respeito também à aplicação da Lei do Ritmo, que vai ser explicada depois. Assim, não vou dizer mais nada sobre ela neste momento.

Leitor destas palavras, percebe que as aplicações de cada lei vão se somando umas às outras? É necessário compreender o TODO antes de realizar o propósito de sua vinda à Terra.

Aprenda o significado e a importância de todas as leis, aplique-as à sua vida e perceba que você é verdadeiramente o co-criador com o Divino. O Céu está esperando para ser trazido à Terra uma vez mais. A força celestial espera para ajudá-lo nessa tarefa.

Mantenha seus pensamentos em Deus e na Luz e verá a maravilha de sua vida interior que começa a dar os frutos de sua essência.

Meus Caros, ouçam a voz interior que fala de sua divindade. Não tenham medo de entrar em contato com essa freqüência mais alta. Visualizem a Luz em suas meditações e preces diárias e eventualmente atrairão a vocês tudo o que há de mais alto.

Deus o acompanhe em suas jornadas. EU SOU El Morya. Adonai.

Resumo

A Lei da Atração nos ajuda a compreender como escolhemos, de maneira consciente e inconsciente, os acontecimentos de nossa vida.

- Nossos pensamentos e emoções interiores determinam o nível em que vibramos. O nível de nossa vibração atrai coisas e pessoas que operam nesse mesmo nível.
- O nível de vibração determina também nossos Testes de Iniciação, pois espera-se que o Eu Superior garanta a mestria nas várias áreas de nossas vidas.
- Se não dominarmos os corpos mental e emocional, viveremos a discordância dos outros em nossa vida.
- Quando atingirmos a mestria, estaremos prontos para criar a Quinta Dimensão na Terra.

Capítulo 16

Lei da Perpétua Transmutação de Energia

Bons pensamentos geram boas ações e maus pensamentos geram más ações. O ódio nunca cessa pelo ódio; o ódio cessa pelo amor.

Buda

Há momentos em que nós nos sentimos presos e indefesos, incapazes de lidar com os problemas da vida diária, sem perceber que podemos modificar as condições de nossa vida. Mas somos capazes de usar a Lei da Perpétua Transmutação de Energia, que dá sentido ao conceito de livre-arbítrio. Temos o poder de escolher as direções de nossa vida.

Tudo começa com os princípios de energia. O universo material é feito de várias formas de energia, cuja única manifestação é o movimento. Pode ser energia ativa ou cinética, como a dos raios do Sol, das correntes do oceano, dos ventos, das quedas d'água ou outras formas de energia ativa, ou pode ser energia potencial, como a que é contida em combustível fóssil ou outras formas de energia inerte. Ao ser convertida em energia ativa, a energia passiva é transmutada em outros materiais ou outras formas. A transmissão ou transmutação das formas de energia é um processo contínuo do universo material.

Assim como no mundo material, a energia é continuamente modificada em nossa vida. Nossos pensamentos, nossos sistemas de crença, nosso discurso e nossas ações são manifestações de energia. Todos nós temos um certo controle sobre a maneira de usar esses comportamentos, no sentido de transmitir aos outros energias positivas ou negativas, ou no sentido de fazer prevalecer na vida as formas-pensamento positivas ou negativas. O processo de enviar pensamentos às outras pessoas é conhecido como transmutação do pensamento.

Como isso funciona? Cada pensamento que temos produz duas ações. A primeira delas é uma energia vibratória, como a emissão de uma onda. A distância que a onda percorre e sua intensidade depende de nossa capacidade de focalizar e manter os pensamentos. Quando pessoas espirituais ou positivas entram numa sala, seus pensamentos buscam pessoas com pensamentos semelhantes aos seus. Todos os presentes vão sentir uma elevação em suas vibrações, mas isso terá diferentes significados para cada um. Pessoas com vibrações e pensamentos mais elevados estimulam as outras a terem pensamentos mais elevados, sem que isso lhes exija esforço consciente.

Um segundo efeito dos pensamentos é a criação de formas-pensamento. Cada pensamento cria uma entidade materializada que opera nos níveis emocional e intelectual. Às vezes, as formas-pensamento negativas se prendem a alguém e vão aumentando com o tempo. Quem tem visão psíquica geralmente percebe os pensamentos negativos na aura dos outros. As formas-pensamento podem assumir a forma de entidades que existem sem nosso conhecimento.

Os pensamentos são formas de energia que podem moldar as condições de nossa vida. Por exemplo: quem quer a abundância mas se julga indigno dela ou é incapaz de visualizar dádivas ou fortuna, tem pouca probabilidade de realizar essa meta.

Os pensamentos são enviados ou transmitidos aos outros. Quando enviamos pensamentos positivos, os outros reagem imediatamente ou ao longo de um período, retribuindo com outros pensamentos positivos. Assim, ao enviar pensamentos positivos, alimentamos nosso próprio otimismo e bem-estar, além de alimentar os pensamentos positivos dos outros.

Da mesma forma, quem tem pensamentos negativos envia impulsos negativos aos outros, o que baixa suas vibrações e espalha formas-pensamento inferiores pelo ambiente. Quem envia pensamentos negativos recebe de volta pensamentos semelhantes.

Já foi dito que uma grande parte de nossos pecados — ou momentos em que nos afastamos de Deus — são cometidos pela boca. Não damos atenção aos nossos pensamentos e às nossas palavras, apesar do impacto que têm sobre nosso presente e nosso futuro, assim como sobre o presente e o futuro dos outros.

Para crescermos espiritualmente, devemos começar a examinar nossos pensamentos e a compreender que eles, assim como nossas crenças, não representam a realidade. Eles não passam de uma percepção incompleta da realidade. Se percebermos isso, nós nos abriremos a uma nova compreensão e passaremos a apreciar a diversidade das percepções das pessoas. Poderemos controlar nossos pensamentos, nossas crenças, nosso discurso e nossas ações, embora isso exija um comportamento diferente.

O primeiro passo é tirar da mente os pensamentos e sentimentos negativos do passado. Para isso, é preciso perdoar descuidos, insultos ou transgressões passadas. É esse perdão que nos permite limpar a mente e preenchê-la com energias e pensamentos positivos que enriquecem a vida. Onde os pensamentos estão focalizados, as energias estão focalizadas. Os pensamentos positivos liberam nossa energia para as atividades positivas da vida e para o desenvolvimento espiritual.

É da seguinte maneira que o Mestre El Morya explica essa lei e sua aplicação às nossas vidas:

Saudações, Ó Filhos do Divino. Sou eu mais uma vez, El Morya. Conforme me pediram, venho para explicar mais uma lei. Transmito essa mensagem com amor total no coração, sabendo que as palavras serão recebidas no coração de todos os que residem nessa mesma freqüência.

Hoje, vou abordar a Lei da Perpétua Transmutaçao de Energia. É uma de minha leis favoritas, pois sua aplicação expressa a magia a ser encontrada nos Cristos. Uma vez compreendida, essa lei oferece as respostas que muitos buscam a respeito de como mudar as condições da vida a partir do ponto de quietude interior.

O que significa isso em linguagem comum? Significa que todas as pessoas têm o poder de modificar suas condições de vida se souberem como usar uma Lei Universal para favorecer a mudança. Simplificando: como as vibrações mais altas consomem e transformam as mais baixas, cada um pode se tornar um alquimista do coração, se assim o escolher.

Como tudo é energia e tudo está contido na Unidade, no Ser Um, é razoável concluir que tudo é inter-relacionado e se influencia mutuamente. Mas se fosse esse o caso, então tudo seria continuamente absorvido na Luz, e o amor e a Luz reinariam na Terra. Mas até o observador mais casual percebe que não é bem assim. Então, como funciona essa lei?

Funciona com a VONTADE, Caros Filhos do Divino. Funciona quando a pessoa quer transformar a escuridão em Luz e deseja transformar as formas à sua volta em formas superiores de existência. Essa lei é também uma lei unidirecional, sendo a chave para a harmonia, paz e amor. Como as vi-

brações mais altas consomem e modificam apenas as vibrações mais baixas, não é possível reverter os efeitos dessa lei. As forças inferiores, consumidas pela negatividade, não podem aplicar essa lei para diminuir as freqüências das vibrações mais altas, pois seus efeitos não podem ser invertidos. Essa é a lei.

É com grande prazer, então, que ofereço essa lei aos Filhos da Luz do mundo inteiro, que poderão usá-la como arma para envolver a escuridão e trazê-la para a Luz. Não há outra lei assim, pois sua aplicação tem o poder de elevar as vibrações da Terra às vibrações dos Cristos, levando-a rapidamente à Quinta Dimensão.

Para usar essa lei, é preciso perdoar e amar os outros, ver neles as diferenças assim como as semelhanças, e aplicar freqüências mais altas a situações que são consideradas discordantes.

A freqüência mais alta que se pode ver é a cor violeta. Saint-Germain é o regente do raio violeta porque é o mestre alquimista. Como Merlin, ele veio à Terra trazendo a magia do alquimista para ajudar a transformar as energias de separação em energias de equilíbrio. Ele foi o rei metafísico, enquanto eu, Artur, era o rei físico. Juntos reinamos com visão, equilíbrio, vontade e coragem, reenergizando a Inglaterra e preparando-a para assumir as freqüências vibracionais que estavam destinadas a equilibrar o mundo. Tudo isso foi feito pela aplicação da Lei da Perpétua Transmutação de Energia.

Violeta é a cor favorita dos alquimistas e Merlin conhecia seu poder. Como contém a freqüência vibracional mais alta que se pode ver a olho nu, essa cor tem o poder de modificar todas as freqüências que residem abaixo dela. Violeta é a última cor do arco-íris, antes que ele se transforme em ultravioleta e depois seja refletido na Luz. Ela detém, portanto, a mais alta codificação de símbolos, podendo ser usada para modificar as condições à sua volta.

Visualize diariamente essa freqüência e envolva nessa cor as condições discordantes de sua vida. Veja como elas se modificam, passando da desarmonia para a paz. Retenha essa visão com a força da vontade, sempre da perspectiva do Eu Superior, e grandes milagres começarão a ocorrer.

Se você visualizar essa freqüência, consumindo e transformando todas as energias negativas mais baixas, as vibrações se modificarão, primeiro na mente e depois no corpo emocional, pois as entidades negativas não podem ficar muito tempo nessa freqüência mais alta. A força de vontade e o tempo de permanência nessa freqüência determinam o tempo que se leva para resolver uma situação. Ao usar essa lei, lembre-se da importância da respiração, que ajuda a controlar o corpo emocional.

A Luz é uma freqüência superior à cor violeta. A Luz branca é o escudo de proteção. Visualize a Luz dentro de você e à sua volta em todos os momentos, e ela fortalecerá sua vontade. Com uma vontade forte, fica mais precisa a capacidade que a alma tem de manifestar e transformar os acontecimentos.

A Luz alinha os chakras com o Eu Superior, permitindo a conexão com o Grande Sol Central e com a Fonte de tudo o que é. A Luz fortalece também a fé, a esperança e a disposição à caridade.

Para usar essa lei, é importante conhecer também a vibração rosa. Rosa é a cor do amor por si mesmo e ressoa no nível da alma. Envolva os outros nessa freqüência e suas atitudes se tornarão mais suaves. Mantenha-os no brilho suave desse campo e veja seus rostos franzidos se transformarem em sorrisos. O poder dessa freqüência não pode ser subestimado, pois gera muito amor no universo.

Os efeitos dessa lei aparecem principalmente quando alguém medita em silêncio e aplica os princípios a situações e acontecimentos da vida. Assim, convido a todos os que desejam modificar as condições à sua volta que se juntem a Saint-Germain na quietude do coração e peçam orientação para seu uso. Ele vai ajudá-los a se tornarem magos do novo milênio, mas exige que a vontade seja forte.

Façam mais uma vez a jornada com Merlin, Caros Filhos do Coração, e aprendam a magia dos antigos.

Encerro esta transmissão com uma canção em meu coração e fico aguardando suas realizações, à medida que forem criando um belo mundo para seus filhos.

EU SOU El Morya. Que Assim Seja! Assim É!

Resumo

A Lei da Perpétua Transmutação de Energia explica como os pensamentos manifestam energia positiva ou negativa em nossa vida e nas vidas dos outros e como podemos transcender a negatividade aplicando freqüências mais altas a situações negativas.

- A Lei da Perpétua Transmutação de Energia é básica para compreendermos que somos responsáveis pelas condições de nossa vida e que temos livre-arbítrio para modificar a natureza de nossa vida e de nosso ambiente.
- Assim como a energia está se modificando continuamente no mundo material, assim ela está sendo enviada com impacto previsível aos mundos emocional e espiritual.
- Usamos energia em nossos pensamentos, crenças, palavras e ações. São esses comportamentos que transmitem e transmutam a energia para os outros, seja ela positiva ou negativa.
- As energias positivas atraem energias positivas e vencem as energias negativas através de suas vibrações mais altas.
- Controlamos a transmissão de energias através do intento e da vontade.
- Aplicamos a Lei perdoando e amando os outros, apreciando sua qualidade única e usando freqüências mais altas em nossa vida.
- A cor violeta é usada para modificar condições, a Luz branca é usada como proteção e o rosa é usado para aumentar o amor por si mesmo e pelos outros.

Capítulo 17

Lei da Relatividade

Deus nos deixa experimentar os pontos baixos da vida para nos ensinar lições que não aprenderíamos de outra maneira.

C. S. Lewis

A Lei da Relatividade começa com a compreensão de que a cada um de nós são proporcionados problemas ou Testes de Iniciação. Esses testes têm o objetivo de avaliar em que ponto da senda espiritual nós estamos e que experiências precisamos ter.

Nossa reação a esses testes é importante para o crescimento espiritual. Por um lado, podemos nos comparar aos outros e perguntar: "Por que eu?" "Porque estou passando por estes problemas e os outros não?" A reação que escolhemos para cada teste pode apressar ou retardar nosso progresso espiritual.

Quando o coração e a mente estão em contato, percebemos o significado desses testes e sabemos que o fracasso significa apenas que o próximo teste será mais difícil. Nesse estado de ânimo positivo, dizemos: "Obrigado, Mestres, por esse Teste de Iniciação." Ao considerar o problema que temos, vemos que ele poderia ser pior ou mais difícil.

Nossa maneira de ver o mundo começa e termina na mente, com os significados que escolhemos. À medida que avançamos no caminho espiritual, conseguimos ver os aspectos positivos das experiências, até mesmo das mais difíceis.

El Morya nos fala sobre a Lei da Relatividade.

Esta mensagem sobre a Lei da Relatividade é protegida na Luz do Mais Radiante e transmitida na vibração do Altíssimo. Fala de observação e escolha, e ensina a importância da aplicação da Lei da Vibração e das escolhas que cada um faz.

Inerente à compreensão da Lei da Relatividade é a consciência dos Testes de Iniciação, as lições que todos devem aprender para se tornarem iluminados. Esses testes determinam o ritmo do progresso da alma no caminho espiritual e o número de vezes que ela precisa renascer no plano da Terra com o propósito de fazer novas escolhas.

Eu, El Morya, falo com a sabedoria que minha alma tinha quando fui Salomão há muitos séculos. É com grande prazer que me apresento hoje e transmito minha visão dessa lei tão importante.

A Lei da Relatividade tem a idade do universo, mas seu nome atual lhe foi dado pelos Fariseus da antigüidade. Os Fariseus de que falo são os que viveram no início da Era de Peixes. Esses sábios sabiam que era importante manter um padrão superior de vida enquanto praticavam as leis espirituais. Muitos dos que viviam em Israel gozavam dos benefícios de suas posições e, para protegê-las, citavam as leis em defesa de suas ações. Falavam com precisão, pois tinham memorizado as leis e sua mente compreendia a impecável aplicação desses estatutos no mundo.

No entanto, sob certo aspecto eles eram descuidados. Seu coração não estava em contato com o espírito das leis. A interpretação intelectual da lei geralmente difere do intento espiritual, que é sua razão de ser. A menos que a alma esteja bastante avançada para aceitar o espírito da lei, seu significado e intento geralmente se perdem nos ventos do tempo. A Lei da Relatividade é uma das que foram perdidas nos ventos.

A Lei da Relatividade diz basicamente que cada alma deve enfrentar uma série de testes (problemas, se você preferir), feitos para fortalecer a Luz interior. À medida que é testada e que lhe são dadas oportunidades de desenvolvimento, a alma vai tendo opções que orientam as escolhas possíveis. Essas opções permitem que a alma use a compreensão da Lei da Vibração tanto para avançar quanto para regredir.

Tudo na vida é relativo, Ó Irmãs e Irmãos da jornada. O Todo é o Todo. Não há julgamentos de bom ou mau, melhor ou pior. Tudo é relativo, equilibrado no estado mental e emocional de cada um a cada momento do tempo. A pessoa acredita que as coisas são melhores ou piores porque a mente faz comparações com pessoas, coisas e acontecimentos que não são relevantes e aplica essas comparações à situação em curso.

Cada acontecimento da vida é único e não deve ser comparado com outras coisas, pois tem a própria freqüência vibracional e traz lições únicas. Cada um deles deveria ser analisado da seguinte perspectiva: "O que devo aprender a partir desta situação?" Mas, em vez de abordar a vida dessa perspectiva, as pessoas geralmente preferem comparar sua vida e sua situação com as dos outros, e é por causa dessas comparações que ficam deprimidas, acreditando que os outros são mais abençoados do que elas.

A Lei da Relatividade está relacionada ao fato de todas as coisas serem conhecidas por sua relação com a mente. A mente controla os sentimentos, crenças e comportamentos da pessoa. É uma ferramenta poderosa — a dádiva de Deus à humanidade. Mas ela pode ser esperta demais, especialmente quando perde o contato com o coração. Análises ou raciocínios em excesso desviam a pessoa da verdade, fazendo com que ela se apegue à letra da lei e não a seu espírito. É o que aconteceu aos Fariseus da antigüidade.

A Lei da Relatividade traz clareza à mente, pois adverte as pessoas para que não comparem problemas presentes a problemas antigos. Ela leva a alma a ver os desafios como oportunidades de avanço e aprendizado. Como todos enfrentam Testes de Iniciação e como os testes são únicos para cada um, é óbvio que a jornada da vida não comporta comparações, mas domínio das lições que cada um veio para aprender.

A Lei da Relatividade é considerada como uma das mais avançadas. É pelo controle da mente que se obtém a chave para usá-la. Quando a pessoa aprende a usar a mente para focalizar apenas a situação presente, a alma fica livre para buscar novas e mais elevadas soluções para os problemas.

A chave para a liberdade é aprender a analisar cada momento do tempo, é permanecer ligado ao coração. A lei revela essencialmente que a cada momento da existência a alma se vê diante de escolhas. A meta final é escolher o que favorece o avanço, criando assim uma freqüência interior mais alta.

O fato de não compreender essa lei tem repercussões importantes, pois as escolhas desligadas do coração podem trazer pesados retornos do karma. Mas quem é bom e sente que está em estado de graça pode agir corretamen-

te. Isso vale especialmente para os que memorizaram as leis. Nesse estado de espírito, podem ser comparados aos Fariseus.

Lembrem, Ó Filhos da Terra, que a alma dos Fariseus ainda está presa à roda do renascimento. As escolhas que fizeram não levaram em consideração a importância do contato com o coração. Façam todas as escolhas a partir do centro do coração e a roda do renascimento não mais os acorrentará à Terceira Dimensão. Deixem que a Lei da Relatividade oriente sua compreensão e os liberte para buscarem outras formas de existência.

Venham juntar-se a nós na Quinta Dimensão e em dimensões mais altas. Vamos lhes ensinar as verdades superiores que procuram aprender. Basta terem a certeza de que cada escolha feita está alinhada com a freqüência mais alta, e logo seguirão os passos do alto Iniciado.

Que o Criador de Tudo guarde seus passos. EU SOU El Morya.

Resumo

A Lei da Relatividade diz respeito a como administramos os pensamentos à medida que enfrentamos nossos problemas e os Testes de Iniciação. Podemos reagir a esses testes com autopiedade ou podemos olhar para as oportunidades de aprendizado que trazem.

- Todos nós fazemos Testes de Iniciação para determinar se aprendemos as lições do crescimento espiritual.
- As reações a esses testes podem conter julgamentos, quando nos comparamos aos outros, ou podem ser positivas, quando enfrentamos o problema com mestria.
- A capacidade de reagir positivamente exige que o coração esteja em contato com o espírito das leis e que os testes sejam usados para o avanço na senda espiritual.

Capítulo 18

Lei da Polaridade

Para destruir um padrão indesejável de vibração mental, ponha em operação o Princípio da Polaridade e concentre-se no pólo oposto ao que deseja suprimir. Elimine o indesejável modificando sua polaridade.

Caibalion

A Lei da Polaridade afirma que tudo é dual, que há dois pólos ou opostos em tudo o que existe no plano físico, mental ou espiritual. A polaridade é a diferença em dimensão ou direção, representando os dois extremos de uma coisa. No mundo físico não há verão sem inverno. No mundo mental não há estrutura sem liberdade, e no mundo espiritual não há bom sem mau. Em qualquer caso, os dois pólos têm significado.

A Lei da Polaridade considera objetos ou condições em si mesmos, sem relação com outros objetos ou condições. Assim, o amor não pode ser relacionado ao inverno num continuum porque essas condições estão em planos diferentes, ou se referem a diferentes classes de objetos ou relações.

Quando consideramos condições ou objetos situados no mesmo continuum, percebemos que não há absolutos. Em que momento a água passa de quente a fria, ou em que momento o verão se torna inverno? Os opostos são dois extremos da mesma coisa. A diferença é simplesmente o grau em que percebemos um dos pólos como estando no mesmo continuum.

Se dois pólos são graus da mesma coisa, então temos o poder de ir de um extremo ao outro. Às vezes não gostamos de certas pessoas mas, conhecendo-as melhor, passamos a ter simpatia ou compaixão por elas. Podemos não gostar da disciplina do exercício mas, com o tempo, aprendemos a gostar da sensação de bem-estar que ele nos dá. Ou achamos que jamais passaríamos sem comer uma determinada coisa, mas depois passamos a não gostar dessa mesma coisa. Esses são exemplos de como usamos a Lei da Polaridade em nós mesmos, indo de um extremo a outro. Usar essa lei é parte da disciplina necessária para mudar nossa vida.

O mais fantástico é que podemos influenciar os outros de maneiras positivas. Quando não gostamos de uma pessoa, podemos visualizá-la como uma boa pessoa e envolvê-la em luz violeta. Depois de algum tempo, vamos ver que ela está diferente, e que é até possível gostar dela. Assim, temos o poder de mudar nossos sentimentos e, muitas vezes, os sentimentos e comportamentos dos outros.

El Morya descreve a Lei da Polaridade e a maneira pela qual a Hierarquia Celestial vê o que ela faz pela humanidade.

Saudações, Ó Irmãs e Irmãos das Estrelas. Eu, El Morya, me apresento hoje para transmitir a mensagem sobre a Lei da Polaridade. Transmito estas palavras como Representante do Conselho de Luz de Lyra, e como Embaixador designado pelo Conselho Tribunal do Comando Galáctico. Esses Conselhos pagam tributo à Lei da Polaridade porque é graças à atuação dessa lei que seu trabalho é bem-sucedido.

Segundo a Lei da Polaridade, tudo tem opostos e os opostos são iguais: diferem apenas em grau. O que um considera verdade, para outro é meia verdade. Em tudo existe dualidade, o que inclui a própria natureza do universo.

Se os opostos são realmente a mesma coisa, então é razoável concluir que o amor e o ódio não passam de dois extremos da mesma emoção, situados no mesmo continuum. A diferença entre essas duas reações está no grau em que a emoção é expressa. Assim é também para conceitos como quente e frio, bom e mau. Onde começa o amor e termina o ódio? Onde começa o quente e termina o frio? A resposta não está no ponto da escala, mas no grau da atitude mental e emocional da pessoa num dado momento do tempo.

Para o estudante da senda espiritual, esta lei oferece as chaves para a compreensão da transformação. Como todas as coisas contêm em si o princípio da polaridade, então todas as coisas podem ser modificadas. Para modificar as coisas, basta então dirigir a "carga" de energia ao longo do continuum que fica entre as duas polaridades. É simples assim. O poder da mente, que controla as emoções, é a chave para compreender que TODAS AS COISAS PODEM SER MODIFICADAS. Para isso, o primeiro passo é QUERER MUDAR.

Os seres humanos possuem oito corpos etéricos e um corpo físico. Quatro desses corpos são mais conhecidos e, portanto, mais "usados" do que os outros. São os corpos físico, mental, emocional e espiritual.

No universo, há três planos primários de existência:

1. *O físico, que é o plano da matéria, mais baixo e mais denso.*
2. *O mental, que compreende os corpos mental e emocional; e*
3. *O espiritual, que inclui as essências etérica e espiritual dos planos mais altos.*

O plano físico inclui o corpo físico, o plano mental inclui os corpos mental e emocional, e o plano espiritual inclui os corpos etéricos mais elevados, abrangendo a alma e o Eu Superior. As polaridades existem em cada um desses planos de existência; mas as polaridades inerentes a tudo que reside em cada plano não podem atravessar para outros planos, porque as freqüências vibracionais de cada um desses planos são distintas entre si. Por exemplo: não é possível transformar amor em frio, ou calor em mal. Assim, cada coisa deve ser analisada na própria essência e ser. Cada reação emitida deve então ser analisada na freqüência que contém, e é possível modificar o comportamento levando-o a um nível mais alto ou mais baixo. Existe essa possibilidade porque todas as coisas se situam num continuum.

O poder da Lei da Polaridade vem dessa compreensão, pois esse conhecimento dá à pessoa a base para escolher outras reações. O universo, por intermédio da Lei de Causa e Efeito, devolve todos os comportamentos que uma fonte emite. Quem envia ao universo um comportamento inferior, deve esperar por acontecimentos ou experiências semelhantes.

Saber que todas as reações e emoções residem num continuum ajuda a pessoa a evoluir e a atingir estados mais altos de consciência. Tudo evolui na natureza. Esse é o segredo da vida e o segredo para compreender as leis. Os seres humanos devem continuar a elevar suas vibrações pelo poder dos pensamentos, da mente, das emoções e das ações. Isso é feito por meio da escolha.

A chave para dominar a Lei da Polaridade está na capacidade de permanecer equilibrado, focalizado e desapegado do mundo e das coisas. As reações extremas terão como retribuição emoções e comportamentos também extre-

mos. O equilíbrio é a chave para o sucesso. Nunca esqueçam disso, e essa Lei virá para servi-los e para elevar suas vibrações ao Divino.

Obrigado pela oportunidade que tive de transmitir esta mensagem de poder. Em nome do Conselho de Luz de Lyra e do Conselho Tribunal do Comando Galáctico, eu me despeço, mas por pouco tempo.

Adonai. EU SOU El Morya.

Resumo

A Lei da Polaridade diz que podemos nos modificar e também modificar os outros. Isso é feito de maneira inconsciente, quando aprendemos e experimentamos coisas novas ou as mesmas coisas de novas maneiras. Ou é feito de maneira consciente, quando usamos a lei para provocar mudanças em nós mesmos ou nos outros. Seguem-se alguns pontos básicos dessa lei:

- Há dois pólos, ou opostos, nas coisas ou condições encontradas nos planos físico, mental e espiritual.
- A polaridade é a diferença entre os dois extremos de uma coisa.
- Não há diferença absoluta entre os extremos ou pólos de uma coisa. Há apenas graus de diferença.
- Quando queremos mudar, podemos mudar atitudes ou comportamentos no continuum de extremos.
- Podemos modificar os comportamentos dos outros elevando nossas vibrações.
- A mestria em relação à Lei da Polaridade exige que se aprenda a manter o equilíbrio, o foco e o desapego em relação às distrações do mundo material.

Capítulo 19

Lei do Ritmo

Tudo entra e sai; tudo tem suas marés; todas as coisas sobem e descem; a medida do balanço para a direita é a medida do balanço para a esquerda; o ritmo contrabalança.
Caibalion

As Leis da Vibração e da Polaridade se expandem quando acrescentamos a elas a Lei do Ritmo. Assim como tudo vibra e se move e tem dois pólos ou opostos, tudo também vibra conforme um certo ritmo, ou reage a ele. Esse ritmo estabelece as estações, os ciclos, os estágios de desenvolvimento e os padrões — tudo o que reflete a regularidade do universo de Deus. Aparece também em períodos longos de tempo, como a criação contínua do universo, a ascensão e queda das nações, e o ciclo de nascimento, morte e renascimento.

Os ciclos ou ritmos se aplicam a todas as áreas da vida humana — física, mental e espiritual. Vários ciclos da nossa vida e da natureza ocorrem em múltiplos de sete — sete dias da semana, sete notas da escala, sete raios de influência, etc. Já foi dito que Deus criou os seres humanos com capacidade para viverem vinte periodos e meio de sete anos cada, ou cerca de 144 anos. Não atingimos essa idade por causa da incapacidade de viver dentro das leis da natureza. Mas, atualmente, há muitas pessoas que estão estendendo o período de vida, de 70 para 80, 90 e até mais de cem anos.

Na ordem natural da Lei do Ritmo, experimentamos os ciclos positivos e as emoções positivas de fé, generosidade, bondade, paciência, amor, coragem e dever. Tudo vai bem e nós nos sentimos felizes e confiantes. São períodos em que costumamos dizer que estamos com muita sorte, mas na verdade nós nos sentimos assim porque a vida está em equilíbrio.

Quando entramos no ciclo negativo, os sentimentos e os estados mentais se modificam. Passamos a sentir medo, avareza, inveja ou ódio. A tendência natural é pôr a culpa disso tudo em outras pessoas ou em acontecimentos. Mas podemos superar esses sentimentos, transmutando-os e superando o negativo. Nossa vontade ou estado mental é superior às manifestações dessa lei. O ritmo prossegue, mas o negativo acontece no nível mais baixo, inconsciente. Ele é superado ou transmutado, passando a um nível mais alto, quando queremos permanecer positivos e usamos essa vontade. Assim, nós nos elevamos acima do ritmo natural e não experimentamos o negativo.

Como a Lei do Ritmo é inevitável, a solução é usar o conhecimento para se adaptar. Podemos planejar novos empreendimentos nas épocas em que as coisas tendem para o lado positivo e podemos também permanecer positivos, diminuindo ou eliminando assim os efeitos do negativo.

Para isso, é preciso aprender a dominar as emoções em todos os momentos. Devemos trabalhar para reduzir os episódios de medo, preocupação, egoísmo, avareza, ódio ou outras emoções negativas. Mesmo que tenhamos alguns desses sentimentos, devemos lutar para não expressá-los. Dessa maneira, não estaremos sujeitos a essas emoções quando o pêndulo voltar, pois as emoções negativas que expressamos permanecem conosco e fornecem os pólos para as oscilações do pêndulo. Quando expressamos emoções positivas, o positivo fica conosco e nos ajuda a transmutar as oscilações negativas do pêndulo.

A chave para a mestria em relação a essa lei é o equilíbrio. Nunca permita que suas emoções oscilem demais para a direita ou para a esquerda. Assim, sua vida vai ficar cada vez melhor.

El Morya descreve a Lei do Ritmo da seguinte maneira:

Pela Luz que há em cada pessoa que lê esta mensagem, eu os saúdo do coração de Sananda. Estou aqui, El Morya, para transmitir a mensagem que se segue, sobre a Lei do Ritmo.

O universo se move de maneira cíclica, com energia fluindo numa direção e depois na outra. Esse movimento é definido como ritmo do universo, e esse ritmo é encontrado em todas as coisas. É chamado Lei do Ritmo.

Os princípios subjacentes a essa lei são definidos como movimentos de inspiração e expiração de Deus. A vida se move em ciclos e está constantemente se renovando, primeiro começando de cima, depois começando de baixo, então de dentro e depois de fora. Esses ritmos ligam os dois extremos revelados na Lei da Polaridade. Esse movimento rítmico é o que constitui a batida do coração e o pulso da própria vida.

A Lei do Ritmo afirma basicamente que todas as coisas se movem de maneira cíclica, como o pêndulo que oscila primeiro para a direita e depois para a esquerda. As marés sobem e descem; o Sol nasce e o Sol se põe. Esses ritmos constituem uma ordem de renovação do universo que pode ser ou perturbadora ou agradável, dependendo de como cada um entende esses ritmos.

Assim como o plano físico, os planos mental e espiritual também obedecem a ritmos. Por isso as pessoas passam por mudanças de humor e estados de desequilíbrio mental. Esses períodos são épocas muito difíceis, pois os extremos drenam a pessoa de energia preciosa e diminuem seu domínio sobre os corpos mental e emocional.

Para cada elevação deve haver uma queda. Essa é a Lei do Ritmo. Essa é a única lei que nao dá para aprender a controlar. É só pelo domínio constante sobre os próprios estados mentais e emocionais que se atinge a mestria em relação a essa lei.

Quem gosta da vida e vive cheio de entusiasmo passa também por estados extremos de melancolia, pois o pêndulo oscila da direita para a esquerda com igual intensidade. Quando essa pessoa se cansa dos estados negativos, é sinal de que a alma está aberta para aprender novas maneiras de governar padrões específicos de comportamento. Esse é o início do processo que vai diminuir as depressões extremas que interferem na vida dessa pessoa. Quando começa a dominar esse estado mental, demonstrando que está pronto para aprender maneiras "melhores" de experimentar a vida, o Iniciado é então introduzido à Lei do Ritmo.

A maneira de escapar dos efeitos dessa lei é elevar-se acima dela. Isso significa que a única saída é controlar o corpo mental e o corpo emocional em todos os momentos, governando as mudanças extremas de humor que prejudicam a jornada. Aprendendo a andar pelo centro da estrada, a pessoa nunca fica excitada a ponto de permitir que coisas negativas penetrem em sua consciência.

Os Mestres sabem que tudo é energia e que a todos é dada essa preciosa força vital, que deve ser usada sabiamente na manifestação do plano de Deus na Terra. Como a energia não pode ser criada nem destruída, ela deve ser transmutada. A Lei do Ritmo ensina a transmutar a energia e a administrar os ritmos extremos da vida.

A chave para transmutar os efeitos da Lei do Ritmo é a força de vontade. Usando a vontade para administrar as reações diante dos acontecimentos da vida, a pessoa aprende a se manter emocionalmente distante em todas as experiências. Com força de vontade ela deixa de ficar excitada demais quando as coisas acontecem, o que apenas lhe rouba a energia sob o disfarce do entusiasmo. Com os altos controlados, a oscilação do pêndulo não será mais extrema, gerando acontecimentos polarizados com menos carga negativa, mais fáceis de serem aceitos.

Para conseguir ficar acima da Lei do Ritmo e emocionalmente distante, o Iniciado deve aprender a caminhar sempre pelo centro da estrada. Essa é a estrada que leva à mestria. No passado poucos chegaram a isso e, assim, poucos ascenderam do plano da Terra.

Chegou o momento de muitos fazerem essa jornada e, em seus Corpos de Luz, sentarem à mão direita do Pai/Mãe Criador. Os que dominam a Lei do Ritmo estarão certamente entre os que têm cadeiras reservadas para essa reunião. Essa lei separa os Mestres dos Iniciados, os líderes dos seguidores. É o ponto da virada na direção do Espírito e o primeiro passo para fora do mundo da Terceira Dimensão. Aprendam-na bem, Caros Filhos do Comando, porque compreendê-la garante uma passagem para as estrelas.

Adonai, Ó Irmãs e Irmãos da jornada. No nome e na radiância do Altíssimo, EU SOU El Morya.

Resumo

Há muitos ritmos em nossa vida, dos quais não podemos escapar. Mas podemos superar seus efeitos permanecendo positivos e transmutando os efeitos dos ritmos ou ciclos negativos.

- O universo se move de maneira cíclica, com a energia se movendo numa direção e depois na outra. Esse ritmo é encontrado em todas as coisas e é conhecido como a Lei do Ritmo.
- Sentimos mudanças de humor e desequilíbrio mental quando passamos pelo ciclo ou ritmo negativo.
- É possível superar a Lei dominando os próprios estados mentais e emocionais em todos os momentos.

- Superamos ou transmutamos os ciclos negativos caminhando no centro da estrada e permanecendo calmos e centrados.
- É a força de vontade que nos permite dominar os estados mentais e emocionais e permanecer centrados.

Capítulo 20

Lei dos Sexos

O Sexo está em tudo; tudo tem seus Princípios
Masculinos e Femininos; o Sexo
se manifesta em todos os planos.

Caibalion

É difícil compreender a Lei dos Sexos porque as pessoas em geral presumem que ela se refere às diferenças físicas entre homens e mulheres. As diferenças físicas entre os sexos são apenas uma pequena manifestação da Lei dos Sexos no plano físico ou orgânico. O termo é usado num contexto muito mais amplo, referindo-se à criação ou à produção.

As energias masculinas e femininas estão em todos os planos — físico, mental e espiritual. O Sexo se refere à divisão de trabalho ou esforço necessário a toda criatividade, sendo encontrado na matéria orgânica e inorgânica e nas operações de calor, luz, eletricidade, magnetismo, atração, repulsão, etc. Em cada caso, as energias masculinas e femininas são essenciais — a energia masculina se dirige à energia feminina, iniciando assim o processo criativo. A energia feminina é a que faz o trabalho criativo ativo, e isso vale para todos os planos.

No plano mental, nós somos a Lei dos Sexos manifesta. Embora o corpo e o cérebro masculino e feminino sejam significativamente diferentes, ambos os sexos têm a necessidade e a capacidade de usar as energias masculinas e femininas. Ambas devem estar presentes no processo de criação, e ambos os sexos precisam desenvolver essa capacidade.

As pesquisas atuais sobre o cérebro corroboram as distinções esboçadas acima. O cérebro masculino é mais ativo na metade esquerda, prestando-se mais às funções analíticas que, quando empregadas, culminam na capacidade de iniciar a ação. Por outro lado, o cérebro feminino parece mostrar mais atividade no lado direito, prestando-se mais às funções sintéticas. Homens e mulheres podem realizar os dois conjuntos de funções, mas de maneiras diferentes. Em geral, todos nós temos acesso às energias masculinas e femininas, sendo que parte do desenvolvimento, maturidade e crescimento espiritual é a capacidade de usar os dois conjuntos de energias, com base no que cada situação exige.

Muitas vezes, as energias masculinas não são usadas por causa do medo do sucesso e do fracasso. Outro obstáculo é a ignorância em relação às nossas missões: é preciso conhecê-las para termos a confiança necessária para iniciar a ação.

As energias femininas comumente são consideradas fracas. Embora seja necessário ter sempre pensamentos e ações positivas, que envolvem gentileza, paciência, humildade, autocontrole, graça na maneira de falar, simpatia e sabedoria, essas qualidades não se manifestam de maneiras passivas, pois devemos usá-las para fazer surgir a Quinta Dimensão. São as energias femininas que vão gerar um equilíbrio que nos tornará co-criadores com o Espírito. Num estado de pleno desenvolvimento espiritual, as energias masculinas e femininas são compreendidas e expressas por homens e mulheres. É então que manifestamos a totalidade das experiências humanas e tridimensionais.

A mensagem de El Morya sobre a Lei dos Sexos amplia esse conceito.

Venho mais uma vez para transmitir a mensagem final. Hoje vou falar sobre a Lei dos Sexos. Para isso, vou usar a sabedoria das eras, pois é da compreensão dessa lei que vem a união com o Divino. Estou contente por começar, pois há tanto a dizer. Assim, Eu, El Morya, começo este discurso.

O universo é feito de dois princípios ativos, yin e yang. Alguns os chamam de aspecto positivo e negativo da vida, enquanto outros se referem a eles como polarização das subpartes. Independentemente do termo usado, esses dois princípios são encontrados em cada subpartícula do universo, constituindo o fundamento da própria criação.

A Lei dos Sexos é a expressão de yin e yang, ou feminino e masculino. A lei estabelece que esses dois princípios residem em todas as coisas, e é por intermédio deles que a humanidade é capaz de criar.

A Lei dos Sexos é a força criativa que vai do mundo interior para o exterior. É a força dos Deuses e o poder dos gigantes. Ela cria a vida, mesmo a que nasce no mundo físico e manifesto das "coisas", pois os dois princípios (yin e yang) devem estar presentes para construir e manifestar também a realidade tridimensional.

O lado receptivo da natureza da humanidade é geralmente chamado de lado negativo. É também chamado de feminino ou yin. Essa é a força que cria, movimenta as idéias e tece os fios que transformam a tapeçaria numa obra de arte.

O lado positivo ou diretivo da natureza humana é chamado de masculino ou yang. Essa força, que se dirige à força criativa do princípio feminino, dá origem a idéias e ações. A energia masculina é atraída para o princípio feminino e, quando os dois se unem, formam uma união que garante a realização do processo criativo.

Essas duas forças estão presentes em tudo o que existe: são o grande mistério do universo. A atração natural das energias positivas e negativas está em toda parte, pois há consciência até mesmo no átomo. Lembrem-se que já foi dito que Deus é pensamento. Assim, o chi ou prana que existe em toda parte tem inteligência. Essa inteligência, que tem o poder de criar, é demonstrada na Lei dos Sexos.

É importante compreender essa lei quando se quer avançar, porque a mestria exige que a pessoa comande tudo no mundo físico. Isso significa que todos serão guiados e testados até se tornarem peritos em manifestação e criação.

Das duas, a criação parece ser a mais fácil, mas na realidade não é. Para criar no mundo físico, é preciso equilibrar o yin e o yang interiores num ponto de estabilidade, o que permite receber sonhos e visões e transformá-los em realidade. Quem é capaz de criar e implementar idéias entra no campo do Ser Um. Pouquíssimas almas atingem esse tipo de comando sobre a natureza e sobre si mesmas, o que explica por que tão poucos se tornam Mestres.

Quando o yin e o yang estão perfeitamente equilibrados na alma, a pessoa sabe intuitivamente como agir de maneira apropriada em todas as situações. O equilíbrio interior dos princípios positivos e negativos, ou masculinos e femininos, leva a pessoa a um ponto de androginia, o estado de equilíbrio mental que permite o alinhamento com o Eu Superior.

Os universos foram criados quando o princípio feminino foi libertado, sendo então inflamado e equilibrado pelo princípio masculino. Na Terra, o prin-

cípio feminino tem sido negado há séculos, impedindo que homens e mulheres exerçam seu potencial. Culturas, sociedades, pessoas, sexos e instituições participam na supressão do princípio feminino. Como resultado, a criação tem sido sufocada e a destruição espreita a cada esquina. A agressividade do princípio masculino tirou todas as coisas do equilíbrio, deixando que o mundo vague sem rumo, até que o poder seja restaurado.

Uma Idade de Ouro, a sétima para ser preciso, foi profetizada para o milênio, porque as condições cósmicas amadureceram, permitindo que a energia feminina seja restaurada no planeta. A Era de Aquário promete isso. Filósofos, astrólogos e astrônomos sabem disso há muito tempo, pois foi a caneta do Criador que registrou essa ordem. A Terra vai entrar nessa nova era e o equilíbrio vai surgir, mas antes o equilíbrio deve ser realizado em cada pessoa.

Assim, oferecemos a Lei dos Sexos para sua contemplação. Aprendam essa lei, pois ela é a fonte de todo o seu poder e vai ensiná-los a se tornarem co-criadores com Deus. Aprendam a equilibrar todos os pensamentos, emoções, palavras e ações com os princípios das reações positivas e negativas, pois só então chegarão à auto-realização.

O Eu Superior é andrógino e aguarda sua união com os oito corpos inferiores. Mas essa união só será possível quando os corpos inferiores estiverem equilibrados com as energias yin e yang. O equilíbrio acelera a rotação do elétron ao ponto de quietude necessário para que a fusão ocorra. A ascensão não ocorre até que a união seja perfeita.

Assim, digo a vocês, mantenham a perfeita quietude interior e equilibrem os princípios masculino e feminino na alma. Aprendam a ouvir a orientação da voz interior e saibam que então tudo estará perfeitamente alinhado.

Isso encerra a mensagem sobre a Lei dos Sexos, e conclui as doze mensagens. Em nome dos altos Conselhos de Luz que sancionam estas palavras, eu os deixo com este volume de informações para que reflitam sobre elas.

Leiam cada mensagem com a energia masculina no primeiro plano da mente e dirijam todos os impulsos iniciais à natureza feminina intuitiva. Então, ponham em ação o significado dessas mensagens por meio do processo criativo da energia feminina. Ao aplicar estas leis, disciplinem a mente, o coração e o corpo emocional para que sigam a orientação do Eu Superior. Vivendo segundo as leis, sua alma vai alçar vôo, pois a Luz que ela traz vai realmente libertá-los.

Nos meses e anos que virão, continuarei sendo seu humilde servo. Se precisarem de ajuda para compreender ou aplicar o espírito dessas leis, é só me chamar. Eu não vou lhes faltar e estou aguardando para servi-los em sua busca pela mestria.

Lembrem-se que os Domínios Evoluídos não podem interferir ou atropelar o livre-arbítrio da humanidade, que é a dádiva que lhes foi concedida por Deus. Se baterem na porta do Divino e pedirem nossa ajuda, vamos guiá-los e apoiá-los em sua jornada. O reino angélico virá também, pois essa é sua responsabilidade e seu dever para com Deus. Essa é a verdade.

Finalmente, lembrem-se que a Ordem de Melchizedek, à qual pertenço, é sua força nos anos que virão. Nós ajudamos a todos que buscam sinceramente a Luz e que desejam continuar a jornada para dimensões mais altas do tempo/espaço estando ainda encarnados no plano físico. Pedi e vos será dada nossa ajuda, sabendo que estão protegidos pela Luz do Mais Radiante.

Encerro agora esta transmissão com amor e respeito por todos os que lêem estas palavras com o coração. Levem seu intento para as dimensões mais altas e juntem-se a seus irmãos e irmãs mais velhos, que esperam para recebê-los nas câmaras do Altíssimo.

Bom dia na Luz do Mais Radiante. EU SOU El Morya.

Resumo

A Lei dos Sexos trata das duas atividades necessárias para criar e produzir — o yin e o yang. Essas funções são complementares e estão em todos os planos — físico, mental e espiritual.

- As energias masculinas e femininas devem ser desenvolvidas em homens e mulheres para serem usadas em situações apropriadas.
- As energias masculinas e femininas são o fundamento da criação em todas as partes do universo.
- A criação exige o equilíbrio de yin e yang, ou a capacidade de sonhar sonhos e torná-los realidade.
- Quando equilibramos nossas energias masculinas e femininas, passamos a um estado de androginia que nos alinha com o Eu Superior.
- A Sétima Idade de Ouro será o momento da restauração da energia feminina no planeta.
- Quando conseguimos equilibrar com mestria os pensamentos, emoções, palavras e ações, nós unimos o Eu Superior aos oito corpos inferiores. Isso é necessário para que a ascensão ocorra.

Uma pessoa alegre é cheia de energia e se sente transbordante porque faz passar uma corrente de energia de freqüência mais alta por seu organismo.

Gary Zukav

Ilustração de Jacquelyne A. Lotz

Capítulo 21

Introdução à Transformação Pessoal

Sou Uma Coisa Só com a Chama Violeta.
Saint-Germain

A transformação está mudando nossos pensamentos, crenças e comportamentos. A transformação, como o aprendizado, resulta em consciência e comportamentos modificados. Exige que enfrentemos os desejos e o conhecimento mais profundo, que tenhamos a informação e a coragem necessárias para determinar seu significado em nossa vida, que façamos o que for preciso para abrir espaço para novos níveis de consciência e compreensão.

O processo de transformação culmina em autodomínio, ou automestria. A automestria é atingida à medida que nos reunimos ao Eu Superior e à Força de Deus. A fusão do eu físico com o Eu Superior é parte do processo de ser finalmente um com a Luz e a Força de Deus.

Já foi dito que a transformação envolve três estágios de mestria e desenvolvimento. Ela começa quando o eu se abre a novas idéias, novas consciências e novas informações. A informação nos dá imagens e possibilidades que podemos testar e determinar se servem para nós e em que grau. Essa fase da transformação é uma exploração, uma busca do desconhecido e uma ampliação de nossas crenças. As seções anteriores deste livro forneceram exemplos de informações que oferecem novas possibilidades. Não podemos testar essas informações da maneira comum, mas devemos examiná-las no coração e na mente para determinar seu significado em nossa vida.

A segunda fase da transformação ocorre quando começamos a integrar a informação em nossa vida, determinando como as idéias e filosofias serão postas em prática e como chegaremos à nossa própria mestria espiritual. Essa é a fase em que nos tornamos seres de Luz e nos reunimos ao Eu Superior. Essa fase exige meditação, anulação de antigas crenças, capacidade de perdoar e aceitar transgressões ou injustiças do passado e do presente, capacidade de ter amor por nós mesmos e pelos outros. Há muitas coisas que podemos fazer para acelerar esse processo, que geralmente termina quando começamos a receber mensagens telepáticas.

A última fase da transformação compreende a mobilização do autodomínio ou automestria. Nessa fase, nossa missão na Terra é realizada de maneira poderosa porque estamos finalmente alinhados com o Eu Superior e com a Força de Deus, uma vida pentadimensional num mundo tridimensional. O ego não é mais o mestre de nossa vida e estamos nos preparando para a ascensão. A ascensão, ou conquista de novos níveis de serviço e aprendizado, nos liberta da necessidade de reencarnar para aprender as lições necessárias à automestria.

Uma das principais lições que aprendemos quando atingimos a automestria é a lição da disciplina, ou capacidade de controlar os níveis físico, emocional e intelectual de maneira a conseguir ver as experiências tridimensionais de maneira mais positiva e em níveis mais elevados. Parte do aprendizado é compreender que a experiência na Terra é uma ilusão, que enxergaremos de maneira diferente à medida que nos transformarmos em Mestres Espirituais. É comum enfatizar a disciplina necessária e esquecer da alegria e da exaltação que fazem parte do processo. Mas experimentamos paz, alegria e abundância quando somos capazes de nos reunir com o Criador e passar pelos estágios da transformação.

É importante lembrar que nesse processo nunca estamos sozinhos. Nossos guias, anjos, os Mestres Ascensionados e muitas outras fontes de força e desenvolvimento estão à nossa disposição. A seção que se segue esboça algumas idéias e ações que podemos pôr em prática para acelerar nosso progresso na jornada para a mestria espiritual.

Capítulo 22

As Subleis do Universo

O Conhecimento do homem é como as águas, que às vezes vêm de cima e às vezes brotam do chão; um é informado pela Luz da natureza, o outro inspirado pela Divina revelação.

Francis Bacon
(Saint-Germain)

As Leis Universais descrevem os princípios fundamentais que governam o funcionamento da Terra e dos Mundos Celestiais. As Leis nos dizem que, graças ao uso da mente, os seres humanos são co-criadores com Deus, que energia, vibração, Luz e movimento formam o universo, que padrões de correspondência ou consistência são parte do mundo físico e espiritual, e que tudo o que fazemos tem uma conseqüência ou efeito. Esses princípios nos ajudam a compreender como e por que as coisas acontecem.

Há também características ou traços humanos relacionados com as Leis Universais. São chamados de subleis, ou a maneira de pormos em prática as Leis Universais em nossa vida. Uma sublei não é apenas uma coisa boa para se fazer. Ela tem um propósito espiritual — trazer o Céu à Terra. Seguindo os propósitos das subleis, participamos da co-criação do mundo perfeito que o Eu Superior divisou para nós.

É possível concordar com o propósito das subleis e desejar viver de acordo com elas, e mesmo assim descobrir que questões não resolvidas de vidas passadas ou limitações do atual desenvolvimento espiritual impedem a compreensão desse propósito ou benefício. Por isso, é essencial aprender a superar as barreiras que nos impedem de usar de maneira eficaz as subleis, o que se consegue por meio de processos de pensamento e por meio de palavras que reflitam de maneira positiva os nossos pensamentos. São afirmações que levam nosso comportamento e nossa vida ao alinhamento com o intento Divino.

As subleis que se seguem descrevem virtudes que nos ajudam a crescer espiritualmente e favorecem uma existência superior na Terra. Cada sublei é descrita em termos de seu alinhamento com o Eu Superior e depois examinada da perspectiva da influência do ego sobre ela. Finalmente, há sugestões que nos ajudarão a alinhar nosso poder com o Eu Superior, favorecendo assim a mestria em nossa vida.

SUBLEIS DO UNIVERSO E OS COMPORTAMENTOS E ATITUDES QUE AS FAVORECEM OU DESFAVORECEM

Subleis Governadas pelo Eu Superior	Atitudes e Comportamentos Governados pelo Ego	Técnicas de Alinhamento com o Eu Superior
ASPIRAÇÃO A UM POTENCIAL MAIS ALTO **Definição:** Força superior que instila dentro de nós o forte desejo de conquistar coisas grandes. **Propósito:** A ambição da alma — de evoluir e voltar à Fonte.	**Comportamentos** Sabotar as próprias realizações. Não ter abertura. Não conseguir cumprir promessas. Não ter interesse na vida. Criticar os outros. **Atitudes** Incapacidade de estabelecer metas e objetivos. Medo do sucesso e do fracasso. Medo de riscos. **Sentimentos de:** Vaidade Pouca energia Impotência Desespero Morte Cautela excessiva	Confie no processo e na Ordem Divina do universo. Assuma compromissos e cumpra-os. Siga as inspirações. Alinhe-se com o Eu Superior. Nunca fique perto de pessoas negativas por mais de cinco minutos. Arrisque. **Anotação:** Deus está nos detalhes. **Afirmações** *Estou melhorando a cada dia.* *A Luz dentro de mim está se expandindo e operando milagres em minha vida.*

Subleis Governadas pelo Eu Superior	Atitudes e Comportamentos Governados pelo Ego	Técnicas de Alinhamento com o Eu Superior
CARIDADE **Definição:** Filantropia ou boa vontade em relação à humanidade. Julgamentos brandos. **Propósito:** Amor pela humanidade demonstrado no ato de dar sem esperar retorno.	**Comportamentos** Desgosto geral pela humanidade. Falta de confiança. **Atitudes** Acreditar que você está sendo usado ou que tem menos poder que o outro. Consciência de pobreza e crença na insuficiência da abundância. **Sentimentos de:** Algo faltando Insegurança Futilidade Malevolência Inutilidade Ganância	Dê sem esperar retorno. Dê livremente, acreditando na lei do retorno décuplo. Sinta a alegria de receber um presente dado de coração. Veja uma parte de si mesmo em todas as pessoas que observa. Acredite que os outros o ajudarão. **Afirmações** *Há bastante para todos.* *A maior força da humanidade está em sua diversidade.* *Todos são filhos do mesmo Deus.*

Subleis Governadas pelo Eu Superior	Atitudes e Comportamentos Governados pelo Ego	Técnicas de Alinhamento com o Eu Superior
COMPAIXÃO **Definição**: Simpatia pela tristeza alheia, geralmente através do amor incondicional. **Propósito**: A qualidade que ensina que há perfeição em todas as coisas e que devemos ter simpatia pelos outros, mesmo que não vejam as coisas como nós. A compaixão substitui o julgamento.	**Comportamentos** Comportamento cruel em relação a pessoas e animais. Perseguir os outros. Tiranizar os outros. Julgar os outros. Impor injustiças ou injúrias aos outros como punição. **Atitudes** Necessidade de se sentir superior. **Sentimentos de:** Estar só Ódio Severidade Raiva Impossibilidade de perdoar Vingança Desapontamento Falta de envolvimento Apatia	Fique em silêncio e "morda a língua" antes de dizer alguma coisa cruel. Ouça os outros e compreenda seu ponto de vista. Pare de julgar a si mesmo e aos outros. Pratique bons pensamentos. Pratique atos de gentileza. Afaste-se dos outros e observe-os com carinho. Demonstre ternura, objetividade e empatia em relação aos outros sem sufocá-los. **Afirmações** *Eu não julgo mais os outros nem a mim mesmo.* *Eu aceito os outros e a mim mesmo incondicionalmente.*

Subleis Governadas pelo Eu Superior	Atitudes e Comportamentos Governados pelo Ego	Técnicas de Alinhamento com o Eu Superior
CORAGEM **Definição**: Firmeza de atitude e ação diante da contrariedade. **Propósito**: Atributo que nos ajuda a contribuir para a realização de coisas grandes, seja qual for o tamanho dessa contribuição.	**Comportamentos** Sensação de desequilíbrio e falta de capacidade para defender a própria verdade. Permitir que os outros tomem seu poder. Permitir que os outros o intimidem. **Atitudes** Sentir que deve se conformar com as pressões. Medo do fracasso. Medo da confrontação. **Sentimentos de:** Covardia Timidez Fraqueza Pusilanimidade Ambivalência	Permaneça calmo e centrado em meio ao caos e à oposição, permitindo que o Eu Superior o conduza. Nunca combata uma emoção com outra. Atenha-se aos fatos e dados. Analise casos piores, trace um plano e siga-o. Aja! Respeite o ritmo e a seqüência dos acontecimentos críticos. **Afirmações** *Eu sei que estou realizando meu Plano Divino.* *Minha orientação interior é clara, e agora tenho coragem de segui-la.* *Eu agora tenho confiança para afirmar minha verdade.*

Subleis Governadas pelo Eu Superior	Atitudes e Comportamentos Governados pelo Ego	Técnicas de Alinhamento com o Eu Superior
DEDICAÇÃO **Definição**: Devoção ou engajamento a uma causa, pessoa ou missão. **Propósito**: Um ato de engajamento, baseado em amor e desejo de servir à humanidade. É uma ação que separa os Mestres dos Iniciados.	**Comportamentos** Desprezo. Sensação de impotência ou desespero. Incapacidade ou falta de vontade de estabelecer metas e objetivos. Falta de capacidade de permanecer focalizado ou engajado. Sentimento de que se está separado de Deus. Ouvir os outros antes de ouvir a orientação interior. Apatia em relação ao auto-aperfeiçoamento. **Atitudes** Falta de disciplina. Falta de vontade ou de engajamento. **Sentimentos de:** Indiferença Alienação Desprezo Passividade Desorganização	Tenha coragem de agir no nível da Luz, que compreende que temos um propósito superior na vida. Peça diariamente que a Luz penetre em sua essência e lhe dê a energia e a força necessárias para seguir seu plano de vida. Estabeleça metas e objetivos e trace um plano para alcançá-los. Aprenda a confiar em sua orientação interior e segui-la. **Afirmações** *Estou realizando minha missão na Terra.* *Tenho agora o emprego perfeito para mim.* *Compreendo meu propósito superior e cumpro alegremente as tarefas para realizá-lo.*

Subleis Governadas pelo Eu Superior	Atitudes e Comportamentos Governados pelo Ego	Técnicas de Alinhamento com o Eu Superior
FÉ **Definição**: Confiança e convicção numa crença da qual não há provas. **Propósito**: Confiança nas Leis Universais e na harmonia divina do universo.	**Comportamentos** Necessidade de controlar. Necessidade de confirmação material. **Atitudes** Acreditar que o ego está no comando e não o Espírito. Medo e desprezo pelo que recebe. Crença na própria falta de valor. **Sentimentos de:** Ceticismo Dúvida Negação Desconfiança Suspeita Rejeição Medo	Ancore a Luz dentro de si mesmo na vida cotidiana. Reconheça que há um propósito em todas as coisas. **Afirmações** *Que a vontade de Deus se realize por meu intermédio.* *Confio em Deus para me mostrar o caminho.*

Subleis Governadas pelo Eu Superior	Atitudes e Comportamentos Governados pelo Ego	Técnicas de Alinhamento com o Eu Superior
GENEROSIDADE **Definição:** Um ato de gentileza despojado ou uma dádiva concedida a outra pessoa. **Propósito:** Um ato que nos concede liberdade e nos liberta para evoluir.	Comportamento Falta de amor por si mesmo que o impede de dar livremente aos outros ou a si mesmo. Supercompensação: dar ao outros com generosidade excessiva e não dar o suficiente a si mesmo. Atitudes Acreditar que você está separado da Fonte. Acreditar que talvez não tenha o suficiente. **Sentimentos de:** Egoísmo Cobiça Mesquinharia Miséria Baixeza Insegurança	Siga a Regra de Ouro: "Faça aos outros o que quer que façam a você." Dê presentes a si mesmo e tenha prazer em recebê-los. Afirmações *Eu sou um Ser radiante, e eu me amo inteiro.* *Há abundância para todos, e eu estou pronto para receber a minha parte.*

Subleis Governadas pelo Eu Superior	Atitudes e Comportamentos Governados pelo Ego	Técnicas de Alinhamento com o Eu Superior
PERDÃO **Definição**: Renunciar a julgamentos, ressentimentos ou queixas contra os outros. Um ato abundante. **Propósito**: Amor incondicional que absolve do karma negativo e libera os outros e a nós mesmos.	**Comportamentos** Alimentar queixas ou raiva em relação aos outros. Incapacidade de perdoar a si mesmo. Culpar os outros e guardar ressentimentos. **Atitudes** Acreditar que o perdão faz perder o controle sobre os outros. Desejo de desacreditar, censurar, acusar ou culpar os outros. Acreditar que perdoar é admitir um erro. **Sentimentos de:** Medo Raiva Ressentimento	Respire profundamente, relaxe e deixe o sentimento ir embora. Permita que a energia da Força Divina flua através de você. Pratique o amor incondicional. Não tome pessoalmente as palavras e ações dos outros. Permaneça calmo e equilibrado em todos os momentos. **Afirmações** *Eu me perdôo por ________.* *Eu perdôo _______ por ________.* *Eu renuncio a todas as crenças negativas e limitadoras.*

Subleis Governadas pelo Eu Superior	Atitudes e Comportamentos Governados pelo Ego	Técnicas de Alinhamento com o Eu Superior
GRAÇA **Definição:** Ajuda Divina não merecida, concedida para a santificação da humanidade. **Propósito:** A qualidade que flui através de uma pessoa, passando uma sensação de beleza, equilíbrio, harmonia e encanto de movimento e forma.	**Comportamentos** Expressão de rigidez. Inação ou preguiça. Insensibilidade em relação aos outros. Desprezo por detalhes, pela excelência e pelas habilidades necessárias para o aperfeiçoamento dessas áreas. Incapacidade de diferenciar os próprios problemas dos problemas dos outros. **Atitudes** Crença na importância pessoal ou preocupação consigo mesmo. **Sentimentos de:** Falta de jeito Vulgaridade Rudeza Descuido Negligência Estresse Indiferença	Monitore suas crenças e seu diálogo interior e equilibre os pensamentos discordantes. Pratique o equilíbrio e a harmonia. Aprenda a respirar profundamente e a se acalmar. Identifique a fraqueza em suas áreas de atuação e lute para melhorar. Peça que as essências dos Mestres Ascensionados e toda sua graça e beleza se fundam com a sua consciência. **Afirmações** *EU SOU.* *Eu sou a Luz do mundo.* *Meu discernimento melhora a cada dia.* *Eu realizo todo o meu trabalho com precisão, perfeição e facilidade.*

Subleis Governadas pelo Eu Superior	Atitudes e Comportamentos Governados pelo Ego	Técnicas de Alinhamento com o Eu Superior
HONESTIDADE **Definição:** Honra e integridade de caráter e ação. Verdade na ação. **Propósito:** Estado mental que modifica nosso destino eliminando o karma negativo e substituindo-o por karma positivo.	**Comportamento** Necessidade de enganar os outros. Viver sob falsas aparências. Dedicar-se ao logro. Roubar ou tapear os outros. **Atitudes** Baixar os próprios padrões para se acomodar às pressões. Sentir que precisa se proteger para conseguir o que quer ou para não ser magoado. Incerteza em relação aos fatos. Falta de respeito pela capacidade alheia de lidar com a verdade. **Sentimentos de:** Inadequação Privação Pânico Malícia Inconfiabilidade Falta de respeito por si mesmo	Monitore constantemente seus pensamentos e ações. Ouça sua consciência. Identifique-se com modelos de integridade e honestidade. Seja puro de coração. Não ceda à tentação nem aumente o karma negativo por más ações. **Afirmações** *Eu sou uma pessoa íntegra e confiável.* *Valorizo a eqüidade e a justiça e luto para viver segundo esses princípios.* *Eu agora vivo a vida aplicando as Leis Universais em Divina harmonia.*

Subleis Governadas pelo Eu Superior	Atitudes e Comportamentos Governados pelo Ego	Técnicas de Alinhamento com o Eu Superior
ESPERANÇA **Definição:** Confiança infindável na realização de uma expectativa. **Propósito:** Confiança na capacidade de evoluir da alma.	Comportamentos Baixas expectativas. Não sonhar com uma vida melhor. Incapacidade de ver um futuro melhor. Atitudes Acreditar que está abandonado. **Sentimentos de:** Falta de coragem Desapontamento Desespero Pessimismo Medo Rejeição Preocupação Passividade	Confie em sua orientação interior. Agarre-se a seus sonhos. Acredite na Unidade, no Ser Um, não na separação. Saiba que a vida não é estática, mas um processo. Afaste-se um pouco e olhe o quadro inteiro. Acredite que de cada situação negativa vem uma positiva. Afirmações *O amor divino flui por meu intermédio e vai me guiar na senda perfeita.* *A Luz dentro da minha alma realiza milagres em minha vida.* *Minha vida é perfeita e está em divina harmonia.*

Subleis Governadas pelo Eu Superior	Atitudes e Comportamentos Governados pelo Ego	Técnicas de Alinhamento com o Eu Superior
ALEGRIA **Definição**: Expressão de deleite, de sentimentos felizes. **Propósito**: Estado mental que nos ajuda a ver a perfeição e a beleza do plano de Deus a cada momento.	**Comportamentos** Criar dificuldades, miséria e dores de cabeça. Diminuir a felicidade e o prazer dos outros. **Atitudes** Preocupar-se porque a vida não é perfeita. Acreditar que os tempos difíceis são necessários e que precisamos ser punidos. Acreditar que a vida é séria. **Sentimentos de:** Melancolia Desespero Infelicidade Infortúnio Mágoa Inadequação	Lembrar que tudo acontece por alguma razão e aceitar todos os desafios como oportunidades para crescer. Meditar sobre lições que precisam ser aprendidas. Procurar força e orientação para ficar em contato com a felicidade interior. Abandonar todos os medos e preocupações e pedir que Deus cuide dos problemas que parecem insuperáveis. **Afirmações** *Eu me entrego ao Eu Superior.* *Mostre-me o caminho para a felicidade e alegria.* *Vejo agora a perfeição em todas as coisas.* *Aceito a felicidade e o prazer no mundo à minha volta.*

Subleis Governadas pelo Eu Superior	Atitudes e Comportamentos Governados pelo Ego	Técnicas de Alinhamento com o Eu Superior
GENTILEZA **Definição**: Estado ou hábito de tratar os outros gentilmente e com respeito. **Propósito**: Atributo que nos leva a reconhecer a Unidade e ter empatia em relação aos outros.	Comportamentos Agir com frieza Comportamento indiferente. Desprezo ou até malevolência em relação aos outros. Falta de generosidade. Falta de reação ou de reconhecimento. Atitudes Desejo incontrolado de dominar por reconhecimento pessoal. Preocupação com *status*. **Sentimentos de:** Superioridade Amargura Implacabilidade Dureza Crueldade Avareza Indiferença	Diga "obrigado". Mostre simpatia e compaixão pelos outros. Demonstre afeição por seus amigos e família. Permaneça calmo e centrado. Reconheça o bem nos outros. Recompense os outros, especialmente quando eles não esperam por isso. Elogie os que estão à sua volta. Afirmações *Eu faço coisas pelos outros, e isso me dá prazer.* *Gosto de fazer os outros felizes.* *Quando ajudo os outros, ajudo a mim mesmo.*

Subleis Governadas pelo Eu Superior	Atitudes e Comportamentos Governados pelo Ego	Técnicas de Alinhamento com o Eu Superior
LIDERANÇA **Definição:** Posição em que alguém guia ou dirige. **Propósito:** Qualidade divinamente inspirada que infunde energia nos que apóiam sua visão. Coletivamente, a boa liderança facilita a realização do plano de Deus na Terra.	**Comportamento** Covardia ou servilismo. Agir como um ditador ou com prepotência. Incapacidade de delegar responsabilidades. Incapacidade de concluir tarefas. Indecisão e falta de um plano definido. Falta de engajamento. Falta de autoconfiança. **Atitudes** Esquecer a quem você está ligado. Medo da desaprovação. Medo do fracasso. **Sentimentos de:** Falta de valor Procrastinação Incompetência	Siga suas convicções interiores e articule-as claramente para os outros. Tenha coragem de falar a verdade. Cumpra todas as tarefas na busca pela excelência. Guie os outros com amor. Permaneça positivo. Visualize a si mesmo e sua equipe concluindo com sucesso um projeto. Elogie os outros. Reconheça a própria força e os próprios talentos e sinta-se bem em relação a eles. **Afirmações** *Trabalho bem com os outros.* *Estou realizando o plano de Deus na Terra.* *Cada dia é mais gratificante do que o que passou.* *Eu sou co-criador com os outros, agindo em harmonia divina.*

Subleis Governadas pelo Eu Superior	Atitudes e Comportamentos Governados pelo Ego	Técnicas de Alinhamento com o Eu Superior
NÃO-INTERFERÊNCIA **Definição**: Estado ou fato de não intervir na vida de outra pessoa, julgando e interferindo em suas ações ou decisões. **Propósito**: Essa qualidade permite que todos cresçam no próprio ritmo e elimina karma negativo indesejável que pode impedir o progresso.	**Comportamentos** Conflito com outra pessoa. Intromissão forçada nos assuntos dos outros. Mostrar pouco respeito pelas pessoas e pelas decisões que tomam. Invejar os outros ou suas posses Espionar os negócios alheios. **Atitudes** Necessidade irracional de se sentir necessário e apreciado. Necessidade de controlar os outros. **Sentimentos de:** Inveja Vaidade Vontade forte Autoprobidade Infalibilidade	Permita que os outros façam escolhas e vivam conforme suas decisões. Aja menos com a cabeça e mais com o coração. Valorize as pessoas e os relacionamentos em vez de querer "ganhar". Peça que lhe seja mostrada a maneira de parar de interferir na vida dos outros. Peça que os anjos o ajudem a ver o contexto mais amplo. Refreie a ação e dê apoio por meio da prece. **Afirmações** *Honro minha própria jornada e respeito a dos outros.* *Honro a todos por suas escolhas e pelas decisões que tomam.*

Subleis Governadas pelo Eu Superior	Atitudes e Comportamentos Governados pelo Ego	Técnicas de Alinhamento com o Eu Superior
PACIÊNCIA **Definição**: Indulgência, imperturbabilidade diante de provações ou demoras. Ter capacidade de suportar calmamente, sem queixas, o infortúnio ou a inação. **Propósito**: Qualidade que mantém o equilíbrio entre as energias interiores masculina e feminina. Compostura necessária à ascensão.	**Comportamentos** Natureza inquieta. Incapacidade de controlar as emoções — excitabilidade. Falta de vontade e controle do intelecto, necessário para manter a calma. **Atitudes** Sensação de insegurança diante da capacidade de outra pessoa. Desânimo em relação à vida e aos outros. **Sentimentos de:** Raiva Desânimo Paixão Superexcitação Falta de foco	Mantenha a compostura em qualquer situação. Respire profundamente e ritmicamente. Nunca reaja antes de ter todos os fatos e dados. Lembre-se que vivemos na ilusão e que todos os acontecimentos da vida são meros testes para a mestria. **Afirmações** *Sinto desapego em relação a tudo.* *Nada tem sentido. Estou sempre calmo e centrado.* *Realizo meu trabalho sem esforço nem estresse.* *Vejo a perfeição em todas as coisas.*

Subleis Governadas pelo Eu Superior	Atitudes e Comportamentos Governados pelo Ego	Técnicas de Alinhamento com o Eu Superior
RECONHECIMENTO **Definição:** Aprovar, reconhecer, elogiar ou glorificar. **Propósito:** Expressão de aprovação que nos permite ver a beleza nos outros.	Comportamentos Criticar os outros. Caluniar. Diminuir o trabalho e as conquistas dos outros. Atitudes Desconsiderar os outros. Sentir que está se diminuindo ao elogiar outra pessoa. Não reconhecer os esforços dos outros. **Sentimentos de:** Indiferença Rejeição Separação Sarcasmo Condenação Sátira Desaprovação Ódio Inveja Ciúme	Veja beleza nos outros. Entre em contato com a energia da Deusa interior e dê poder aos outros fazendo com que se sintam bem. Peça capacidade para perceber quem precisa de elogios. Lembre-se de sua intenção de ficar ligado ao Eu Superior. Aproveite o prazer de fazer os outros felizes. Afirmações *O mundo e as pessoas são bonitos.* *Abandono agora todos os julgamentos negativos.* *Eu me liberto para evoluir.* *Abandono toda a autocrítica negativa.* *Eu me amo pelo que eu sou.*

Subleis Governadas pelo Eu Superior	Atitudes e Comportamentos Governados pelo Ego	Técnicas de Alinhamento com o Eu Superior
RESPONSABILIDADE **Definição**: Ato de ser confiável por ter a capacidade de distinguir o certo do errado e de agir com convicção em conformidade com isso. **Propósito**: Atributo que favorece o desenvolvimento de critérios que permitem seguir o Caminho Óctuplo de Buda: Visão Correta Pensamento Correto Discurso Correto Ação Correta Vida Correta Empenho Correto Disposição Correta Concentração Correta	**Comportamento** Falta de engajamento. Hipocrisia — dizer uma coisa e fazer outra. **Atitudes** Sensação de estar assoberbado e de que suas tarefas são demais para você. Sensação de desequilíbrio entre as energias interiores masculinas e femininas. Acreditar que você não conta. **Sentimentos de:** Preguiça Negatividade Desesperança Indiferença Irresponsabilidade Inconfiabilidade Impotência	Lembre-se que você escolhe a própria trilha. Lembre-se dos compromissos e contratos que "assinou" antes de encarnar. Divida seus deveres em tarefas que tenham começo, meio e fim. Atenha-se à sua fé. Discipline-se. Trabalhe para atingir a clareza mental e emocional. Cerque-se de pessoas responsáveis. **Afirmação** *Realizo todas as minhas tarefas com facilidade e sem esforço.*

Subleis Governadas pelo Eu Superior	Atitudes e Comportamentos Governados pelo Ego	Técnicas de Alinhamento com o Eu Superior
AMOR POR SI MESMO **Definição**: Valorizar, honrar e respeitar o próprio ser (corpo, mente e Espírito) com total consciência do próprio valor. **Propósito**: Estado de ser que nos ensina a amar incondicionalmente os outros e a nos aceitar, com as imperfeições do momento.	**Comportamentos** Entregar-se a afirmações de autocondenação. Preparar-se para o fracasso. **Atitudes** Expressar sentimentos de autodepreciação. Expressar sentimentos de insatisfação, amargura ou repulsa. **Sentimentos de:** Ódio por si mesmo Auto-repugnância Autodesprezo Aversão	Permita-se ser gentil. "Respire Rosa" e deixe que a cor modifique seus sentimentos. Seja caridoso. Sorria! Permita-se sentir todas as suas emoções e deixe que os pensamentos negativos passem através de você. **Afirmações** *Amo tudo em mim — meu corpo, minha mente e minhas emoções.* *Sou um Ser radiante de Luz e amor.* *Sou perfeito e aceito a totalidade de meu Ser.*

Subleis Governadas pelo Eu Superior	Atitudes e Comportamentos Governados pelo Ego	Técnicas de Alinhamento com o Eu Superior
GRATIDÃO **Definição:** Ato de expressar gratidão por um benefício recebido. **Propósito:** Ato de gentileza que liberta o coração para focalizar a qualidade do momento.	Comportamentos Não reconhecer as próprias necessidades. Desconsiderar a gentileza dos outros. Ignorar as dádivas dos outros. Atitudes Sentir que você está bloqueado em relação ao Espírito. Percepção de escassez. Estado de consciência em que você impõe expectativas aos outros. **Sentimentos de:** Inconfiabilidade Descuido Insensibilidade Negligência Instabilidade Descontentamento Atitude crítica Arrogância	Adquira o hábito de agradecer a Deus todos os dias pelo que recebe. Peça sabedoria para reconhecer as bênçãos que recebe. Faça uma lista de todas as suas bênçãos. Diga "obrigado" aos obstáculos e desafios pelas lições que trazem. Afirmações *O universo é bom para mim e eu sou grato.* *Agradeço a Deus por me mostrar o caminho.* *Agradeço a Deus por minhas lições, pois elas me tornam uma pessoa melhor.*

Subleis Governadas pelo Eu Superior	Atitudes e Comportamentos Governados pelo Ego	Técnicas de Alinhamento com o Eu Superior
AMOR INCONDICIONAL **Definição**: Aceitação absoluta do outro sem qualquer sinal de julgamento. **Propósito**: Expressão de Deus por meio da alma que nos concede liberdade na Luz.	**Comportamento** Criticar e julgar os outros para parecer melhor. Autocrítica excessiva. **Atitudes** Ter sentimentos ou vibrações que não são calmos, cheios de paz e amor. Falta de capacidade de perdoar ou de se sacrificar. **Sentimentos de:** Medo Raiva Hostilidade Baixa auto-estima Preguiça	Entre em contato com sua criança interior para descobrir onde ela está ferida. Evoque as experiências, abençoe-as e perdoe os outros e a si mesmo. Observe os outros de um ponto de vista distanciado. Visualize a Luz interior permeando cada célula de seu corpo. Medite todos os dias para aquietar a mente. Veja Deus em todas as coisas. Saiba que você é um ponto de Luz e que Deus está dentro de você. **Afirmações** *Eu adoro dar e receber.* *Agradeço a Deus por tudo o que sou.* *A vida é bela e eu vejo perfeição em todas as coisas.*

Resumo

A capacidade de viver em harmonia com as subleis do universo é um dos principais objetivos das nossas muitas encarnações na Terra. Quando vivemos de acordo com os valores e propósitos delineados por essas subleis, mostramos que optamos por viver de acordo com o nosso Criador. Não só somos criados à imagem do nosso Criador, mas também estamos nos esforçando no sentido de entrar em acordo com o mundo e com os caminhos da vida que o Criador providenciou para nós.

É fácil falar sobre as subleis ou características da nossa vida. Difícil é vivê-las de modo consistente, demonstrando ter pensamentos, palavras e ações positivos. As subleis apresentadas neste capítulo servem de índice para nos ajudar a viver melhor. Para usar esta lista de subleis é preciso concluir as etapas seguintes:

- Ler cuidadosamente a definição e o objetivo de cada uma das subleis e fazer uma lista das que parecem menos obedecidas por nós.
- Estudar os modos pelos quais podemos entender o objetivo dessas subleis, alinhando-nos com elas e com o nosso Eu Superior.
- Estudar como o nosso acesso às subleis é bloqueado pela vontade do ego.
- Desenvolver um plano para praticar pensamentos corretos, demonstrando o efeito dos pensamentos no nosso comportamento e afirmando a nossa intenção de ter pensamentos corretos todos os dias.

Muitos capítulos deste livro dão explicações sobre as intenções de Deus. Este capítulo ajuda-nos a entender:

- Os objetivos e habilidades necessários para viver na Luz.
- Os meios de conhecer a fundo o currículo da Terceira Dimensão, o que, em última análise, nos prepara para entrar na Quinta.

Capítulo 23

Meditação e Prece

Quem vive em harmonia consigo mesmo vive em
harmonia com o universo.

Marco Aurélio

Desde que nascemos, nós nos identificamos com os cinco sentidos. Ouvimos dizer que somos parecidos com o papai ou com a mamãe e crescemos ouvindo histórias sobre nossa pele sardenta, nosso cabelo loiro e nossas aptidões. Em suma, é constantemente reforçada a idéia de que somos o corpo. Nossa identidade é ligada à marca física. Olhamos no espelho e achamos que somos aquele reflexo.

A realidade é que não somos o corpo, mas algo muito mais amplo que ele. Somos, na verdade, a expressão da Luz e da energia da Mente Universal, e é essa energia que cria nossos pensamentos, palavras, emoções e ações. Como podemos pensar sobre nossos pensamentos, não somos esses pensamentos. Como podemos analisar nossas emoções, não somos essas emoções. Como podemos observar e analisar nosso corpo, não somos esse corpo.

O corpo não faz nada por conta própria. Ao longo da vida, o corpo envelhece e finalmente morre. Mas nós não, porque não somos o corpo. Ele é apenas o veículo que nos transporta na jornada por esta realidade tridimensional.

Tudo no mundo físico é criado a partir da energia mental. Quando pensamos que estamos infelizes, nós estamos. Quando acreditamos que estamos excitados, é assim que nos comportamos. Temos o poder de nos transformar naquilo que pensamos. Assim, alguns acham que somos os pensamentos negativos que nos frustram e controlam, mas não é verdade. E isso não é bom? Vivemos num planeta envolto num mar de formas-pensamento, que geralmente não são muito elevadas. Essas formas-pensamento tendem a gravitar para nós, dependendo de nosso humor e do que costumamos atrair. Os pensamentos, que são escolhas nossas, existem como forças criativas e originais que orientam nossa jornada.

Quando compreendemos que não somos os pensamentos e as emoções, começamos a controlá-los, ou seja, começamos a escolher a própria maneira de pensar ou sentir. Quando não gostamos de nos sentir de determinada maneira, podemos escolher outra experiência.

Para a maioria de nós é difícil escapar da ilusão do que achamos que somos, especialmente quando os cinco sentidos funcionam bem. Mas há uma maneira de romper essa ilusão: a meditação. Ao meditar, percebemos tudo o que não é o corpo e tudo o que é pura consciência. A meditação nos leva a descobrir quem realmente somos.

Meditação

A meditação é um pensamento contínuo e profundo que nos permite viajar para dentro de nós mesmos e refletir sobre questões sagradas. Com a meditação, as ondas cerebrais ficam mais lentas e, assim, usamos melhor a mente. Quando bem praticada, essa ação nos permite refletir sobre os aspectos interiores da mente. As meditações mais profundas nos põem em contato com a centelha do Divino e com a Luz interior. É então que podemos entrar em contato com o Eu Superior, o que vai garantir uma vida harmoniosa e abundante, se seguirmos a orientação que emana de dentro de nós.

Por que devemos meditar?

A meditação nos ajuda a atingir a alegria, a harmonia interior e o centramento. É só através dela que encontramos a paz interior e conseguimos vivê-la. Para isso, devemos antes aprender a controlar o corpo mental e o corpo emocional, e a permanecer interiormente centrados. A meditação nos ensina a dominar esse estado mental, o que nos permite descobrir quem realmente somos.

A meditação é a prática trilhada por todos os sábios que fizeram a jornada antes de nós, e vai continuar sendo a estrada que leva à liberdade para muitos outros nos anos que virão. Numa de suas encarnações anteriores, o Mestre Ascensionado Kuthumi representou o papel de Pitágoras. Durante essa vida, ele disse:

APRENDAM A SER SILENCIOSOS
DEIXEM QUE A MENTE
OUÇA E ABSORVA

Pitágoras viveu aproximadamente no ano 600 a.C. e já sabia o que muitos não aprenderam até hoje. E quantos anos ainda vamos precisar para aprender, apesar da orientação paciente dos Mestres Ascensionados?

Por que a respiração correta é importante?

Na Terra, poucas pessoas compreendem a importância da respiração. A respiração é a própria vida. É a ligação com a saúde. A prova dessa afirmação está na quantidade de pessoas com má postura, peitos afundados e com doenças do aparelho respiratório. Se criássemos uma só geração de crianças que respirassem corretamente, as doenças seriam praticamente eliminadas. Kuthumi diz em muitas transmissões:

A RESPIRAÇÃO É O TODO

Ele enfatiza esse fato, pois é por meio da respiração que nos ligamos ao *prana*. Kuthumi define o prana como "a energia da força vital que alimenta a alma". Diz ainda que o prana "é o processo de nutrição que emana do Eu Superior, fornecendo os ingredientes essenciais para que os nove corpos funcionem em uníssono". Em sânscrito, o termo significa energia absoluta, ou Fonte de Tudo o que é. Quem armazena prana com sucesso, seja de maneira deliberada ou inconsciente, irradia uma vitalidade e um poder que todos percebem. É o prana que cura por intermédio das mãos e campos áuricos dos Mestres, e é ele que a alma usa em todas as manifestações. Esse campo de força de energia vai continuar se acumulando nas pessoas que fazem conscientemente a jornada para a Luz, criando finalmente o Céu na Terra, como foi profetizado.

No Extremo Oriente (como a Índia Oriental) o prana é conhecido há séculos. No Ocidente, só agora começa a ser compreendido. Mas alguns profetas dizem que, devido ao ego ocidental, o prana só será aceito em nossas culturas quando for "descoberto", quantificado e renomeado por cientistas — ou seja, quando for transformado em mercadoria. Será que isto vai ser o ponto de partida para um prêmio Nobel?

Como fazer para meditar?

Somos o que comemos! O que comemos vai determinar o que pensamos. Assim, para começar a meditar, deixe passar duas horas depois da última refeição. O jejum favorece, reconhecidamente, o estado de meditação.

O processo fica mais fácil se você sentar com a coluna reta. Não sente no chão, porque as energias serão puxadas para dentro da Terra. Sente-se num tapete ou almofada, com as pernas cruzadas.

Respire de maneira profunda e regular, inspirando pelo nariz, com o peito e o plexo solar expandidos. Se possível, inspire ar fresco. Deixe o ar sair lentamente pela boca, mantendo o peito no lugar e empurrando suavemente com o plexo solar. Procure soltar todo o ar.

Nunca inspire pela boca. Os seres humanos são os únicos animais que às vezes respiram pela boca. É um hábito que provoca doenças, pois a boca não oferece proteção para os outros órgãos.

Segure o ar por alguns segundos antes de soltá-lo. Focalize a atenção em cada parte do corpo que estiver tensa — o pescoço, os ombros, o rosto, as pernas, etc. — e solte a tensão no universo.

Com os olhos fechados, visualize uma Luz dourada dentro da cabeça. Ela se expande lentamente e enche seu corpo inteiro de Luz. Mantenha a concentração na Luz até que cada célula do corpo esteja cheia dessa freqüência. Continue a respirar profundamente.

Controlar a respiração e assim acalmar os
nervos é um pré-requisito para controlar a mente
e o corpo.
Swami Rama

Enquanto visualiza a Luz interior, deixe que todos os pensamentos atravessem sua mente. Mantenha a visão na Luz.

E se os pensamentos bombardearem a mente e você não conseguir esvaziar a cabeça?

É comum ter pensamentos que agitam a mente. Se isso acontecer, deixe que eles passem como nuvens no céu e traga o foco de volta para a Luz. Não se prenda a nenhum pensamento nem sentimento. Abençoe-os, agradeça a eles por estarem ali e deixe que saiam flutuando. Não se critique se não conseguir manter o foco por muito tempo: procure apenas fazer melhor a cada dia. É necessário disciplina para atingir um estado mais elevado de consciência.

O desafio é dominar os desejos do ego, o que geralmente leva muito tempo. Não espere uma vitória imediata, mas continue tentando dominar os pensamentos e manter o foco na Luz. Quando conseguir, estará prestes a se tornar mais do que a soma das partes de sua existência.

Por quanto tempo devemos meditar?

Cada um deve estabelecer a duração da própria meditação, mas dezesseis minutos por dia já começam a fazer milagres.

A disciplina também é importante. Se puder meditar todos os dias na mesma hora, os efeitos serão maiores. Algumas pessoas preferem meditar à noite, enquanto outras começam o dia com um momento ou dois de silêncio. A meta é se tornar uma meditação ambulante em todos os minutos do dia.

Quais são os estágios da meditação?

Sai Baba, um grande Avatar que vive na Índia e que atualmente guarda a consciência de Cristo para o mundo, ensina que a meditação tem três estágios: concentração, contemplação e meditação propriamente dita.

Estágio I — Concentração. O estágio da concentração exige disciplina de pensamento e ação. Olhar para uma mandala (um padrão circular com formas e símbolos geométricos concêntricos que representam o universo) por alguns segundos sem piscar favorece a concentração profunda, mas basta aquietar os pensamentos e manter o foco na Luz. Para meditar é preciso aprender a arte da concentração e depois usar esse poder para dominar o corpo mental e o corpo emocional. Nesse estágio, devemos comandar a respiração, de modo a respirar ritmicamente e a inspirar a energia da força vital do universo.

Estágio II — Contemplação. O estágio contemplativo exige capacidade de focalizar — como por exemplo visualizar a Luz interior. Procure ver a Luz emanando de cada parte do corpo. Se a mente conseguir reter essa visão por um certo tempo, a consciência vai se expandir. A Luz é o grande purificador do universo: dissolve o que não é elevado e é um poder transformador. Se mantiver o foco na Luz, tudo será renovado, pois ela tem um QI mais alto do que o nosso e sabe do que precisamos. Assim, ao focalizar a atenção na Luz atraímos tudo o que precisamos, mesmo que no momento não saibamos disso. Há um excelente mantra a ser usado diariamente, que favorece a contemplação:

EU SOU A LUZ DO MUNDO

Estágio III — Meditação. Atingimos o estágio da meditação propriamente dita quando, ao meditar, não sentimos mais o que estamos fazendo. Em outras palavras: quando você e a Luz se fundem e se tornam Um, a consciência superior terá sido atingida.

Prece

A prece diária é outro meio extremamente poderoso para chegar à harmonia. A prece é uma súplica dirigida a Deus, por um favor especial. É também uma forma de agradecer. Você sabia que as preces, quando alinhadas com a harmonia divina, são sempre respondidas de alguma forma? Essa é a regra. Como isso é lei, podemos ter certeza de que nossos pedidos serão atendidos.

Os Mestres Ascensionados sempre citam as seguintes palavras:

Pedi e vos será dado;
Buscai e achareis;
Batei e vos será aberto.

Mateus 7:7

Quando alguém pede, esse pedido é atendido; quando alguém bate na porta, a porta se abre; e quando alguém procura, as respostas são encontradas. Essa é a lei.

A prece é falar com Deus, enquanto a meditação é ouvi-lo. Como passamos muito tempo falando, é uma boa prática aprender a focalizar os pensamentos e palavras em preces constantes. Focalizar nossa energia vai nos ajudar a trazer a harmonia divina para nossa vida.

Algumas pessoas não sabem rezar, achando que precisam dizer um verso formal ou formular um pensamento estruturado. Não é verdade! Um sorriso e uma canção de gratidão no coração é a melhor das preces. Aprenda a ficar nesse estado o tempo inteiro e você vai se transformar numa prece viva:

Há um só Deus e Ele é onipresente.
Há uma só religião, a religião do amor.
Há uma só casta, a casta da humanidade.
Há uma só língua, a língua do coração.

Sai Baba

A linguagem do coração é viver a verdade, o discurso correto, a paz, a harmonia, o amor e a não-violência. É isso que viemos aprender.

Resumo

Muitos têm a ilusão de que nossa identidade é o corpo, os sentidos físicos e as experiências no mundo físico. Na verdade, somos muito mais. Somos expressões da Luz e da energia da Mente Universal e o corpo é um veículo que facilita nossas experiências num mundo tridimensional. Tudo no mundo físico é criado a partir da energia mental. Assim como fomos criados a partir da energia da mente universal, criamos também nossa realidade a partir de nossa energia mental.

Há duas maneiras básicas de entrar em contato com nossa identidade real e de conhecer nossas missões e propósitos — meditação e prece. Meditação é ouvir a Deus, e prece é falar com Deus. As duas práticas nos permitem entrar em contato com o Eu Superior e com realidades além do mundo físico.

A meditação é concentração e um pensamento profundo e contínuo, que nos permite viajar para dentro de nós mesmos e refletir sobre realidades além do mundo tridimensional. A meditação profunda nos põe em contato com a centelha divina e com a Luz interior. Por meio dela, aprendemos a controlar o corpo mental e o corpo emocional, e descobrimos quem realmente somos.

A meditação começa com a compreensão da importância da respiração profunda. A respiração é o "processo de nutrição que emana do Eu Superior e fornece os ingredientes essenciais para que os nove corpos funcionem em uníssono". É o nosso campo de força de energia, que nos permite fazer a jornada até a Luz.

Seguem-se algumas normas para a meditação:

- Não medite logo depois de comer: deixe passar umas duas horas.
- Sente-se com a coluna reta.
- Respire profundamente e ritmicamente.
- Segure o ar por alguns segundos antes de soltá-lo.
- Com os olhos fechados, visualize a Luz Dourada dentro de sua cabeça: ela vai se expandir e encher seu corpo.

A prece é outra maneira de viajar para dentro de si mesmo e de entrar em contato com realidades além do mundo físico. É uma súplica a Deus por um favor especial ou uma forma de agradecer. Ela pode ser formal ou uma simples conversa com o Criador. Quando usada, a prece é uma força vital ativa em nossa vida, pois nossas preces são sempre atendidas.

Capítulo 24

Afirmações e Manifestações

Por isso vos digo: tudo quanto suplicardes e pedirdes, crede que recebestes, e assim será para vós.

Marcos 11:24

Mestre Palas Atena discutiu o Divino Conceito da Unidade, do Ser Um, no Capítulo 9. Ela disse que o universo, e tudo o que há nele, é mente ou pensamento no campo de pura energia e Luz.

Sendo Um com essa energia, somos ilimitados e temos o poder de tudo modificar à nossa volta. Podemos até mesmo agir sobre acontecimentos a distância, apesar de poucos realizarem esse potencial. É preciso apenas mover a consciência até o ponto de poder por meio do Eu Superior, e então deixar que o universo estimule nossos sonhos, visões, afirmações e ações. Agindo por meio do Eu Superior, podemos ter certeza de estar realizando o plano perfeito de Deus pelo bem mais alto e não pela vontade de nosso ego.

O uso de afirmações é uma ferramenta importante na descoberta do poder pessoal, e quando afirmamos alguma coisa em voz alta acrescentamos a energia do som ao pensamento. Depois da luz, o som é a forma mais importante de energia que temos à nossa disposição. Base de toda manifestação, o som e a luz são os ingredientes com que trabalham a Mente Universal e a Luz Líquida Dourada.

Ao estudar a Lei da Vibração, aprendemos que tudo tem a própria freqüência vibratória (som) e que as vibrações mais altas consomem e transformam as vibrações mais baixas. Ao aplicar esse conceito, começamos a compreender que quanto mais alta a vibração pessoal (quanto mais próxima da Luz), maior o poder de criar e manifestar o plano perfeito. Por isso é tão importante que nos tornemos seres de Luz. Vocês lembram das palavras *EU SOU a Luz do mundo*? Foram ditas com propósito.

Todos nós já percebemos que há uma "conversa" em curso em nossa mente. Geralmente ela parece ser contínua, e temos sempre um comentário a fazer sobre quase tudo que acontece à nossa volta. Infelizmente, a maior parte dessa conversa vem do que chamamos de "fitas velhas" — pensamentos e idéias que temos dentro de nós há anos.

As afirmações tendem a nos libertar dessas fitas e da negatividade que geralmente as acompanha, substituindo-as por pensamentos positivos. As afirmações podem ser feitas em qualquer momento e em qualquer lugar e não é difícil aprender a usá-las. Faladas, cantadas, escritas ou pensadas, elas podem ser feitas uma vez por dia ou conforme a vontade de cada um.

As afirmações são enunciados positivos. Podem ser específicas ou gerais, dependendo da necessidade. Seu número é infinito, pois podem assumir a forma de qualquer enunciado positivo que queiramos fazer. Usando-as, *firmamos* o que queremos realizar na vida, não importa o que seja: uma mudança de emprego, um relacionamento melhor, uma promoção ou qualquer outra coisa. As afirmações mais poderosas geralmente incluem uma referência a Deus, a Jesus, a Buda, ao Amor Divino, aos Mestres Ascensionados ou a qualquer entidade que nos sirva de inspiração.

A manifestação por meio de afirmações pressupõe cinco passos básicos.

Primeiro Passo. O primeiro passo é você visualizar o que precisa. (Observe que usamos a palavra *precisa* e não a palavra *quer*. Se começarmos a visualizar deliberadamente tudo o que queremos, criaremos o caos à nossa volta.) No mundo dos negócios e da educação, esse passo é o momento de estabelecer a meta ou formar uma visão. Saiba para onde está indo e o que quer conseguir.

Em algum nível, todos nós conhecemos o plano interior que trará harmonia e alegria à nossa vida. Se você não consegue identificar suas metas, medite e peça que a visão lhe seja revelada. Com o tempo, tudo vai ficar claro. A Luz que você conseguiu assimilar em sua consciência é um correlato direto do tempo que você vai levar para reaver as respostas — quanto mais Luz, menos tempo.

É importante lembrar que você não precisa ter uma visão perfeitamente clara e detalhada do que precisa. Na verdade, no início é melhor que não a tenha: se soltar no universo uma afirmação com muitas restrições, você poderá limitar a dádiva que o aguarda.

Segundo Passo. O segundo passo é focalizar suas energias. Um dos maiores problemas da atualidade é a quantidade de escolhas que temos. Há tantas opções que ficamos confusos, o que pode levar à apatia, à inatividade ou à frustração.

O que provoca esse estado mental? Acredite ou não, é o EGO, que atrai nossa atenção para as vontades e não para as necessidades. Quando embarcamos seriamente na senda espiritual, um dos primeiros conflitos com que defrontamos é a batalha entre o ego e o Eu Superior, ou vontade de Deus.

O ego nos empurra em várias direções, impedindo-nos de manter o foco. Mas o Eu Superior não causa dificuldades. Dá para imaginar os Mestres Ascensionados Kuthumi ou El Morya confusos e perplexos por causa da multidão de escolhas que têm diante de si? Nunca!

Eles, como Seres de Luz Ascensionados, superaram esses testes há muito tempo e trabalham apenas dentro das Leis Universais. Em alinhamento com a vontade de Deus, selecionam as opções que lhes são apresentadas por meio do fluxo de Luz da consciência, e é com graça e harmonia que dão cada passo do caminho. Esse mecanismo produz perfeição, harmonia e abundância, oferecidas a todos pelo plano de Deus. É o ego e as lições que o ego precisa aprender que tornam a trilha difícil de percorrer.

Nós, que estamos encarnados, podemos percorrer a mesma trilha dos Mestres Ascensionados. Para isso, basta conhecer as ferramentas que podem nos ajudar. A primeira dessas ferramentas é compreender que é preciso simplificar a vida, algo que não é tão fácil de fazer. Temos estilos de vida complexos e somos bombardeados pelas forças à nossa volta, tendo assim dificuldade para pensar claramente. Eis algumas sugestões para ajudá-lo:

- Tome todas as decisões num estado mental relaxado.
- Perceba que tudo no mundo físico é uma ilusão e selecione uma coisa que lhe agrade. No mesmo instante, abandone o resto. Escolha só uma coisa. Focalize sua energia nesse novo ponto e observe que a mente se fortalece rapidamente quando se toma uma decisão.
- Relaxe e medite sobre o que seria uma situação perfeita para você. Veja a si mesmo fazendo o que mais gosta. Mantenha a visão e o foco e defina a situação em detalhes.
- Anote sua visão por escrito. Descreva-a integralmente, se isso ajudar a formar o pensamento.

Terceiro Passo. Escreva seus pensamentos em forma de afirmações, descrevendo a visão como se ela já tivesse se manifestado e você tivesse participado dela. Lembre-se de escrever todas as afirmações no presente.

Prenda as afirmações num espelho ou na geladeira, para se lembrar constantemente de focalizar essa situação ideal. Lembre-se: quanto mais energia mental puser na afirmação, mas cedo ela vai se manifestar.

Quarto Passo. Diga suas afirmações em voz alta. Diga-as no carro, andando pela casa ou sempre que der para se concentrar sem atrapalhar os outros. Dizer as afirmações diante do espelho parece que lhes traz mais energia. Faça isso, se ficar à vontade na frente do espelho.

NOTA: este estágio do processo guarda uma chave importante para o sucesso. Assim, leia com cuidado a próxima seção.

É importante lembrar que, das quatro formas de energia (pensamentos, palavras, emoções e ações), a emoção é a cola cósmica. Crenças e emoções solidificam os pensamentos mais depressa do que as outras três formas de energia.

Quando começar a fazer afirmações para melhorar a vida e mudar a realidade (ilusão) à sua volta, é provável que não acredite imediatamente nelas. É comum não acreditar, por exemplo, em afirmações relacionadas à abundância. Se no passado você passou por momentos duros de pobreza, pode ser difícil acreditar numa afirmação que tem o intuito de levar à abundância. Para quem teve uma vida dura, é até fácil falar, mas não é tão fácil acreditar numa afirmação como "a abundância financeira é minha, e eu a aceito sem restrições".

Se você diz uma coisa mas no fundo acredita em outra, vai levar mais tempo para fazer a energia entrar num padrão circular no mundo físico, realizando assim sua manifestação. Ou talvez a manifestação assuma outras formas. Quando a abundância começar a fluir, você pode sabotá-la, pois acha que não a merece. A confirmação do ego — do tipo "eu disse que não mereço isso" — vai certamente entrar em ação para justificar as emoções profundas que apóiam esse sistema de crença. Assim, enquanto o Eu Superior (por meio do fluxo de Luz da consciência) trabalha para levá-lo ao que você merece, seu ego, crenças (emoções) e hábitos arraigados trabalham para negar o que você quer.

Eis como resolver essa situação: não desista. Continue a fazer suas afirmações. Ao perceber que está acontecendo alguma coisa, reivindique seu poder e admita que participou da co-criação desse acontecimento. Procure todos os sinais da manifestação desejada, pois ela pode não vir em forma de apoio financeiro. Por exemplo: pode vir na forma de alguém que lhe paga o almoço ou de alguém que lhe dá alguma coisa que há muito tempo precisava para sua casa. Saiba que o universo (Deus) trabalha de maneiras misteriosas. Aceite tudo como sinal de seu poder de manifestação e agradeça silenciosamente pelas dádivas. Diga obrigado ao ser com que se identifica: Deus, Jesus (Sananda), Mãe Maria, Mestres Ascensionados, anjos, Vishnu,

Viracocha, Buda, etc. É vital não esquecer de agradecer, pois isso mantém em movimento a roda da gratidão e da energia.

Com atitude equilibrada e atenção aos sinais à sua volta, você vai desenvolver autoconfiança em si mesmo e neste sistema. Quando começar a ter confiança no que é capaz de fazer, seu sistema de crença vai começar a se fortalecer. As novas crenças vão então se transformar na "cola cósmica" e vão favorecer o processo de manifestação, para que você possa realizar as coisas mais rapidamente.

Quando fizer pela primeira vez afirmações que não fazem parte de sua realidade, é vital bloquear essa chamada "realidade" e dizer as afirmações com força e empenho. Se as semanas se passarem e nada acontecer, não desista. Às vezes leva meses para o ciclo se completar. Neste caso, é provável que você tenha enfatizado demais o que falta e sobrecarregado com esses pensamentos e crenças a roda da energia. Se isso acontecer, sua fé certamente será testada. Você é forte? Sua fé é forte? Você acredita mesmo no poder da Luz?

Quinto Passo. Neste estágio, você precisa fortalecer sua vontade e começar a "querer" suas afirmações. Ordene com poder e força. Depois, distancie-se de sua necessidade, soltando-a no universo. Não tente adivinhar o resultado. Basta afirmar e esperar que, de alguma forma, essa afirmação volte para você. A Luz e a Força de Deus são mais inteligentes do que todos nós e a situação perfeita vai começar a tomar forma à sua volta. Confie nisso.

Podemos usar afirmações não apenas para nós mesmos, mas também para os outros. Mas afirme apenas coisas positivas e peça sempre permissão ao Eu Superior da outra pessoa, para não interferir indevidamente em sua vida. A interferência indevida traz dívidas kármicas! Lembre-se que toda a energia se move em círculos. Cada afirmação, independentemente de quem é seu objeto, TEM DE voltar para quem a originou. Não há como escapar da Lei de Causa e Efeito. Se você acha que pode contornar essa Lei Universal, está muito enganado: você vai sempre colher o que semeou.

Se pensar apenas coisas positivas e cheias de amor, você vai ter uma vida cheia de amor e Luz. Se usar a energia para desejar coisas erradas ou nocivas para os outros, você vai colher o que semeou. Agora é diferente do que foi no passado: estamos entrando na Quinta Dimensão e todas as energias vão se acelerar cada vez mais. É o momento do salto quântico. Assim, não vai mais levar várias vidas para que a energia volte para quem a enviou, como ocorria no passado.

No novo milênio, a velocidade da energia vai ser mais próxima da velocidade da Luz e, assim, as formas-pensamento vão voltar quase que imediatamente para quem as enviou. Em outras palavras, o karma vai ser vivido instantaneamente, ou pelo menos na mesma vida. Por isso é seguro divulgar agora esta informação, pois ninguém vai escapar dos efeitos do que semeou. Quem usar mal seu poder vai se cansar tanto de colher o que semeou que vai acabar abandonando a negatividade por pura exaustão.

No entanto, é preciso muita discrição no uso desse poder. Por segurança, acrescente às suas afirmações uma advertência, dizendo que são para o bem de todos os envolvidos. Depois, solte-as no universo e permita que os celestiais trabalhem por você, trazendo bênçãos e alegria para todos.

O argumento racional para que você comece a usar afirmações é o seguinte: esse método é uma das muitas maneiras de criar o Céu na Terra. Imagine o que seria o mundo se todos começassem a afirmar apenas coisas positivas. Ou imagine o impulso em direção à Luz que tomará a consciência de massa quando mais e mais pessoas começarem a dirigir seus pensamentos e ações aos usos positivos da energia. A condição do mundo mudará então num piscar de olhos.

Jesus compreendeu o que é necessário para levar o mundo à Quinta Dimensão. Mas, como cabe a nós modificar a freqüência vibracional e elevá-la a um nível mais alto, nem ele pode prever quando será esse momento. Nossa missão é guardar a Luz para o mundo, independentemente do que acontece à nossa volta. Quando um grande número de pessoas se transformar em Luz, essa freqüência vai agir sobre tudo e todos no planeta através da Lei da Vibração. *Seja paciente, Seja silencioso e Seja a Luz*, como disse o Mestre Kuthumi. *A vitória é certa.*

Através de afirmações, pessoas em diferentes níveis de desenvolvimento e engajamento conseguem manifestar o que querem. Nos níveis mais baixos, as necessidades se limitam a objetos físicos ou acontecimentos específicos. Em níveis mais altos, as afirmações envolvem questões como saúde, felicidade, serviço ao mundo, paz e realização de missões.

Algumas das afirmações mais poderosas são feitas por meio do Eu Superior, usando o poder da freqüência violeta e a ajuda dos reinos celestiais. Como a freqüência violeta dissolve a negatividade, outro nível de poder é acrescentado à afirmação. Seguem-se alguns exemplos dessas afirmações elevadas:

Por meio do poder do Eu Superior, ordeno que a freqüência violeta brilhe à minha frente e dissolva a negatividade.

Que os anjos da Chama Violeta me envolvam em Luz dourada e me libertem das lutas e limitações que me impedem de realizar a vontade de Deus na Terra.

Por meio de minha amada Presença EU SOU, entro na freqüência mais alta da Luz e me cerco da proteção do Arcanjo Miguel e da Espada da Cha-

ma Azul. Que minha vida seja purificada de todas as formas-pensamento negativas e que a perfeição penetre em minha vida.

Por meio de minha amada Presença EU SOU, EU SOU a Luz e o Amor.

Por meio de minha amada Presença EU SOU, todos os erros do passado são substituídos por perfeição e todas as coisas são purificadas antes que eu me aproxime.

Seguem-se alguns exemplos de afirmações que podem ser usadas para melhorar as condições de seu ambiente imediato:

EU SOU Radiante e um Ser de Luz e Amor.
Aonde eu vou, os milagres acontecem.
Tudo o que preciso vem a mim facilmente.
O amor vem a mim facilmente e sem esforço e eu o aceito agora.
Minha saúde e meu corpo são perfeitos e fico mais forte a cada dia.
Tenho agora o emprego perfeito para mim.
Termino todo meu trabalho com perfeição, rapidez e facilidade.
A abundância vem a mim sem esforço, sou grato por isso e a mereço.

Finalmente, as afirmações devem:

- Ser adequadas às suas necessidades pessoais ou para ajudar os outros.
- Acentuar o positivo sem nunca usar frases negativas. A Força de Deus é amor e Luz — só o positivo. Ela não reconhece o negativo. A ênfase deve estar no que você pode fazer e não no que não pode ou não quer fazer.
- Ser curtas e simples.
- Ser sempre no tempo presente, entendendo-se que o pedido já foi realizado.
- Criar novas oportunidades.

Resumo

O uso de afirmações é uma das maneiras de modificar nossa vida e as condições à nossa volta. Quando levamos a consciência ao Eu Superior, temos acesso ao universo para estimular nossos sonhos, visões, afirmações e ações. Quando falamos em voz alta, acrescentamos a energia do som ao pensamento. Dizer afirmações nos liberta das antigas fitas e da negatividade e nos leva a pensamentos positivos.

- Enviamos energia ao mundo quando fazemos afirmações positivas de nossas necessidades, além de modificar antigos pensamentos negativos sobre nós mesmos.
- Afirmações são enunciados positivos que podem ser falados, escritos ou pensados.
- A manifestação é favorecida quando você:
    - Visualiza o que precisa.
    - Focaliza suas energias em necessidades específicas.
    - Escreve seus pensamentos.
    - Fortalece e desenvolve sua vontade.

Capítulo 25

Abundância

Nenhum limite é estabelecido para a ascensão do homem, e a cada um e a todos o Altíssimo está aberto. Aqui, é apenas a sua escolha pessoal que decide.

Provérbio hassídico

Você já se perguntou por que há tanta pobreza num mundo transbordante de sabedoria e fartura? Já percebeu quantas pessoas têm dificuldade para manifestar a abundância? A pobreza é o oposto da abundância. Assim, uma discussão sobre pobreza vai nos ajudar a compreender como manifestar a abundância. Neste capítulo, vamos analisar o processo que leva à criação de crenças de não-prosperidade tão profundas que passam despercebidas. Depois, vamos ver como essas crenças moldaram o mundo à nossa volta.

Uma das razões para a disseminação da pobreza é a existência em todo o mundo de uma consciência da pobreza. Vemos a pobreza na televisão, no cinema, nas revistas, nos jornais e na vizinhança. Como as imagens e histórias são convincentes, nós acreditamos nelas e depois falamos sobre elas. Essas imagens são implantadas em nossa mente consciente, e depois transferidas para a profundeza do subconsciente.

Jornais, revistas e outros veículos apresentam tal condição como realidade. A única justificativa da mídia por enfatizar constantemente as situações negativas é a premissa de que tais situações são reais e que, portanto, devemos continuar a vê-las e discuti-las.

Bem, a pobreza é real na medida em que existe. Mas ela existe porque nós a criamos com o poder de nossas crenças, palavras, ações e pensamentos coletivos. É um ciclo vicioso que se autoperpetua. Como vemos a pobreza, acreditamos que ela é real. Como acreditamos que ela é real, nossos pensamentos, sentimentos, palavras e ações continuam a criá-la. À medida que criamos mais pobreza aparente, muitos pessoas começam a temer que talvez ela afete suas vidas. O medo (a cola cósmica) traz mais pobreza à realidade e, em conseqüência, falamos mais sobre o assunto... Deu para entender o mecanismo?

Como esquecemos que temos o poder de criar nossa própria realidade, permitimos que a mídia e os noticiários nos programem, levando-nos a criar um mundo menos que perfeito, harmonioso, belo e abundante. Como parte do mesmo processo, começamos a nos sentir impotentes para mudar essas condições, o que só serve para perpetuá-las.

A consciência da pobreza se deve também às nossas experiências de vidas passadas. Muitas pessoas tiveram encarnações anteriores em conventos, templos ou monastérios. Nessas vidas passadas, os votos de pobreza eram tão freqüentes que deixaram gravada nos Registros Akáshicos a impressão de que a pobreza é sagrada. Essa crença está gravada tão profundamente em alguns que é quase impossível abandoná-la, pois isso exige uma força e disciplina que nem todos têm. Fomos alunos tão bons nessas vidas passadas que ganhamos nota "A" em consciência da pobreza. Algumas almas devem ter merecido um "A+", em reconhecimento pelos fardos que carregavam. Isso, é claro, glorificava a crença, tornando ainda mais difícil abandoná-la.

A verdade é que os votos de pobreza eram adequados a essas vidas passadas e às condições escolhidas então. São adequados ainda hoje, no caso de tal experiência servir para a evolução da alma. Na verdade, os votos de pobreza são necessários em certos momentos do desenvolvimento evolutivo da humanidade, pois favorecem o desapego em relação ao mundo materialista e a ênfase na senda espiritual. Uma tal existência elimina as distrações e cria condições que favorecem a total dedicação aos ensinamentos religiosos e espirituais.

Infelizmente, não é preciso passar a vida num monastério ou convento para aprender outras verdades sobre a pobreza. Hoje, professores e outros formadores de opinião sugerem que a pobreza é boa porque favorece a espiritualidade e a santidade. Tal noção se apóia num preceito espiritual: quem precisa lutar é nobre e conquista mais recompensas durante a jornada. Conceitos assim têm sido ensinados em quase todas as grandes religiões nos últimos dois mil anos (e talvez há mais tempo), gravando em nossa alma a noção de que a pobreza nos torna melhores. Essas crenças contribuem até para impedir que muitos aspirem a metas mais altas, pois acreditam que sofrendo estarão cumprindo a vontade de Deus.

Quase todos nós temos gravadas nos Registros Akáshicos lembranças de uma ou duas das situações descritas acima: experiências de vidas passadas ou ensinamentos espirituais presentes. Isso permite que a mídia nos programe para acreditar no que é divulgado. Desse modo, participamos da criação disso tudo.

A consciência da pobreza está profundamente entranhada nas lembranças de vidas passadas, nas gravações dos Registros Akáshicos e na memória celular. Acreditamos nas histórias que ouvimos porque refletem a "realidade" e também porque, no nível da alma, ressoam no corpo emocional. Assim, nada fazemos para mudar essa realidade. Muitos vivem de emoções, sem conseguir equilibrá-las com a lógica. Aceitando as crenças dos outros como nossas, não conseguimos ver o que é necessário.

O Mestre Ascensionado Kuthumi disse repetidas vezes que os mais fracos de nossos corpos são o mental e o emocional. Ele diz que na senda da mestria, os Mestres aprendem a controlar os pensamentos e as emoções. Em outras palavras, os Mestres ESCOLHEM seus pensamentos e emoções a cada momento do dia. Mas, entre nós, quantos podem dizer que não são influenciados pela mídia? Acreditamos em tudo o que vemos, em vez de ver aquilo em que acreditamos. Esse é o problema. Não ESCOLHEMOS os pensamentos a cada momento do dia e nem ESCOLHEMOS o que vamos sentir. Em vez disso, as formas-pensamento e as atitudes dos outros permeiam nossa consciência: entregamos a vida a eles ao aceitar suas crenças, atitudes, emoções e ações em vez de criar as nossas.

Agora que compreendemos que cada um de nós é o criador da própria realidade e que nossas crenças e emoções são a "cola cósmica" da manifestação, podemos começar a compreender como criamos uma tal confusão no mundo. O universo é verdadeiramente um universo de abundância, mas, por meio do pensamento, nós o transformamos num universo de pobreza e dor.

Deus é Luz, amor e abundância. O elétron é o elétron, seja como for que se manifeste. Energia é energia! Ela é neutra e segue a linha da menor resistência, dependendo de como a dirigimos. Assim, cabe a nós decidir o que vamos criar.

Escolher entre pobreza e abundância é uma boa maneira de começar. O que você escolhe? Lembre-se que escolher uma delas significa deixar que a outra se vá. Você está preparado para isso? Monitore seus pensamentos e crenças e depois decida se está disposto a abrir mão do que é negativo.

Einstein compreendeu os conceitos que discutimos aqui e, de maneira um pouco diferente, fez menção a eles. Uma vez um repórter lhe perguntou: "Qual é a questão mais importante do mundo?" Ele respondeu: "A questão mais importante do mundo é se você quer viver num mundo pacífico, feliz e abundante ou num mundo escasso, medroso e de mau agouro."

O repórter, meio confuso, perguntou: "Por que essa é a questão mais importante do mundo?"

Einstein respondeu: "Porque vai criar o que escolher."

AGORA É O MOMENTO de lembrar quem somos. Devemos conhecer o poder que há dentro de nós e usá-lo para criar o Céu na Terra. Devemos SER a Luz e integrar a espiritualidade a tudo na Terra. Nunca antes os seres humanos precisaram participar dessa maneira do plano celestial divino para ajudar a Terra a entrar na Quinta Dimensão.

O milênio traz a promessa de que o Céu será criado na Terra, pela afirmação da espiritualidade em todas as trilhas da vida. Somos a Luz e co-criadores com Deus, e é nossa responsabilidade usar essa Luz para trazer paz, amor, felicidade e abundância para o planeta.

É o momento de aprendermos a ser seres pentadimensionais. Vamos começar a pensar e a usar os poderes criativos superiores que nos foram dados. No coração do poder está o conceito de que cada um de nós pode manifestar o que é necessário para viver em paz e harmonia. O poder nunca é associado aos sem-teto, aos famintos, aos desafortunados. É sempre associado aos fortes, que cuidam da própria vida e ajudam os outros a fazer o mesmo. Vamos modificar as antigas crenças sobre a abundância e usar a lógica para modificar nosso pensamento. O plano de Deus requer que todos compartilhem a abundância, a felicidade, a paz e o amor.

Examinando as vidas de alguns Mestres Ascensionados, observamos que, em suas últimas encarnações, eles viveram vidas em que não precisavam se preocupar com a pobreza. Conhecendo as Leis Universais e o próprio poder, geralmente escolhiam vidas de abundância e fartura. El Morya foi o Rei Salomão e depois o Rei Artur; Kuthumi foi Pitágoras e Shah Jahan, o Imperador da Índia que construiu o Taj Mahal; Monka foi Viracocha, o chefe da civilização inca; Serapis Bey foi o Faraó Akenaton; Saint-Germain foi Merlin e depois encarnou como Shakespeare. Uma das encarnações anteriores de Jesus foi como José, filho de Isaac. José se tornou governador do Egito, com poder semelhante ao do Faraó. Todas essas vidas tinham uma coisa em comum: a opulência. Você acha que eles viviam na pobreza e lutavam? Claro que não. E agora são Mestres Ascensionados.

Assim como nós, eles equilibravam suas vidas, desempenhando papéis que implicavam mais ou menos opulência. Agora que chegamos ao final destas lições, é hora de usar nossos conhecimentos e experiências e viver também na abundância. Assim como os Mestres Ascensionados, aprendemos as Leis Universais e agora é o momento de usar esse conhecimento para equilibrar a vida cotidiana.

Não é a pobreza que nos torna espirituais ou nobres, mas a qualidade da vida de cada um e a maneira de viver cada momento. Não há nada de mal em viver a vida espiritual na abundância, usando o amor e os princípios elevados para compartilhar e ajudar os outros em suas jornadas.

Você pode e deve começar a gostar da abundância. O primeiro passo é analisar seus pensamentos e modificar os que não estão em alinhamento com as novas metas. Depois, deve começar a dar e a receber conscientemente, sabendo que as duas coisas são parte do mesmo processo. Se você tem bloqueios que o impedem de receber livremente, procure uma nova abordagem para fazer a energia fluir. Peça que a Lei do Retorno Décuplo trabalhe para você, de maneira que possa usar essa energia para trazer felicidade e paz aos que estão à sua volta. Quanto mais receber, mais terá para dar. E não tenha medo de fazer a seguinte afirmação:

> *Isso é dado gratuitamente e com amor para ajudar a trazer a abundância à Terra. Sou co-criador com Deus e, ao fazer esta dádiva, espero meu retorno décuplo.*

Se seguir esse princípio, a Lei do Retorno Décuplo vai começar a agir mais depressa em sua vida. Fazer uma afirmação como essa serve para tirar os bloqueios do caminho.

Quando começamos a ver os efeitos dessa lei, nossa tendência é negar que participamos da criação de tal bênção. Então, depois que nos são dados alguns exemplos, nosso corpo emocional começa a acreditar. Quando acreditamos, a cola cósmica começa a criar conforme nossa vontade. É nesse ponto que a fé fica tão forte que não precisamos mais usar afirmações. Nossas dádivas passam a ser feitas de coração, sem necessidade de retorno.

Seja qual for a maneira que escolher para começar a criar a abundância, comece hoje mesmo e VÁ EM FRENTE.

Resumo

Um dos medos mais básicos é o medo da pobreza. A consciência da pobreza vem da mídia, da observação do sofrimento e de experiências de vidas passadas. Acredita-se que para o desenvolvimento espiritual são necessários votos de pobreza. As experiências de pobreza podem ser necessárias ao aprendizado de importantes lições espirituais, mas não são necessárias ao crescimento espiritual.

Deus é Luz, amor e abundância. Criamos a pobreza e a abundância como resultado de pensamentos, crenças, palavras e ações. Escolhemos o que criamos. Temos a responsabilidade de superar os medos e de criar a abundância, a felicidade, a paz e o amor para todos.

O sucesso na criação da abundância tem relação com seu significado em nossa vida e com a maneira pela qual a usamos. Quem se torna ganancioso e usa a abundância sem sabedoria vai enfrentar lições que ensinam a usá-la. Precisamos amar a nós mesmos, mas precisamos também amar e compartilhar com nossos irmãos e irmãs. Em troca, receberemos muito mais.

A Lei do Retorno Décuplo vale para cada dádiva que fazemos. Fazer uma afirmação pode remover bloqueios e nos ajudar a manifestar a abundância. À medida que nossas dádivas começarem a ser feitas de coração, não precisaremos mais fazer afirmações.

Capítulo 26

Discernimento

Duvidar de si mesmo é duvidar da sabedoria e
da viabilidade do desígnio humano. Para confiar plenamente em
Deus você deve também confiar em si mesmo. Ninguém é
criado sem tudo o que é necessário para tomar decisões totais e saudáveis.
Ken Carey
The Third Millennium

O discernimento, ou o processo pelo qual avaliamos situações e tomamos decisões, é um aspecto crítico do crescimento, do desenvolvimento espiritual e da capacidade de criar comunidades que contribuam para o bem-estar coletivo. Há muitas indicações de que o mundo está passando por uma transformação rápida e profunda. Esse processo, em curso já há muitos anos, iniciou um período de mudança como nunca houve antes na história. Esse período de transformação, que vai se estender pelo século que vem, levará a um novo nível de civilização, à mudança para um planeta pentadimensional.

Um novo modo de vida requer um novo nível de pensamento e uma consciência mais elevada. Desenvolver uma consciência mais elevada requer o uso tanto do pensamento racional quanto das intuições: aquilo que sentimos e sabemos sem que seja racionalmente testado. Precisamos repensar nossas crenças, propósitos, padrões de comportamento e prioridades, passando assim a novos níveis de discernimento.

O discernimento é a capacidade de estabelecer distinções, de fazer escolhas e de tomar decisões. É também a arte de colocar questões, para nós mesmos e para os outros, com o intuito de descobrir implicações e significados mais profundos. O processo de discernimento envolve quatro processos inter-relacionados: percepção, intuição, decisão e ação. O âmago de cada um desses processos é a confiança em si mesmo, a fé no Criador e o amor, que é a energia que favorece a expansão da consciência.

O discernimento começa com a percepção, ou a disposição mental com que enxergamos o mundo e a nós mesmos. As experiências no mundo moldam nossas crenças e percepções. Nossa visão de mundo é uma combinação das realidades do mundo exterior e de nossa realidade interior, ou a maneira pela qual internalizamos e usamos nossas experiências. À medida que mudamos e/ou o mundo muda à nossa volta, precisamos repensar nossa visão de mundo ou disposição mental.

Hoje, ter consciência dessas mudanças é uma tarefa importante para a garantia da sobrevivência e do bem-estar, pois estamos diante de mudanças em todos os aspectos da vida. Empresas e organizações entram em colapso devido à incapacidade de alterar linhas de pensamento e de comportamento. Ficamos frustrados quando não conseguimos antecipar as mudanças, quando não conseguimos perceber que são necessárias.

As mudanças mais fundamentais tendem a ocorrer em nossa visão espiritual, à medida que passamos da autoconsciência para a consciência de grupo, para a consciência da alma e para a consciência de Deus. Nossa percepção e nossos valores se modificam à medida que progredimos na senda espiritual. Nesses estágios, a meta é atingir total identidade com o Criador, total confiança nele e em nós mesmos — sabendo que as decisões que tomamos são sempre expressões do livre-arbítrio, perfeitas para nosso nível de desenvolvimento. É importante também aprender a discernir o que é útil e o que não é útil ao nosso progresso, para que nossas decisões nos permitam caminhar mais rápido.

À medida que nos tornamos mais espirituais, nossa percepção se modifica. Abandonamos a consciência de dualidade e começamos a ver o mundo em termos de lições a serem aprendidas e de testes que favorecem a aquisição de poder. Essa mudança na percepção exige um forte senso de discernimento, pois do contrário podemos nos perder em desvios. As más escolhas podem não causar mal nenhum, mas as más decisões dificultam a jornada. Se a meta é atingir uma vida de paz, harmonia, abundância e amor o mais rapidamente possível, então é essencial aprender a discernir e a confiar no próprio julgamento.

> Basicamente, você deve decidir apenas dentro do próprio coração, baseando suas decisões na percepção. Para habitar a nova consciência, é

preciso que você seja você mesmo, pois só assim será um belo ser, em contato com sua dimensão eterna, consciente das gerações que virão depois de você, consciente das gerações que vieram antes, imerso no amor que ilumina e une as folhas de todas as gerações na árvore singular da vida. (Carey, p. 78)

O segundo aspecto do discernimento exige que aprendamos a entrar em contato com nossa intuição e a ouvir a voz interior que nos fala. Esse é talvez o passo mais difícil, pois vivemos numa sociedade que recompensa o pensamento analítico e não a intuição. Por isso, a maioria calou os sentimentos e associou a intuição a fenômenos psíquicos indesejáveis. Essa atitude limitou nosso crescimento. Funcionamos sem usar toda a nossa capacidade, o que é como jogar cartas com um baralho incompleto. Se não respeitarmos todos os aspectos de nossa personalidade, nunca seremos tudo o que fomos designados a ser.

O Mestre Ascensionado Kuthumi fala sobre a intuição e sua conexão com o discernimento.

O discernimento exige que os Iniciados saibam entrar em si mesmos para "sentir" a freqüência vibracional de cada coisa que os confronta. Não importa se a mensagem recebida vem por palavras, ações ou emoções. O que separa um Mestre de um noviço é a capacidade de sentir o som da mensagem. Ao sentir o nível vibracional, o Mestre sabe se deve ou não aceitar a mensagem, com base na utilidade para a jornada que possa ter a orientação que acompanha a mensagem. Se a freqüência vibracional é alta, então a mensagem trará grandes coisas à alma. Se a freqüência vibracional é baixa, o Mestre abençoa a energia e deixa que ela se vá, transmutando-a a um tom mais alto para que o coro angélico a use ao cantar louvores ao Criador.

Era assim que faziam os Mestres Atlantianos. Será assim na Sétima Idade de Ouro.

A capacidade de tomar decisões é o terceiro aspecto do discernimento. Esse estágio é talvez o mais crítico, pois as decisões que tomamos, baseadas em percepções e intuições, determinam nossas ações. Algumas decisões são tomadas instintivamente, como reação a ameaças ou perigos, reais ou percebidos. Há também as decisões que tomamos sem considerar todas as escolhas, "indo atrás dos outros" ou simplesmente pegando o caminho mais fácil. Em tais casos, abrimos mão do direito de tomar decisões. Mas, seja qual for a decisão que tomamos, somos sempre responsáveis pelas conseqüências, pois as leis são perfeitas e nos trarão o que nos é devido.

Uma das razões que nos impedem de tomar as decisões que desejamos é o medo — medo de ser diferente, medo de não ser aceito, medo de ficar só. Devemos ter cautela e bom senso, mas devemos também compreender que quando tomamos decisões sem levar em conta nossos próprios valores e percepções, estamos nos diminuindo.

Não devemos julgar a nós mesmos com dureza se nossas decisões não são as melhores — nem devemos julgar os outros. O amor incondicional e a aceitação de nossas falhas são a meta que lutamos para atingir. Devemos aceitar o que é e seguir em frente, tomando novas decisões em relação aos testes que enfrentamos. Adotar esse processo favorece a prática de refinar o discernimento.

Hoje em dia, estamos reaprendendo a necessidade de ouvir os pensamentos interiores. Como vivemos numa época de inclusão e colaboração, compreendemos a importância de ouvir e de respeitar os outros, de trabalhar com eles e de nos comunicar. Devemos levar a sério a importância da confiança e da responsabilidade, como fatores que motivam a nós mesmos e os outros. Devemos compreender que embora cada ser humano seja único, somos todos filhos de Deus e compartilhamos interesses, responsabilidades e a capacidade de ensinar e aprender uns com os outros.

Para tomar uma decisão, é preciso saber que todas as decisões têm conseqüências. Cada pensamento e cada ação cria uma reação — até mesmo pensamentos ou decisões que não resultam em ação. Ao tomar uma decisão, devemos ter cuidado e estar em contato com o Eu Superior.

A tomada de decisão não é simplesmente fazer alguma coisa diante de um pensamento, situação ou idéia. A tomada de decisão exige que a informação seja processada por meio de filtros racionais, intuitivos e espirituais, determinando assim o melhor curso de ação.

O último aspecto do discernimento é escolher e agir com base na escolha feita. Podemos escolher um curso ou direção mas não agir de acordo com essa escolha por falta de capacidade, disciplina ou persistência. É aí que entra a vontade. A vontade de aprender o que é necessário, de ter disciplina e de persistir quando a conquista não é imediata, faz parte do processo que leva ao crescimento intelectual, emocional, físico e espiritual.

A capacidade de discernimento muda com o tempo, à medida que desenvolvemos novos valores e novas habilidades. Podemos ter valores ideais e não conseguir viver de acordo com eles, até que aprendemos o que é necessário à realização desses valores. Brian Hall (1994) identifica quatro conjuntos de capacidades essenciais ao crescimento pessoal e espiritual. São eles:

Capacidade Instrumental. Da capacidade instrumental faz parte a inteligência e a destreza manual para cuidar de nós mesmos, para ler e escrever e para realizar as tarefas de todo dia.

Capacidade Interpessoal. É a capacidade de administrar as emoções de maneira a obter a cooperação das pessoas com quem nos relacionamos e trabalhamos.

Capacidade Imaginativa. É a capacidade de aprender a partir da experiência, de escolher e agir criativamente a partir de alternativas complexas, e de ver e agir a partir de idéias novas, que não foram previamente consideradas.

Capacidade de Conjunto. É a capacidade de ver todas as partes de um sistema e de projetar e administrar mudanças em nós mesmos, em grupos ou em organizações.

Para nos tornar seres integrados, devemos desenvolver um mínimo de capacidade nas quatro áreas. A capacidade e os valores são inter-relacionados. Uma modificação na percepção leva a novos valores. Esses valores, por sua vez, se modificam à medida que desenvolvemos novas capacidades.

A importância de desenvolver essas capacidades é acentuada pelos desafios que enfrentaremos nas próximas décadas, à medida que a Terra se aproximar da Quinta Dimensão. No passado, a mudança era mais gradual, permitindo que usássemos nossa capacidade de discernimento de maneira mais deliberativa. Vamos precisar reconhecer a necessidade de repensar a percepção e os valores, de monitorar as decisões e de disciplinar as ações, assim como reconhecemos a necessidade de usar a capacidade de discernimento.

Desenvolver a capacidade de discernimento nos faz avançar em direção à unidade com a Luz, em direção ao nível seguinte de crescimento espiritual. Essa é a meta de todos nós.

Resumo

O discernimento é geralmente entendido como a capacidade de discernir ou selecionar o "certo", ou as vibrações mais altas inerentes a uma situação. Mas o discernimento é muito mais do que isso. É a capacidade de estabelecer distinções, de fazer escolhas, de tomar decisões e de agir de maneira a contribuir para nosso crescimento e para a criação de um mundo melhor. Isso envolve quatro processos básicos:

- Percepção
  Temos sempre uma percepção das situações, mas geralmente ela se limita à percepção que serve a nossos interesses. A percepção de qualidade exige a capacidade de desenvolver uma disposição mental baseada no intento, nosso e dos outros. É a percepção do que é necessário ao progresso do eu e dos outros.
- Intuição
  A intuição é a capacidade de entrar em contato com o Eu Superior e de ouvir a voz interior que nos fala.
- Tomada de Decisão
  Ao tomar uma decisão, é preciso saber que todas as decisões têm conseqüências, assim como deixar de decidir também tem conseqüências. As decisões precisam ser tomadas com cuidado e em contato com o Eu Superior.
- Ação
  O discernimento exige ação. Para prosseguir, é necessário disciplina e vontade de adquirir a capacidade necessária ao sucesso em nosso curso de ação.

Adquirir a capacidade necessária a uma vida espiritual efetiva é tarefa para a vida inteira. Adquirir capacidade instrumental, interpessoal, imaginativa e de conjunto é uma parte integrante de nosso desenvolvimento pessoal e espiritual.

Capítulo 27

O Poder do Perdão

A paz interior só pode ser alcançada
quando praticamos o perdão.
Perdoar é renunciar ao passado,
é o meio de corrigir nossos erros de
percepção.

Gerald G. Jampolsky
Love Is Letting Go of Fear

O perdão é A CHAVE para a transformação. É a passagem para a Quinta Dimensão. "É preciso ter uma total atitude de perdão para atingir a vida eterna nos reinos superiores", diz Sananda, o professor que veio para transmitir a mensagem deste capítulo.

Quem melhor do que o próprio Sananda, Jesus o Cristo, o Mestre do Perdão, para transmitir esta mensagem? Seus ensinamentos abrangiam muitos assuntos, mas o perdão era sempre o centro de tudo o que ele ensinava. Há dois mil anos, sua essência já compreendia o poder do perdão e a necessidade que a humanidade tem de atingir esse estado mental.

Hoje, Sananda, O Mestre da metafísica, revela a ciência que há por trás do poder do perdão.

A Meus Mais Distintos Colegas na Luz.

Venho da Casa de meu Pai para dar orientação sobre o significado e o intento do "perdão". É com prazer que transmito esta informação, pois todos os que tiverem capacidade de compreendê-la e segui-la poderão entrar na Luz da Quinta Dimensão.

EU SOU Sananda, Jesus o Cristo, conhecido também como o Leão de Judá, e venho para lhes trazer a liberdade, meus Irmãos e Irmãs.

O perdão emana do coração, que corresponde ao chakra que se liga à minha essência. Ele é o estado mental que abre o coração, permitindo que a Luz penetre na consciência.

O perdão é ensinado por meio de definições e exemplos, mas poucos na Terra compreendem como é importante viver o processo de perdoar. O que os impede é o ego, a força controladora que fica entre o Eu Superior e a mente. O ego é semelhante a uma película ou escudo de energia que impede que o poder e a Luz do Eu Superior penetrem na mente e nos corpos inferiores. É geralmente associado às forças da escuridão que às vezes influenciam as decisões dos homens. O ego é intimamente alinhado aos três corpos inferiores (o físico, o mental e o emocional) e gosta de "governar" essa área. É, de certa forma, um ditador, pois não gosta de competição. Costuma lançar mão de truques para manter sua posição de poder, mesmo que seus conselhos acabem provocando dor, frustração e estados mentais depressivos.

Na "batalha pela alma", travada atualmente na Terra, a Luz do Eu Superior desafia a vontade que o ego tem de controlar a alma das pessoas. Atualmente, menos de dez por cento da população mundial está sendo submetida a Testes de Iniciação. Em 1997, mais quinze por cento da população mundial será levada às arenas. No ano 2000, quase sessenta por cento da população terá despertado e estará no processo de compreender a entrada na Quinta Dimensão. Em 2001, toda a população da Terra terá ouvido o chamado. Assim, nos anos que virão, a importância desta mensagem será significativa para todos.

Meu coração percebe muita dor e frustração entre os encarnados. Os pedidos de socorro são transmitidos todos os dias pelo reino angélico, e os Domínios Ascensionados trabalham incessantemente para planejar e ajudar sem fugir à orientação que diz que não podemos interferir a menos que nos peçam. Como tantos requisitam nossa presença e aceitam nossas palavras e nossa orientação, nós ajudamos por intermédio do coração daqueles que escolhem espontaneamente trabalhar com nossa essência.

Os mensageiros da esperança e da sabedoria se erguem à frente do mundo, prontos a aceitar o karma referente às suas ações. Nos anos que virão, sua força e sua Luz vão continuar ancoradas por intermédio de outras almas ligadas à Luz, criando um forte escudo para o Comando. Sou grato por sua força, assim como todo o Comando Celestial. Se não fosse por sua coragem, mensagens como esta não poderiam ser transmitidas.

Avalio a dor das almas que gritam e compreendo o dilema que enfrentam. A alma está presa ao corpo, que é controlado basicamente pelo ego, fazendo com que a mente e as emoções sejam manipuladas como fantoches.

O dilema é que dos nove corpos que compõem a forma humana, os mais fracos são o mental e o emocional. São eles que o ego governa, pois estão mais próximos do físico. Hábil e capaz, o ego compreende a força e as fraquezas de cada um e está determinado a vencer a batalha e ganhar o controle.

Os corpos mental e emocional têm o controle há muitas vidas por causa de dívidas kármicas que precisavam ser pagas. A Iluminação, assim como os professores que fazem parte deste processo, só se revela ao discípulo quando ele consegue resgatar a maior parte das dívidas kármicas, atingindo assim uma freqüência mais alta de Luz. Quando isso ocorre, a mente passa a ressoar numa freqüência superior, que coincide com a do Comando da Luz. Nesse momento, a pessoa usa a Lei da Atração para chamar os professores por meio da sua consciência; e os professores atendem gentilmente, para dar respostas às perguntas. Nesse estado mental, a pessoa está pronta para passar pelos Testes de Iniciação.

A Iluminação pode ser atingida numa só vida se o candidato estiver verdadeiramente disciplinado e motivado para a compreensão e para a sabedoria. Normalmente, o processo de iluminação dura milhares de vidas. É o tempo que geralmente leva para que a alma passe por todas as lições necessárias à sua purificação e fusão com o Eu Superior. Essa é a meta que todos procuram atingir, a vitória que todos vêem com o olho da mente — a alma se fundindo no Eu Superior. Não conquistar essa vitória é A ÚNICA COISA que pode manter uma pessoa isolada. Não atingir esse estado provoca dor e retarda a harmonia e a paz interiormente desejadas.

Então, deixem-me repetir mais uma vez: o ego (que é o indivíduo personificado) é o escudo entre a alma e o Eu Superior e trabalha para governar o reino inferior, onde o indivíduo É o reino. Compreendido isso, a questão é:

> *Quem você serve: a Deus ou ao homem?*
> *Em quem você confia: em Deus ou no diabo?*

Se você quer libertar o eu inferior da dor, do sofrimento e da angústia, então há apenas uma escolha: fundir-se no Eu Superior. Cada alma deve es-

colher a liberdade para que o processo comece. Mas, como sempre, a escolha é sua.

Como a humanidade tem estado preocupada em resgatar as dívidas kármicas, os ensinamentos transmitidos com o propósito de iniciar o processo de iluminação têm, em geral, caído em ouvidos surdos. Observo que as palavras dos ensinamentos são basicamente analisadas pela mente. Como esse processo permite que muitos compreendam o significado dos ensinamentos, somos gratos por esse primeiro passo. Mas sozinho ele não basta para que se atinja a liberdade oferecida pelos ensinamentos. Esses ensinamentos devem ser experimentados com o coração, pois é insuficiente analisá-los e dissecá-los com a mente.

O perdão é a chave para purificar a alma e está no centro da transformação. Permitam-me explicar, em termos de energia, por que é assim.

Os universos colidem e formam um campo pulsante de energia: a Força de Deus. Esse campo de energia é o sistema de suporte à vida no nível dos encarnados. O ponto de contato com esse poder é o Eu Superior. Esse campo de energia é intenso e irradia uma pura força feita de partículas de Luz que formam tudo o que há na criação, incluindo os oito corpos inferiores que constituem a forma humana.

Tudo o que vibra menos do que essa Força de Deus, embora seja parte dessa força, é considerado como forma inferior, podendo ser descrito como "contaminado" (um termo usado de forma exagerada, só para esclarecer este ponto). O importante é que, para entrar em contato com o poder contido no Eu Superior, todas as formas inferiores de energia (como as que estão contidas nos oito corpos inferiores) devem ser purificadas e elevadas à freqüência coletiva da Força de Deus.

Emoções como ódio, inveja, ciúme, raiva, remorso, suspeita e até mesmo uma leve antipatia vibram em freqüências mais baixas. Esses sentimentos servem para contaminar as pessoas, impedindo-as de realizar seu pleno poder e potencial.

O ego, que controla o lado escuro da humanidade, deve fazer escolhas em relação a cada experiência. Lembrem-se que forças das trevas e da Luz ficam sussurrando na consciência, tentando influenciar as escolhas do ego. A diferença é que o Eu Superior vai dar a orientação mais elevada, que sempre exige mais força e mais disciplina para ser seguida. É mais fácil odiar, ter razão e "vencer" do que se humilhar diante dos inimigos e perdoar o mal que fizeram. Embora procure não julgar, observo humildemente que o ego costuma escolher a linha da menor resistência.

Geralmente, o ego dá ouvidos a qualquer coisa que faça com que a pessoa se agarre aos sentimentos inferiores. Afinal, não se pode esquecer que ele só vai conseguir governar se mantiver a pessoa presa nos reinos inferiores. Estejam atentos e saibam que as forças escuras relacionadas ao ego são muito hábeis. Como o ego obedece às ordens inferiores e convence a mente a fazer o mesmo, a freqüência vibracional da pessoa permanece baixa porque as vibrações são dirigidas pelo estado mental. Com a freqüência baixa, a pessoa permanece no reino controlado pelo ego. A "vitória" é acompanhada dos altos e baixos da vida, trazendo geralmente depressão e frustração. Mesmo assim, tudo é perfeito porque foi escolhido.

Quem escolhe não se ater a sentimentos inferiores e começa a se elevar acima deles (mesmo que até então fosse mais fácil se comportar assim), permite que a freqüência vibracional da alma se eleve. Isso sempre provoca uma mudança na consciência. Renunciar aos hábitos e padrões do passado é uma escolha que começa na mente.

A trilha que leva à liberdade é a ESCOLHA. A liberdade começa no momento em que a pessoa escolhe controlar os corpos mental e emocional e seguir o caminho superior, em vez de seguir na direção que o ego deseja. Feita a escolha de controlar os corpos mental e emocional (em vez de deixar que tenham o controle), surge um novo mundo e a esperança floresce como lírios na primavera. É com essa decisão que começa o processo de iniciação, momento em que a pessoa é reunida a seu "velho" amigo, o Eu Superior, que introduz silenciosamente outro modo de vida.

A palavra de ordem da vida eterna e da entrada na Quinta Dimensão é:

"O ego está morto; o ego está morto; o ego está morto."

O ego usa a mente e as emoções, juntamente com as tradições e hábitos arraigados, para impedir que as pessoas abandonem sentimentos, atitudes e crenças inferiores. E muitas vezes vence, porque o mecanismo de controle que emprega é o medo.

Eis um teste para determinar qual das duas forças dirige a orientação interior:

Quando estiver diante de novas informações ou quando lhe pedirem para aceitar incondicionalmente alguma informação, espere um momento, respire fundo e sinta como essa nova informação ressoa interiormente. Se sentir a presença da vibração do medo, saiba que a informação foi habilmente transmitida pelas forças inferiores do ego, e que seu intento é controlar a alma, mantendo-a presa no reino inferior. Tudo é vibração.

Qualquer coisa que tenha a ressonância do medo, fazendo com que as decisões sejam tomadas em função dele, é apenas uma simulação habilidosa, que usa o corpo mental para convencer a pessoa a ir numa determinada direção. Geralmente, a lógica é disfarçada e usada para encobrir a presença do medo.

No universo de Deus há apenas uma lei — o amor. Dessa lei vem o Ser Um e a Unidade, não a separação e o medo. Quando você não sente essa vibração, está sendo coagido por uma hábil força a manter o estado mental e emocional do passado, que ressoa com a freqüência vibracional compatível com a agenda especificada. (É a Lei da Vibração novamente explicada.) Coragem é geralmente a característica necessária para que a alma avance e se mantenha na verdade interior.

Agora, permitam-me retornar ao tópico do perdão.

Observe que sempre que a mente está no controle e não consegue perdoar outra pessoa pelo que ela fez, o sentimento interior é semelhante aos descritos acima: ódio, raiva ou frustração. Além disso, não perdoar evoca a noção de "vitória". Estou certo?

Se concorda com isso, examine esse estado mental levando em conta as freqüências vibracionais. Se a mente habita nesses estados inferiores de consciência,

- *A mente e o coração estão iluminados ou escuros?*
- *Os oito corpos inferiores estão dotados de poder ou enfraquecidos?*
- *São os corpos mental e emocional que controlam a pessoa ou é a pessoa que controla os corpos mental e emocional?*

Para responder à última pergunta, leve em conta toda a energia mental que esse estado consome e todas as vezes que os pensamentos relativos ao incidente passam pela mente, abrindo feridas ainda maiores. Além disso, em que freqüência vibracional a pessoa fica suspensa quando o coração não consegue perdoar? Mas a questão mais profunda é: o que impede que a vítima deixe passar tudo isso?

PERDOAR NADA MAIS É DO QUE DEIXAR PASSAR

Um primeiro grande paradoxo

Essa situação oculta um primeiro grande paradoxo: a pessoa que age mal contra outra pessoa é considerada, pela "vítima", como uma alma de qualidade menor. Mas nem sempre isso é verdade, pois tudo acontece na vida por dois motivos: dívidas kármicas e destinos dármicos. Os destinos dármicos incluem os Testes de Iniciação. Além disso, quando a mente e o ego estão com o controle, há a tendência para julgar mal as pessoas, mesmo que não tenham intenção de agir mal. Podem então surgir situações que trazem outros Testes de Iniciação, que são sempre orquestrados pelo Eu Superior dos envolvidos. Assim, a qualquer momento pode ocorrer uma situação que coloque a pessoa numa arena para o próprio avanço e aprendizado. Essa é a verdade.

Como todas as almas devem ser fortalecidas na trilha da iniciação, é razoável concluir que todas devem ser testadas. Geralmente os testes chegam por meio de quem a pessoa menos suspeita, pois isso torna as lições ainda mais difíceis.

Há uma norma para esse nível de iniciação:

"Você pode saber que nível de mestria espiritual atingiu pelo nível do teste ou do oponente que tiver de enfrentar."

A conclusão lógica é que quanto maior o teste, maior o mérito de quem é testado, pois o teste é um correlato direto do nível de mestria da alma. Então, dessa perspectiva, seu mais odiado "inimigo" ou "oponente" é seu maior amigo? Será que essa pessoa foi colocada em sua vida para ser seu maior professor, para lhe ensinar as lições que ainda não aprendeu? Pense nisso. Se concordar que seu "inimigo" condiz com essa descrição, isso torna sua alma menor, maior ou igual à sua?

Os testes nunca são o que parecem ser na superfície. Os testes não são o relatório, as manias do patrão, a briga com o namorado ou as calúnias feitas pelos outros. Os testes são de natureza mais alta e envolvem SEMPRE a mestria em Leis Universais. Afinal, cada Iniciado veio à Terra para atingir essa mestria. As atividades com que a pessoa se envolve são parte da ilusão, ou do maya, como se diz no Oriente.

Por exemplo: num casamento que se acaba, o verdadeiro teste pode ser medir a capacidade da pessoa SER amor incondicional em meio à adversidade. Ou, para alguém que já passou por isso, o teste pode ter relação com o equilíbrio das características masculinas e femininas. Tudo depende dos aspectos em que a alma precisa crescer.

As fraquezas percebidas no interior da alma determinam as lições. Os padrões interiores mais fracos determinam a arena em que será colocada a pessoa. A arena (situação) fornece a oportunidade de fortalecer a parte fraca da personalidade. Se a pessoa tem predominância de energia feminina e não é "lutadora", então é provável que o teste exija dela um comportamento assertivo, para que se alinhe com as energias interiores masculinas e equilibre melhor os campos interiores de energia. Se a pessoa não aceita o desafio porque está muito habituada aos padrões de energia feminina, então com certeza vai enfrentar novamente o teste. Isso é necessário porque cada teste está ligado a uma determinada freqüência vibracional e deve ser enfrentado antes que a alma atinja um nível superior de vibração. Esse padrão — e o teste — vai se repetir até que as lições sejam aprendidas. Só que o teste aparece sempre com um novo rosto e cada nova situação traz lições dez vezes mais exageradas, oferecendo à pessoa oportunidades maiores ainda de praticar e aprender.

Quando a pessoa realmente aprende as lições e passa a se comportar num nível superior, a alma irradia essa freqüência superior de Luz e, graças à Lei da Vibração, NUNCA MAIS TERÁ QUE PASSAR POR ESSES TESTES. *Quando a freqüência vibracional aumenta, a alma fica livre para enfrentar testes de natureza superior que residem no novo nível de freqüência que ela atingiu.*

Assim, pense nos que agiram mal com você. Se suas ações serviram para elevar sua alma a um nível superior, eles estão entre os que vieram para servi-lo ou para prejudicá-lo? Quem perdoa o outro pelas ilusões, por mais intensas que pareçam, e penetra em si mesmo para assimilar as lições dos testes, avança muito mais depressa na direção da Luz. A entrada na Quinta Dimensão está então quase garantida.

Só você pode se prejudicar, Caro Filho da Luz. Nenhuma ação alheia pode prejudicá-lo, a menos que você abandone seu poder. Ultrapassando todas as limitações e elevando-se acima da ilusão, não mais desperdiçará poder e a Luz vai protegê-lo e servi-lo. Essa é a minha promessa.

Esta explicação lhes deu outro ponto de vista a respeito da importância de perdoar?

Um segundo grande paradoxo

Há um segundo grande paradoxo: as "vítimas", que se agarram à raiva e afirmam com afetação que não podem perdoar e por isso acreditam estar "vencendo", estão na verdade perdendo. Quem as magoou ainda controla o nível vibracional de sua alma, mantendo-a em baixos estados vibracionais. Só não consegue perdoar quem tem a alma dominada pelo outro, que a faz vibrar num nível inferior. E, agarrada a esse estado mental inferior, a pessoa não consegue ver por causa da ilusão, perpetuando esse domínio. Assim, enquanto a "vítima" permitir, sua alma continuará escravizada por aquele que agiu mal. É claro que isso agrada imensamente ao ego.

Como é simples a solução, Caros Filhos da Luz! Mas como é difícil atingi-la quando se é o fantoche do ego.

Deixem tudo passar!

Quando renuncia às vontades do ego e não permite que os atos dos outros aprisionem sua alma, a pessoa passa a um estado superior de consciência e liberdade, nunca antes experimentado. Quando experimenta o perdão, um sentimento mais leve e feliz invade a consciência e a mente se abre a novas idéias. A mudança de consciência enche de novas esperanças o coração e a alma. A capacidade que o coração tem para a caridade é então ativada. Surge uma fé mais forte. Tudo está garantido. O perdão, então, é A CHAVE para compreender e experimentar os três antigos mistérios: fé, esperança e caridade. Por isso eu digo:

Renunciem ao ódio e à raiva e agradeçam pelas lições e oportunidades de elevar à Luz a freqüência vibracional da alma. Sem tal experiência, vocês nunca se auto-realizariam. Assim, amem seu oponente por transformá-los nos Mestres que hoje são. Vejam em seu maior inimigo o seu melhor amigo, e alegrem-se por lhes terem sido enviados professores tão poderosos, pois eles os levarão ao Senhor.

Adonai, Caros Irmãos e Irmãs da Luz. EU SOU Sananda, enviado por meu Pai para mais uma vez livrá-los da escravidão. Ouçam minhas palavras com o coração, permitam que minha essência penetre em sua mente e verão a Luz em toda parte.
Qadoish, Qadoish, Qudoish. Adonai Tsebayoth.

Vão em paz.

Resumo

O perdão, ou capacidade de deixar passar as injustiças do passado, é a chave para o crescimento espiritual. Quando nos agarramos a velhas mágoas ou feridas, nós nos prendemos a uma vida governada por vibrações mais baixas, fadados a repetir os problemas do passado. O perdão nos permite passar a níveis superiores e evoluir no crescimento espiritual.

- O perdão é a chave da transformação.
- O perdão emana do coração. É um estado mental que abre o coração, permitindo que a Luz penetre na consciência.
- Dez por cento da população mundial está passando atualmente por Testes de Iniciação. Em 1997 outros quinze por cento começarão o processo. Em 2000 quase sessenta por cento terão despertado e em 2001 toda a população da Terra estará envolvida com Testes de Iniciação.

- A iluminação, um estado mental que normalmente leva milhares de vidas para ser atingido, pode ser atingida numa só vida se a pessoa for motivada e disciplinada.
- A afirmação "O ego está morto" é a palavra de ordem da vida eterna e da entrada na Quinta Dimensão.
- A força do oponente e a dificuldade dos Testes de Iniciação são a medida do desafio que você precisa superar. Seus inimigos podem ser considerados seus melhores amigos, pois sem esses desafios, como você atingiria a mestria?
- Perdão é saber renunciar.

Capítulo 28

Juntar Forças com os Anjos

Os anjos e os ministros da graça nos defendem.
William Shakespeare
Hamlet

Ao longo do tempo, a história acumulou registros de encontros com seres que residem em outras dimensões e em reinos mágicos. Não é por acaso que todas as culturas da Terra e todas as áreas geográficas do mundo têm histórias para contar sobre esses seres fascinantes. Seus nomes são muitos: fadas, elfos, sílfides, querubins, serafins e arcanjos. Eles não têm forma humana: são formas distintas de vida, habitando em outras dimensões do espaço/tempo. Em sânscrito, há uma palavra que resume toda a gama desses reinos: é a palavra *Deva*, que significa Deus, bom Espírito ou seres de Luz.

Místicos e sensitivos sempre conseguiram "ver" esses seres, mas a maioria dos seres humanos não. As pessoas em geral não têm o Terceiro Olho aberto, o que impede o contato com esses seres de Luz ou a consciência de sua presença. Assim, como a maioria não consegue vê-los, sua existência é pouco conhecida.

Normalmente, quando surgem perguntas sobre esses seres, as respostas parecem se encaixar numa das seguintes categorias:

1. **Todas as histórias sobre esses seres são ficção.** Ao longo de milhares de anos, esses seres foram sendo criados por ficcionistas, incluindo os que escreveram a Bíblia. Por exemplo: o Anjo Gabriel não apareceu realmente a Maria, mas essa história foi inventada por uma das mentes mais criativas da época.
2. **Todas as histórias sobre esses seres são imaginadas.** Apesar de as redes de comunicação só terem aparecido neste século, ocorreu uma coincidência miraculosa que criou histórias quase idênticas em todas as civilizações da Terra. (Obviamente, apesar das fronteiras físicas e das distâncias entre as pessoas, a psique humana têm a notável capacidade de imaginar em conjunto.)
3. **As histórias sobre esses seres são reais**, embora a maioria não consiga vê-los com a visão física. Eles existem em outra dimensão do espaço/tempo, mas a ciência ainda não tem a tecnologia necessária para constatar sua presença.

Essas respostas tradicionais estão de acordo com as oposições da Terceira Dimensão, que é fundada na dualidade — sim ou não, imaginado ou real.

Este capítulo aborda o tópico reconhecendo abertamente que os reinos dévicos são reais. Como as autoras se comunicam freqüentemente com esses seres, não será apresentado um debate mais aprofundado sobre sua autenticidade.

O objetivo deste capítulo é descrever brevemente os habitantes desse reino, para depois ensinar o leitor a fazer contato com esses seres de Luz. A intenção é despertar a consciência em relação a esses belos seres, com a esperança de que no futuro a comunicação se amplie e que se obtenha deles mais ajuda.

O desenvolvimento dos Reinos Dévicos está intrinsecamente ligado à nossa evolução. Os Devas são parte da energia feminina, que se ergue para nos encontrar em nossa jornada. A Quinta Dimensão vai nos trazer uma consciência maior a respeito das belas criaturas que habitam nos reinos de Deus. Devemos começar agora a preparar o caminho para que novas realidades penetrem em nossa vida, preparando-nos para a alegria que nos aguarda em nossa trilha. A casa do Pai tem muitos quartos.

Os anjos estão por aí desde o início do tempo. Sua existência está registrada na Bíblia. Eles têm sido tema de obras de arte e pinturas clássicas no mundo inteiro. A palavra anjo vem do grego *angelos*, que significa mensageiro. O reino angélico foi criado para servir a Deus e sua tarefa é assegurar que no reino de Deus tudo corra bem e de acordo com o Plano Divino.

Os anjos são chamados de Deuses, guardiões, servos, santos, Espíritos, exército celeste, hostes. A Bíblia se refere a eles como estrelas da manhã no

Livro de Jó, e Carruagens de Deus no Livro dos Salmos. Há vários tipos de anjos:

O Reino Dévico. Esses anjos trabalham com os elementos da natureza. Há Devas da terra, do ar, da água, dos animais, dos peixes, dos pássaros e até do nascer e do pôr-do-sol, para citar apenas alguns.

Pensamentos, Preces, Virtudes e Iluminação. Expandem os pensamentos positivos que emitimos, aplicando-lhes a energia que garante seu uso correto.

Cura. Esses anjos propiciam clareza e amor, criando as condições necessárias para os seres humanos realizarem a cura.

Igrejas, Organizações, Cidades, Territórios, Países e Raças. São responsáveis pelo cumprimento de responsabilidades e padrões evolutivos nos diferentes grupos. O anjo encarregado da América, por exemplo, se chama Americus.

Proteção e Guarda. Protegem as pessoas em grandes grupos.

Padrões Evolutivos. Esses anjos supervisionam o plano evolutivo de cada pessoa por meio das encarnações.

Karma. Supervisionam as dívidas e padrões kármicos que cada um deve viver para evoluir e atingir uma consciência mais alta.

Serviço a Cristo. Esses seres angelicos estão preparando o caminho para a volta do Mais Radiante. Usam todas as suas energias para enviar à Terra as energias de Cristo, elevando assim as freqüências vibracionais do planeta e garantindo a realização do Plano Divino.

Tecnologia e Equipamento. Esses anjos cuidam dos equipamentos, dos serviços e da tecnologia. Eles relatam à Hierarquia os usos inadequados da tecnologia, em desacordo com o plano superior. Por exemplo: Kuthumi afirmou que quando a bomba atômica foi desenvolvida e detonada na Segunda Guerra Mundial, ouviu-se um apelo no universo, pedindo ajuda para a Terra em seu ciclo evolutivo. Foram esses anjos que fizeram esse apelo, pedindo ajuda para a humanidade às forças celestiais.

Visionários, profetas e até mesmo pessoas comuns já ouviram os anjos, já os observaram e já falaram com eles. Eles são os mensageiros de Deus e podem aparecer em forma terrena ou etérica. Nossas crianças e os puros de coração os aceitam incondicionalmente. Eles aparecem em sonhos a certas pessoas, ajudando-as a superar situações difíceis. Às vezes, suas mensagens vêm de formas misteriosas, como "coincidências" e analogias, mas geralmente conduzem as almas enviando-lhes mensagens em seus sonhos.

Além disso, os anjos favorecem curas espontâneas, especialmente entre doentes terminais. Pessoas que relatam experiências desse tipo (o que geralmente ocorre anos depois), dizem que sua energia e sua vida mudaram de repente. São comuns mudanças na consciência que fazem com que a pessoa perca o interesse pelos bens mundanos e adquira um novo interesse pela espiritualidade e pelo senso de missão.

Embora haja muitos relatos de contatos com anjos, alguma coisa aconteceu ao longo dos séculos para diminuir a crença nesses seres de Luz. No passado, poucos prestavam atenção aos anjos ou reconheciam sua existência. Foram feitos filmes sobre o assunto, mas sempre deixando claro que se tratava de ficção. As pessoas zombavam de qualquer menção a esses Espíritos, vendo-os como fantasias.

Hoje parece haver um interesse renovado por esses seres de Luz. Programas de televisão, livros e revistas trazem histórias e relatos sobre os anjos e sua presença mágica. Pelo menos na América isso acontece.

Apesar desse interesse renovado, cientistas e médicos acreditam que os anjos não passam de alucinações provocadas por excesso de endorfina. Como as pesquisas sugerem que as funções do cérebro produzem substâncias químicas e padrões mentais, os cientistas presumem que as visões angélicas são também uma fantasia, ou uma atividade química do cérebro. Sabe-se que só cinco por cento da população tem predisposição à fantasia, mas os cientistas chamam de fantasia essas visões por não conseguirem explicá-las cientificamente.

Como é triste para a humanidade essa atitude! Os místicos e Iniciados sabem que algumas coisas não são mensuráveis, mas compreendem que essa não é a única maneira de provar sua validade. Algumas coisas, como o amor, só podem ser experimentadas.

O que aconteceu para criar essa atitude que nos afasta da consciência natural? Como pode a humanidade, com toda a sua tecnologia e conhecimento, negar essa Luz e essa ajuda? Que força escura conseguiu fechar nossa mente, reduzindo a humanidade ao cinismo? O sucesso de tal força fica evidente quando se considera a atual situação do mundo. A boa notícia é que não é tarde demais para mudar.

Como a humanidade cria o próprio destino e também o da Terra, e como há um despertar espiritual ocorrendo no planeta, podemos modificar coletivamente as coisas. O fato é que os anjos são reais e que eles intervêm por nós. Fazem parte de nosso campo de força e favorecem nossa transformação em Mestres Espirituais. Sua Luz é uma importante Fonte de poder porque é uma extraordinária fonte de amor. Mas, como temos livre-arbítrio, somos nós que devemos escolher se queremos ou não entrar em contato com eles.

Numa de suas mensagens, Mestre Kuthumi disse que há um grande índice de ociosidade entre os membros do Comando Celestial.

Aguardamos a chamada da Legião dos Trabalhadores da Luz na Terra, porque o livre-arbítrio nos impede de interferir espontaneamente. Essa é uma condição sagrada e nós a respeitamos.

Os anjos, que têm tanto a oferecer, estão especialmente inquietos. Seu potencial está tão adormecido quanto as árvores no inverno, enquanto esperam que os Guerreiros Espirituais da Terra os chamem para juntar sua força à deles.

Chamem, Meus Caros, e chamem logo. Reduzam o índice de ociosidade nos Céus. Assim, continuaremos a servi-los no sentido de lhes dar novas tarefas para que cumpram sua missão.

Segundo Kuthumi, os anjos estão tão ociosos porque a humanidade não está querendo entrar em contato com eles para, com seu poder, combater a negatividade da Terra. Ele explica também que eles

1. Terão prazer em nos atender.
2. Virão com certeza.
3. Têm funções e responsabilidades únicas.
4. Ajudarão a todos nós em nossas necessidades.
5. São risonhos e gentis e Mestres na arte de dar amor.

Nos contatos com o reino angélico, que pode ser feito através das preces, é importante que os pedidos sejam bem específicos. Por exemplo: quem pede ajuda para uma cura deve chamar os anjos que atuam nessa área. Além disso, os anjos só ajudam quando isso não perturba a lei kármica ou dármica, pois certas situações são lições que servem para fortalecer a alma. Nesses casos, o reino angélico costuma não interferir, pois senão atrasaria o desenvolvimento da alma e seu progresso para a Luz.

Nunca peça ajuda a todos os anjos do universo. Lembre-se que eles têm a obrigação de vir. Chame apenas aqueles cuja ajuda é necessária.

Salmo 91, versos 11 e 12:

11 Pois em teu favor ele ordenou aos seus anjos
que te guardem em teus caminhos todos.

12 Eles te levarão em suas mãos,
para que teus pés não tropecem numa pedra.

Os anjos cuidam de todos nós e nos protegem do mal, mas geralmente cuidam mais do corpo espiritual do que do físico. Na hora da morte, eles preparam a pessoa para a jornada após a vida e servem de guias no caminho. Cada cidade tem um poder principal (anjo) que a dirige, assim como cada território ou país tem um Mestre Ascensionado que cuida de seu desenvolvimento.

Há nove ordens na hierarquia dos anjos e na Hierarquia Celestial. São elas, indo da mais baixa para a mais alta: anjos, arcanjos, principados, poderes, virtudes, dominações, tronos, querubins e serafins. Cada ordem tem deveres específicos a cumprir.

Os **anjos e arcanjos** ocupam um alto nível da hierarquia. Guardiões dos seres humanos e das coisas físicas, são também enviados como mensageiros. Costumam vir a um planeta ou sistema estelar só para observar e acumular sabedoria. Às vezes ficam nesse lugar até que os habitantes atinjam um certo nível de iluminação, emprestando sua Luz para favorecer a transformação.

Os **principados** protegem a religião e a espiritualidade e atuam como governantes angélicos das nações do mundo inteiro.

Os **poderes** combatem os esforços dos demônios no sentido de destruir o mundo. O Comando Celestial lhes destinou a função de proteger e lhes deu autoridade para isso.

As **virtudes** reconhecem a excelência e o mérito na graça e no valor. Elas também fazem milagres e favorecem a cura.

As **dominações** administram os deveres angélicos. É por meio delas que a Majestade de Deus se manifesta.

Os **tronos** trazem a nós a justiça de Deus.

Cada **querubim** tem inúmeros subordinados na ordem hierárquica, encarregados de realizar a lei de acordo com os princípios do equilíbrio e da relação de causa e efeito. Costumam aparecer em unidades de quatro e são chamados de Regentes do Norte, do Sul, do Leste e do Oeste. Na cristandade, são personificados como os anjos que registram os atos humanos no grande livro. É através desses registros que cada pessoa é julgada. Os querubins protegem também o trono de Deus.

Os **Serafins** têm seis asas e cercam o trono de Deus, cantando eternamente "Santo, Santo, Santo". São os anjos do amor, da Luz e do fogo. Lutam ardentemente para inspirar o amor divino nos seres humanos.

Podemos evocar os anjos a qualquer momento e pedir sua ajuda.

Jesus disse em Mateus 21:21,22:

Em verdade vos digo: se tiverdes fé, sem duvidar... tudo o que pedirdes com fé, em oração, vós recebereis.

Pedimos ao Mestre Kuthumi para descrever o reino angélico e sua atual função na Terra. Ele transmitiu a seguinte mensagem:

É com grande prazer que eu, Kuthumi, transmito esta mensagem sobre meus distintos colegas celestiais, os anjos. Eles entoam continuamente louvores ao Altíssimo e, por essa razão, estou honrado em fornecer esta informação, que pode ajudar até mesmo o observador mais casual.

O reino angélico é a cola cósmica que ajuda todos os seres dimensionais a se transformarem em Luz. Esses seres têm a paciência de Jó e conhecem a estrada que leva à Luz melhor do que muitos nos Domínios Ascensionados. Como a maioria nunca encarnou na Terra, eles não ressoam com a lembrança dos cinco sentidos e da influência que essas ferramentas do aprendizado têm na jornada da alma em direção à Luz.

Os membros do reino angélico são os degraus para mundos mais altos. Eles compõem a freqüência dimensional que afeta a alma e sua capacidade de ouvir. Tudo o que é falado pelos Mestres Ascensionados é ouvido pelos seres humanos graças à ajuda dos anjos, que ajustam os padrões vibracionais do corpo causal.

O termo "anjo da guarda" é uma verdade, pois cada alma do universo recebe um anjo da guarda. Esse ser superior de Luz é na verdade um com o Eu Superior, que é o que cada alma encarnada é na verdade. Esse conceito é compreendido por poucos, e reconhecido por um número ainda menor, mas isso não tem importância nesta mensagem. Aqui, o importante é saber que a cada pessoa, independentemente de cor, credo ou sexo, é designado um ser do reino angélico.

Os anjos são prestativos e compromissados com uma só coisa: a Luz. Para eles, esse é o único propósito da existência. Eles tudo vêem e compreendem que cada experiência é uma lição para que a alma compreenda a Luz e se integre a ela. Isso é tudo. A agenda deles é fácil de ser compreendida.

A radiância que vem deles emana da pura energia da Força de Deus. É tão forte e intensa que não pode ser percebida pelo olho humano. Pode ser vista apenas com o olho interior e com o olho da alma, a menos que se trate de alguém que se purificou ao longo de muitas vidas, estando já numa freqüência vibracional próxima da deles.

Os anjos são semelhantes a cavalos de carga. Eles cumprem suas responsabilidades com muita dedicação e alegria, pois compreendem que encher os corações de Luz e amor é o único propósito da existência. São os guardiões da Luz e compreendem que há apenas uma lei: o amor.

Amor é um conceito enganoso, mas não no reino angélico: é a única coisa que os anjos compreendem. São incapazes de julgar e sabem lidar apenas com as verdades superiores que vibram no espectro de poder que abrange a energia dos Cristos. São também os embaixadores do Criador e zelam continuamente pelo cumprimento da Vontade Divina.

O reino angélico se divide por uma hierarquia que consiste em precisão e ordem. As camadas da hierarquia sabem como coordenar as responsabilidades de maneira a facilitar o plano mestre para a transição da Terra à Quinta Dimensão. São hábeis em cumprir essas responsabilidades na matriz da Luz, trazendo o máximo de benefícios à Terra por intermédio dos Filhos da Luz que são ligados à sua essência.

Os membros encarnados da Ordem de Melchizedek têm a responsabilidade de fazer o contato com o reino angélico e colaborar com ele no sentido de trazer o plano de Deus para a Terra. É para isso que esses dois grupos vieram. E para, unidos, cumprirem a vontade de Deus antes da vontade do ego. Vieram para elevar as vibrações do planeta a uma consciência que jogará o mundo nas dimensões mais altas do novo milênio.

Os quatro Arcanjos tocam as trombetas porque os jogos estão começando. Miguel, Gabriel, Rafael e Uriel estão posicionados nas quatro direções para deixar entrar o triunfante. Eles se alegram com o redespertar, à medida que as lembranças da vitória voltam à tona da consciência.

Ouçam minhas palavras com o coração, Caros Filhos da Luz, e vejam com o olho interior o reino angélico pronto para servi-los. Unam-se às carruagens de fogo e comecem a lutar com as forças das trevas que tentam consumir suas almas. Saibam que, por meio do amor e da Luz, a vitória é certa, e comecem a circundar as trevas com o poder que sabem que é seu.

Conheçam a hierarquia do reino angélico e aprendam a entrar em contato com seu poder. Eles trazem a espada do Arcanjo Miguel para sua proteção nos dias que virão. Se seguirem este plano, sua vitória está garantida.

Boas notícias de grande alegria chegarão a vocês nos dias que virão.

Adonai, Meus Irmãos e Irmãs Celestiais. EU SOU Kuthumi, seu Mensageiro junto ao Divino.

John Randolph Price, em seu livro *The Angels Within Us*, diz que há vinte e dois anjos encarregados especialmente de nos guiar pelas sendas espirituais. Mas Randolph adverte que, antes de chamar esses anjos, devemos nos preparar para trabalhar com eles, limpando nossa mente e intenções. Segundo ele, há quatro passos extremamente importantes que devemos dar:

Primeiro passo: Perdoar a nós mesmos pelos erros que cometemos em pensamento e pelas coisas negativas que criamos em nossa vida.

Segundo passo: Avaliar a nós mesmos — nossos traços de personalidade e nossas atitudes.

Terceiro passo: Submeter totalmente a mente, as emoções, o corpo e a vida pessoal ao Espírito interior.

Quarto passo: Meditar, trazendo a consciência à presença de Deus.

Depois disso, estaremos prontos para chamar os anjos e pedir sua ajuda cheia de amor. Essa ajuda geralmente vem de forma desconfortável ou inesperada. Por quê? Porque os anjos, de maneira carinhosa e destemida, nos libertam de tudo o que impede o crescimento espiritual e o progresso à Quinta Dimensão. Eles podem estar agindo quando:

- A vida de repente toma uma nova direção. Você parte para novas aventuras e descobre uma nova criatividade ou sente que está perdendo tudo o que conquistou com o tempo.
- Você sente um tremendo impulso de ir a algum lugar, mas não sabe por que nem para onde.
- Você de repente muda de carreira apesar de passar a ganhar bem menos.
- Você começa a assumir a responsabilidade pelas próprias ações e sentimentos e pára de culpar os outros, a sorte ou as circunstâncias pelo que dá errado em sua vida.
- Você tem uma sólida sensação de conhecimento, força, paz e energia renovada. A vida sai da estagnação para se tornar excitante e estimulante.
- Você ri mais e passa a enxergar pelos olhos encantados de uma criança.

Chegou a hora de abrir o Terceiro Olho e de enxergar com uma visão igual à dos antigos profetas. Devemos treinar o olho interior para ver o que não conseguimos ver com os olhos físicos. Fortalecendo nossa fé, "veremos" os anjos à nossa volta. Podemos pedir a intervenção angélica e trazer de volta o misticismo de dias mais elevados.

Resumo

Já foi dito várias vezes que nunca estamos sozinhos e que temos muitos recursos a que podemos recorrer quando precisamos de ajuda ou conforto. Os anjos fazem parte desses recursos. Todos nós temos um anjo da guarda ou um ser superior de Luz, que na verdade é um com o Eu Superior. Eles cuidam de nós e nos orientam continuamente.

Há várias outras categorias de anjos que têm tarefas específicas. Os anjos se comunicam com a alma e nos ajudam a ouvir as mensagens dos domínios mais altos. Podem também ajudar no combate à negatividade da Terra. Quando chamados, eles virão para nos ajudar em nossas necessidades.

- Os anjos são mensageiros de Deus e podem aparecer em forma terrena ou etérica.
- Os anjos intervêm por nós na Terra. Sua Luz é uma importante Fonte de poder, pois sua Luz é uma Fonte de amor extraordinário.
- O reino angélico é a cola cósmica que ajuda os seres de todas as dimensões a se tornarem a Luz.
- Há nove ordens na hierarquia dos anjos, conhecida como Hierarquia Celestial:
    - Anjos e Arcanjos — guardam as pessoas e as coisas e são enviados como mensageiros;
    - Principados — protegem espiritualmente e servem de governantes angélicos das nações do mundo;
    - Poderes — impedem que os demônios destruam o mundo;
    - Virtudes — realizam milagres na Terra e ajudam na cura;
    - Dominações — administram os deveres angélicos;
    - Tronos — trazem a justiça de Deus;
    - Querubim — cumprem a Lei de acordo com o equilíbrio e a relação de causa e efeito; protegem o trono de Deus;
    - Serafim — anjos de amor, Luz e fogo.
- Os membros encarnados da Ordem de Melchizedek estão aqui para entrar em contato com os anjos e, junto com eles, realizar o plano de Deus na Terra. Depois, os membros dessa Ordem vão ensinar outras pessoas a fazer o mesmo.

Capítulo 29

A Grade Eletromagnética

Não são as lembranças do passado que nos tornam sábios,
mas a responsabilidade pelo futuro.

George Bernard Shaw

Na Atlântida, existia sob a superfície da Terra uma matriz de energia etérica que formava uma rede para atividades como cura e comunicação telepática. Essa matriz era conhecida como grade: uma rede com espaços verticais e horizontais uniformes entre as barras ou linhas, como as que são colocadas sobre mapas, gráficos, plantas de construção, etc., para facilitar a localização de pontos específicos.

Essa grade era um sistema de freqüências eletromagnéticas criado por meio de ligações mundiais formadas por ondas do pensamento humano e pela energia transmitida pela Terra e pelos cristais. O sistema seguia um plano global, claramente pensado, detalhado e traçado com cuidado e inteligência. Corporificava o estudo e a forma da *geomancia*, ou adivinhação por linhas traçadas ao acaso.

Essa rede eletromagnética existiu por muitos séculos, servindo de apoio à existência dimensionalmente superior dos Atlantianos. Permitiu que a vida existisse numa forma superior neste planeta. Era um sistema de transmissão de poder situado vários metros abaixo da superfície da Terra. A grade eletromagnética foi construída pelo Maior Geomante e Mestre da Terra, conhecido como Hermes Trismegisto e pelos Sumos Sacerdotes e Sacerdotisas da Atlântida, que vieram à Terra para construir uma grande civilização nesta parte da galáxia.

O intrincado desenho produzido por seu trabalho, que tinha como objetivo ligar o Céu à Terra, teve a cooperação de Elohim e dos reinos dévicos. Era baseado nos Princípios Herméticos, que formam a base de toda manifestação. Esses princípios fazem parte das Leis Universais, já descritas neste livro. O efeito dessa grade era, basicamente, ligar os humanos à Terra por meio do poder do Espírito.

Ainda hoje há restos dessa fantástica realização, em forma de linhas *ley*. Essas correntes eletromagnéticas de energia chegaram a envolver a Terra toda, unindo as grandes massas de terra e passando sob o fundo dos mares. Arquitetos, cientistas, arqueólogos, místicos e outras pessoas sabem que essas linhas existem, mas têm poucas evidências físicas dessa existência. Alguns acreditam que elas podem ser localizadas através das técnicas de trigonometria espiritual de Buckminster Fuller. Mesmo que isso seja verdade, é impossível explicar cientificamente como essas linhas foram criadas. Mas tanto existem que o poder de seus pontos de interseção é usado para:

- Estabelecer pontos focais para posicionar catedrais, pirâmides, estruturas sagradas e outros objetos místicos, como Stonehenge.
- Organizar as energias da Terra.
- Facilitar atividades e visões de OVNIs.
- Orientar os padrões migratórios dos pássaros.
- Ordenar a atividade vulcânica.
- Dirigir manifestações da gravidade e da antigravidade.
- Definir a topografia no topo das montanhas.
- Dirigir os movimentos das correntes oceânicas.

A rede eletromagnética foi a maior realização espiritual deste planeta. Representava as mais elevadas formas-pensamento, funcionando como uma interface com a Mãe Terra.

Os principais propósitos da rede eletromagnética eram:

1. estabelecer conexão entre os Corpos de Luz espirituais das pessoas e
2. fornecer uma quantidade inesgotável de energia aos que estavam ligados a ela.

Para isso, era preciso sincronizar os padrões das ondas cerebrais às correntes de energia emitidas pelos pensamentos ligados ao centro do coração das pessoas. Assim, eram criadas freqüências ligadas diretamente ao Eu Superior e, conseqüentemente, ao Plano Divino. Como resultado, as linhas da grade da Terra e as freqüências áuricas das pessoas eram purificadas, pois no macrocosmo/microcosmo tudo tem conexão entre si.

Como o campo de energia criado por esses procedimentos alinhava-se a uma freqüência ou sintonia espiritual superior, essa freqüência se ligava automaticamente à rede de Luz da Terra, chamada de "consciência de Cristo" (outro termo para Força de Deus). Isso criava uma rede de Luz semelhante a um imenso cérebro e sistema nervoso central, sinalizando e ligando o mundo físico à existência etérica do Eu Superior. Dessa forma, foi criado um sistema de telecomunicação espiritual altamente desenvolvido, que podia ser usado apenas por quem tivesse atingido um estado iluminado de consciência.

Como na Atlântida muitos já haviam despertado e estavam ligados à Força de Deus, era relativamente fácil fazer as conexões entre os pensamentos, a mente e o coração de cada um por meio do Eu Superior. Todos os que viam com o Terceiro Olho eram ligados a esse campo de energia, pois os padrões de ressonância do Terceiro Olho coincidem com os da consciência de Cristo.

Hermes e outros seres de Luz implantaram cristais celestiais no corpo etérico dos Sumos Sacerdotes e Sacerdotisas e depois no corpo dos Trabalhadores da Luz da hierarquia. Esses cristais continham códigos simbólicos e geométricos da Linguagem Universal da Luz que emitiam freqüências para juntar sinais que emanavam de pontos de Luz. Isso formou linhas de Luz que irradiavam dos corpos etéricos e se ligavam à Terra, formando a rede iluminada de energia divina.

Para determinar quais os cristais que seriam implantados nos corpos etéricos, os pares de Sumos Sacerdotes e Sacerdotisas eram formados por meio de um processo de seleção que garantia compatibilidade com outras almas. Esse processo levava em conta o grupo a que pertencia cada alma e o raio que tinha trazido cada um à encarnação. Os cristais compatíveis com esses critérios eram então implantados etericamente nos oito corpos inferiores desses altos Iniciados.

Concluída a codificação etérica, a equipe de Hermes começou a colocar cristais (principalmente quartzo branco, embora usassem também quartzo rosa e ametista) sob a superfície da Terra. Com isso, os Sumos Sacerdotes e Sacerdotisas, que tinham os implantes etéricos, passaram a ter ligação com as energias eletromagnéticas emitidas pelos cristais enterrados na Terra. Assim, esses Iniciados eram "carregados" de acordo com uma corrente de energia mais alta e finalmente saíam pelo mundo, ligando certos pontos a locais sagrados. Essas conexões eram realizadas pelo toque ou pela presença física dos Sumos Sacerdotes e Sacerdotisas, pois suas auras emitiam raios de energia mais alta do que os dos outros cidadãos de Atlântida.

Esses emissários selecionados do Divino foram para várias terras e pontos do mundo. Cada vez que iam a terras estrangeiras, as correntes de energia ficavam mais fortes. Ao longo dos séculos, esse processo fortaleceu as linhas *ley*, tornando-as quase impenetráveis. A Luz que passava por essas linhas era tão pura e radiante que os místicos e adeptos a enxergavam com o Terceiro Olho. A radiância da Terra podia ser vista do Céu pelos Seres Celestiais, e todos os que habitavam nesta freqüência usavam essa rede para propósitos superiores. A rede realmente ligava o Céu à Terra e formava a perfeita Unidade, o Ser Um. Conseqüentemente, paz, amor e Luz abundavam em toda parte, pois todos esses atributos eram ligados ao Plano Divino.

Assim eram as coisas no apogeu da Atlântida. Mas como revela a história, as coisas começaram a mudar. Certas pessoas, que não pertenciam ao clero, tornaram-se poderosas e começaram a modificar os sistemas, o que foi desastroso. A Atlântida caiu e a maior parte de suas realizações ficou enterrada com a terra sob o oceano.

Os relatos (como os de Platão) revelam que a Atlântida era magnífica em seu período de glória. Alguns dos sobreviventes, guardiões do conhecimento sagrado da geomancia, foram para o Egito e para Yucatan mantendo viva uma parte desses mistérios e desse conhecimento. Foi por isso que nesses lugares as civilizações conheceram também períodos de glória. Outras almas caíram no "sono profundo", mas as informações sagradas ficaram guardadas em seus Registros Akáshicos à espera da Sétima Idade de Ouro, momento em que as almas dos Sumos Sacerdotes e Sacerdotisas reencarnariam para reconstruir a Atlântida. Esse momento é agora.

As almas dos Sumos Sacerdotes e Sacerdotisas da Atlântida reencarnaram. Esses seres que governaram a Atlântida despertaram e com eles a lembrança da rede eletromagnética e de seu significado. Neste momento, estão viajando pelo mundo para criar uma NOVA grade para a Terra.

A Atlântida ESTÁ despertando, como o grande "profeta adormecido" Edgar Cayce profetizou há algumas décadas. Desta vez, o objetivo dos sacerdotes é ajudar a Terra a entrar na Quinta Dimensão.

Nos últimos anos, essas almas (que representam a Ordem de Melchizedek) têm trabalhado ativamente na criação de uma nova grade eletromagnética, situada, desta vez, a pouco mais de um metro acima da superfície da Terra. A antiga grade foi quase toda destruída ou profanada, sendo impossível usá-la no novo mundo que virá. Assim, em todo mundo estão sendo criados locais sagrados, que serão campos de energia para sustentar a nova matriz.

Das estruturas cristalinas da Terra, localizadas bem abaixo da superfície, estão emergindo lentamente campos de energia semelhantes ao arco-íris. Gaia (a mãe Terra) está despertando e saindo da sonolência para um estado mais elevado de consciência. Almas em quantidade cada vez maior querem receber a programação da Linguagem Universal da Luz, que vem dos cristais etéricos implantados nos oito corpos inferiores. Daí vem uma certeza: a Nova Jerusalém está surgindo na Terra e os seres humanos são co-criadores desse templo celestial.

Quando a nova grade eletromagnética estiver terminada, surgirão portas etéricas e cósmicas, que funcionarão como pontos de entrada e saída para as viagens interdimensionais. Assim como em Atlântida, será possível a comunicação com os deuses, sendo que todos os que atingirem a freqüência vibracional compatível com o Eu Superior terão acesso a essa rede de comunicação.

Desde que a Atlântida caiu, a Ordem de Melchizedek tem enviado periodicamente à Terra alguns de seus melhores membros, que encarnam para ajudar a humanidade a evoluir. Isso foi muito importante nas Idades das Trevas, quando a consciência estava em seu nível mais baixo. Geralmente essas almas encarnavam uma por vez, mas às vezes encarnavam em grupos, por ocasião de alguma missão importante, como a iluminação em massa ou a produção de alguma grande invenção ou obra literária. As almas que encarnavam eram tão puras que podiam entrar em contato com os membros da Ordem que estavam no etérico (os Mestres Ascensionados). Elas o faziam com o propósito de canalizar grandes obras, escritos e legados para o benefício e crescimento da humanidade.

Basta rever a história para descobrir os nomes dos grandes Mestres que vieram à Terra. Almas como Pitágoras, Sócrates, Platão, Hipócrates, Atena, Akenaton, Ísis, Jesus, Mãe Maria, Buda, Krishna, Maomé, Shakespeare, Salomão, Moisés, Sai Baba, Gandhi e Quan Yin são apenas alguns dos Mestres enviados à Terra pela Ordem. Jesus é chamado de Rei Melchizedek nas escrituras por causa de sua pureza e perfeita mestria em relação às leis.

A Ordem de Melchizedek conduz o desenvolvimento da Terra desde o início do tempo e vai continuar a fazê-lo no futuro. Atualmente, a Ordem oferece instrução e ajuda a todos os que ouvem com o coração. Ela ensina a liberdade em relação às limitações e à dor, pondo assim um fim à luta para evoluir. Essa é uma promessa da Era de Aquário. Assim foi escrito e assim será feito!

Hermes voltou e está dirigindo outra vez a implantação da grade eletromagnética que vai envolver a Terra. A nova matriz será semelhante a um diapasão: vai vibrar e unir os seres humanos do mundo inteiro através da consciência superior. Vai favorecer o desenvolvimento de Adão-Kadmon, ou o advento do novo homem, destinado a caminhar na face da Terra na Sétima Idade de Ouro.

Assim como na época da Atlântida, as condições na Terra e no universo estão novamente sincronizadas, permitindo que tudo isso aconteça. Levou mais de 10.000 anos para essa freqüência superior ser alcançada, pois tal alinhamento ainda não tinha sido possível no Céu. Graças a esse alinhamento perfeito, é o próprio Altíssimo que vai conduzir esse projeto miraculoso.

A grade eletromagnética não pertence a uma nova religião. Ela está sendo criada para desenvolver o potencial da humanidade, ligando os centros de consciência superior à energia dos Cristos. A grade vai criar uma rede de Luz e de consciência humana focalizada, vibrando nos comprimentos de onda que usam a Linguagem Universal da Luz para transmitir mensagens. Ela será a superestrada para a evolução nos anos que virão. Alguns dos usos dessa grade eletromagnética são:

- Enviar amor.
- Curar a si mesmo e aos outros.
- Aumentar o poder telepático.
- Abrir o Terceiro Olho dos Iniciados na senda da Iluminação.
- Unir o mundo no conceito de Ser Um.
- Enviar apoio aos outros.
- Aumentar a capacidade da alma de se transportar.
- Acesso à Linguagem Universal da Luz.
- Aumentar os poderes da manifestação, em si mesmo e nos outros.
- Conceder poder às pessoas.
- Fortalecer na Luz o campo magnético da Terra.
- Apoiar o desenvolvimento espiritual.
- Ligar a humanidade à Mãe Terra.
- Entrar em contato com o Comando Celestial (incluindo os anjos).

A Linguagem Universal da Luz contém 144.000 símbolos geométricos e é o código de freqüência que os seres humanos precisam para transcender o pensamento tridimensional. Essa linguagem nos chega por meio do Eu Superior, filtrando-se então aos oito corpos inferiores. Ela traz o molde divino para as missões individuais, substituindo a vontade do ego pela Vontade de Deus.

Atualmente, esses símbolos geométricos estão sendo codificados em nossa consciência e em nossos corpos etéricos. A Hierarquia Celestial faz essa codificação em todos os que lhe deram permissão. Como a codificação tem vários comprimentos de onda, cada pessoa recebe apenas a codificação simbólica que é compatível com seu nível de consciência. Quanto mais baixa a consciência, menor o número de códigos que serão carregados. Quanto mais alta a consciência, maior o número de códigos implantados. Quanto mais símbolos recebemos, mais responsabilidade pelo serviço ao mundo nos é dada, no cumprimento do Plano Divino.

O objetivo da ascensão da Terra à Quinta Dimensão é ligar à grade o maior número possível de Trabalhadores da Luz. A conexão é feita através da área do plexo solar e nos permite focalizar a energia, meditar sobre a Luz, enviar e receber mensagens, energias e manifestações importantes.

A GRADE ELETROMAGNÉTICA NÃO PODE SER USADA DE MANEIRA ERRADA

A grade eletromagnética é um instrumento para a construção de um mundo de paz, cooperação e amor, e para isso será usada no milênio que vem. Como seu uso se limita aos que habitam numa freqüência mais alta, não há risco de ela ser mal usada. Os que vivem numa freqüência mais baixa (por exemplo, pessoas gananciosas ou nocivas aos outros) não poderão se ligar a ela. Por outro lado, quem evolui a um nível mais alto de consciência é incapaz de fazer o mal, pois a nova freqüência vibracional da alma traz uma agenda que não comporta atitudes inferiores.

A importância da rede eletromagnética é fornecer aos Trabalhadores da Luz do mundo inteiro uma ferramenta para enviar e receber informações e energias que podem resultar em manifestações favoráveis à entrada na Quinta Dimensão.

Eis um exercício enviado por Kuthumi para ajudá-lo a entrar em contato com a rede eletromagnética.

1. Sente-se com a coluna reta e respire profundamente.
2. Acalme a mente, o corpo e as emoções. Permaneça perfeitamente centrado ao usar esse campo de força.
3. Evoque a Luz e o Eu Superior para protegê-lo.
4. Medite sobre a Luz.
5. Ilumine o Terceiro Olho visualizando uma brilhante Luz dourada dentro da cabeça. Ligue essa Luz ao centro do coração.
6. Entre em contato com o Grande Sol Central e com a Estrela da Terra por meio dos doze chakras e guarde essa energia radiante no coração.
7. Visualize a grade eletromagnética ligada à área de seu plexo solar, com uma Luz dourada de energia. Veja a si mesmo como parte dessa rede, envolto nesse mar de amor e Luz.
8. Emita impulsos de energia e comece também a recebê-los.
9. Espere que seja assim! Que assim seja! Assim é!

Resumo

Hermes Trismegisto, com os Reinos Dévicos e Elohim, construiu uma grade eletromagnética situada alguns metros abaixo da superfície da Terra. Durante vários séculos essa rede sustentou a existência dimensionalmente superior de Atlântida. Depois da queda de Atlântida, a grade foi danificada e o que restou é conhecido como linhas *ley*. A grade ligava os Corpos de Luz das pessoas entre si e com a Terra, fornecia uma quantidade inesgotável de energia aos que estavam em conexão com ela e ligava o mundo físico à existência etérica do Eu Superior. Formava também um sistema de telecomunicação, usado pelos que tinham atingido um estado iluminado de consciência.

Pela primeira vez em 10.000 anos, a Terra atingiu uma freqüência que permite a criação de uma nova grade eletromagnética, que servirá de apoio à Sétima Idade de Ouro e facilitará a entrada na Quinta Dimensão. A nova grade ficará a mais de um metro acima da superfície da Terra, apoiada em campos de energia que já estão sendo criados, como locais sagrados, para apoiar a nova matriz.

A nova grade vai:

- Criar pontos de entrada e saída para viagens interdimensionais.
- Facilitar a comunicação com seres etéricos.
- Facilitar a comunicação com outros Iniciados e iluminar as pessoas em todo o mundo.
- Gerar os comprimentos de onda que a Linguagem Universal da Luz usa para transmitir mensagens.
- Transmitir a matriz divina às nossas missões de vida.

Capítulo 30

Iniciação

Aquilo que não enfrentarmos em nós mesmos,
conheceremos como destino.
Carl Jung

Nenhum livro que trata da aquisição de poder estaria completo sem uma explicação sobre os Níveis de Iniciação. Os Níveis de Iniciação são os testes por que passam todos os que se engajam na busca espiritual. São testes da alma.[1]

Esses testes, realizados gradualmente, servem para fortalecer os corpos físico, mental, emocional e espiritual, facilitando também a mudança em cada um deles. Os testes são sempre exclusivos, dependendo das lições que cada um precisa aprender. Para enfrentá-los, o autocontrole é essencial.

Iniciação significa atingir a consciência espiritual e usar esse conhecimento para levar ao corpo as energias e poderes superiores. Envolve também onisciência e onipotência. Por isso, o controle sobre o corpo mental e o corpo emocional é imperativo, assim como o equilíbrio entre as energias masculinas e femininas que há dentro de cada um. Iniciação é também a fusão do Eu Superior com os oito corpos inferiores para facilitar o fluxo do poder.

Lembrem-se desta citação:

AS PALAVRAS QUE VOS DIGO, NÃO AS DIGO POR MIM MESMO, MAS O PAI, QUE PERMANECE EM MIM, REALIZA SUAS OBRAS

Ao dizer isso, Jesus demonstra que compreende perfeitamente essa fusão e o poder que a acompanha. Nas religiões orientais, esse poder é geralmente chamado de kundalini, considerado um princípio ativo. É uma força eletromagnética que, quando desperta, tem o poder de criar, mas também de matar.

No passado, poucas almas passavam nos Testes de Iniciação porque não havia tantas oportunidades de aprender as lições nem Mestres a quem recorrer. Durante séculos esse conhecimento, visto como uma ameaça ao poder vigente, foi combatido pelos governantes, assim como os mestres que o perpetuavam. Em algumas partes do mundo, esses mestres e seus discípulos foram obrigados a viver na clandestinidade, fazendo reuniões secretas para manter vivo o conhecimento. Em outros lugares, foram criadas escolas de mistério que admitiam apenas os que já tinham alcançado certo nível de espiritualidade. Essas escolas eram geralmente reservadas aos Sumos Sacerdotes e Sacerdotisas que encarnavam com o propósito de perpetuar esse conhecimento para o mundo.

Hoje, o grau de consciência de cada um geralmente corresponde ao grau de resistência dos nervos e do corpo físico. Muitos padrões, crenças e bloqueios emocionais serão modificados quando poderes espirituais mais elevados começarem a fluir pelo corpo físico, que não pode ser prejudicado nesse processo. Por isso, para receber esse poder é preciso estar preparado.

Não devemos procurar a iniciação antes de termos experimentado tudo na vida e antes de estarmos em posição de controlar esse poder no momento que ele começar a entrar nos centros nervosos inferiores. Se o alinhamento não for total, o poder da energia pode prejudicar os corpos sutis inferiores. Se buscarmos a Iniciação cedo demais, a alma poderá cair num estado inferior ao que estava quando encarnou.

Para ser atingida, a iniciação exige anos de dedicação, disciplina e concentração. Para a maioria, esse processo leva milhares de encarnações. A alma precisa experimentar todos os aspectos da vida, escolhendo um papel diferente a cada vez. Somente alguns poucos conseguem concluir a iniciação em muito menos tempo.

Hoje, o grande número de velhas almas encarnadas na Terra tem um único propósito: passar nos Testes de Iniciação, garantindo assim a ascensão a níveis superiores. Lá no fundo, essas almas sabem que esta é sua última vida na Terra e que se voltarem será por escolha. Mas, como a alma é testada cada vez que retorna, a corrida ainda não está ganha. Ninguém sabe com certeza se vai passar nos testes antes de concluí-los.

Os Níveis de Iniciação pelos quais todos devem passar para entrar nos domínios e dimensões superiores são descritos neste capítulo. Nunca antes esse conhecimento foi tão abertamente revelado. AGORA É O MOMENTO, diz o Mestre El Morya, de revelar essa informação. Nesta época de transição para a Quinta Dimensão, todas as almas precisam escolher a direção a seguir. Ao trazer à Luz essa informação e colocá-la à disposição de todos, a intenção é fazer com que mais almas escolham a senda do Guerreiro Espiritual.

Há doze Testes de Iniciação. São eles:

Nível 1. Estado de ser que permite que os nove corpos realizem funções normais. É a época do nascimento (e da consciência geral), em que o mundo é visto como uma extensão do eu.

A decisão envolve desdobramento.

Nível 2. Momento em que pela primeira vez nós nos sentimos distantes em relação à Fonte de Tudo. É o momento em que iniciamos a jornada pelo mundo físico.

A decisão envolve o desenvolvimento do ego.

Nível 3. Um grito de socorro vem do fundo da mente: acreditamos que estamos separados uns dos outros e começamos a procurar maneiras de nos unir outra vez.

A decisão compreende a escolha de companhias.

Nível 4. É a alteração na consciência, que ocorre quando compreendemos que há um poder maior e olhamos para os Céus com sinceridade, pedindo para sermos novamente um com esse poder.

A decisão exige integridade de propósito.

Nível 5. Estado de consciência em que assumimos o compromisso de servir o Criador de Tudo e compreendemos que esse compromisso exige muitas mudanças na vida.

Decisão: percorrer a senda das verdades superiores e eliminar as fraquezas e bloqueios do passado, que só alimentam as ilusões.

Nível 6. Momento de ação em que defendemos as novas verdades e valores e entramos no mundo físico com coragem renovada.

Decisão: fazer uma afirmação no mundo físico que favoreça a escolha.

Nível 7. Período em que o Iniciado passa por um teste de poder, que serve para fortalecer a vontade e renovar a compreensão das Leis Universais.

Decisão: buscar respostas na alma e ouvir a voz interior em busca de orientação quanto à direção a seguir.

Nível 8. Momento em que os relacionamentos são postos à prova e o Iniciado aprende que o único relacionamento verdadeiro é o que tem com Deus.

Decisão: aprender amor incondicional.

Nível 9. Teste que desenvolve poderes interiores de manifestação e inclui o período de exames que vai revelar o uso que o Iniciado fará desses poderes.

A decisão envolve uma escolha: abandonar completamente o ego e servir a humanidade em nome do Um.

Nível 10. Um tempo de silêncio no coração, para que o universo atue através do Eu Superior no processo de criação.

A decisão envolve um estado elevado de consciência, a euforia, e sua relação com o mundo físico, manifesto.

Nível 11. Estado de ser por meio do qual o Iniciado viaja para outras dimensões e para outros locais do Altíssimo, usando essas experiências para o benefício da humanidade.

Decisão: separar os nove corpos e entregar-se ao Um.

Nível 12. Estado de iluminação em que a Luz permeia a essência e o Um existe interiormente.

Decisão: começar mais uma vez o processo de desdobramento, só que em níveis superiores da existência. O momento exige que o Iniciado cumpra o compromisso assumido e viaje a outros mundos, para que uma vibração mais alta envolva o mundo de onde partiu.

Quase todos atingem os primeiros cinco níveis nos primeiros anos de vida. É no sexto nível que o Iniciado deve se comprometer com o caminho da consciência espiritual. A decisão tomada nesse momento determina o curso posterior da jornada.

Não são esses os únicos testes com que nos deparamos ao embarcar na senda espiritual. Mas, sejam quais forem eles, não devemos considerá-los como punições, mas aceitá-los como oportunidade para crescer. Costuma-se dizer:

Você sabe o nível de mestria espiritual que atingiu
Pelo nível do teste que lhe será trazido.

Assim, se ultimamente você está diante de muitos desafios, achando que o mundo está desabando à sua volta, sinta-se honrado! Quanto maior o teste, maior o elogio. Para passar nos testes, precisamos entrar em nós mesmos para descobrir a lição a ser aprendida. Essas lições nunca são óbvias e estão sempre relacionadas ao desenvolvimento da alma. Por exemplo: aprender a paciência, o perdão ou o amor incondicional, ou adquirir sensibilidade, força ou firmeza para fortalecer a vontade. É dentro de nós mesmos que estão as respostas, e não há como escapar dos testes antes de alcançarmos um nível adequado de comportamento. Se você não quiser aprender as lições da primeira vez, o teste voltará em novas situações, mas com uma desvantagem: vai voltar dez vezes mais forte. Assim, o melhor é aprender as lições o mais rapidamente possível. Comece agora mesmo a controlar o corpo mental e o corpo emocional e permaneça calmo e centrado em todos os momentos, acelerando assim seu progresso para a Luz e para a mestria. É então que *A Luz o Libertará*.

Tenha uma jornada maravilhosa!

Resumo

Nossa jornada espiritual, assim como a jornada da vida, é um processo de desenvolvimento. Passamos por vários estágios ou níveis à medida que progredimos por meio de estágios de mestria. Os Níveis de Iniciação são testes que devem ser realizados por todos os que se engajam na busca espiritual. Esses testes servem para fortalecer os corpos físico, mental, emocional e espiritual, facilitando a mudança em cada um deles. Eles exigem disciplina, comando sobre os corpos mental e emocional e equilíbrio entre as energias masculinas e femininas. A iniciação é também a fusão do Eu Superior com os oito corpos inferiores, o que favorece o fluxo de poder.

A iniciação exige anos ou vidas de esforço. Os currículos superiores são introduzidos só depois que aprendemos os inferiores. Para a maioria, esse processo leva muitas encarnações.

Os Testes de Iniciação são exclusivos às necessidades da alma de cada um, mas há um padrão ou seqüência geral de doze níveis de Iniciação. Os primeiros cinco níveis são os desafios da primeira parte da vida: nascimento, desenvolvimento do ego, busca de um companheiro, desejo de voltar a ser um com Deus, mudanças necessárias ao desenvolvimento espiritual.

Os níveis seis a doze são mais difíceis, exigindo esforço de intenção e disciplina. Resumindo, eles são os momentos de: tomar uma atitude e afirmar a própria verdade; passar por um teste de poder que favorece a compreensão das Leis Universais; aprender a amar incondicionalmente; usar o próprio poder para servir a humanidade; despertar por meio do Eu Superior no processo de criação; ver interdimensionalmente; atingir a iluminação.

A jornada fica mais fácil quando controlamos os corpos emocional e mental, permanecemos calmos e centrados em todos os momentos e aprendemos as lições logo na primeira vez. Ao nos levar a níveis superiores de mestria, os Testes de Iniciação nos preparam para níveis ainda mais elevados de serviço e mestria.

Epílogo

Se vivemos da maneira certa
deixando a Luz entrar no coração e na mente,
o mundo inteiro fica vivo.

O mundo é um lindo jardim,
cheio de sonhos, vida e beleza.
É um lugar especial compartilhado por muitos reinos,
é o lugar em que todos podem se unir
e crescer juntos.

Glossário

Adão-Kadmon
Filhos e filhas da Luz que evoluíram além da forma corporal, tornando-se manifestações de Luz. Nesse estado elevado, são extensões de Deus e seres de Luz com capacidade de criar por meio do pensamento e da palavra.

Adonai
Palavra hebraica que designa o Senhor. Uma manifestação.

Alma
Uma entidade considerada como a parte imortal ou espiritual de cada um. A natureza moral ou emocional dos seres humanos. Apesar de não ter realidade física nem material, ela detém as funções do pensamento e da vontade, determinando assim o comportamento. O veículo que transporta as lembranças, lições e realizações de cada pessoa. A alma aglomera a Luz dos nove corpos. O corpo físico, a mente, as emoções e as ações de cada pessoa se refletem no progresso evolutivo de sua alma.

Amor
Uma força eletromagnética que abrange a totalidade do Todo. Energia que emana de Deus e cria a vida.

Anjos
Seres sobrenaturais com grande inteligência e poder. São espíritos e influências que nos orientam, como os Anjos da Guarda, que cuidam das almas encarnadas. Geralmente eles são bons, inocentes, poderosos e belos, intervindo para nos proteger do mal. Há uma hierarquia nos domínios angélicos, com muitos níveis de poder: An-

jos, Arcanjos, Principados, Poderes, Virtudes, Dominações, Tronos, Querubins e Serafins. As forças negativas também têm seus anjos, como Lúcifer, o anjo caído, que foi expulso do céu pelo Arcanjo Miguel, por ordem de Deus.

Arcturianos
Seres pentadimensionais que dizem ser da estrela Arcturus, na constelação Boötes.

Atlântida
Uma antiga civilização altamente desenvolvida que usava tecnologia avançada, como a que agora começamos a desenvolver. Essa civilização fez mal uso dessa tecnologia, desvinculando-a de práticas espirituais. Por isso, foi destruída por terremotos e outros cataclismos. O continente de Atlântida afundou no Oceano Atlântico em três ocasiões distintas. Alguns atlantianos escaparam e foram para lugares como Grécia, Egito e América Central.

Bodhisattvas
Budas-a-ser. Aqueles que aspiram se tornar Budas devem, ao longo das vidas, aperfeiçoar em si mesmos as seguintes características: moralidade, caridade, renúncia, sabedoria, paciência, verdade, esforço, determinação, amor incondicional universal e serenidade.

Campo de Energia
Área carregada de energia eletromagnética que envolve um ser ou objeto. Pode ser positiva, negativa ou as duas coisas.

Celestial (Céu)
Os domínios celestes que estão além da visão tridimensional. O lar de seres não encarnados.

Chakras
Os órgãos sensoriais do corpo etérico, descritos por organizações orientais, como a Sociedade Teosófica. Os chakras se assemelham a vórtices de energia. Há vários chakras no corpo, visíveis apenas aos clarividentes. É aconselhável usar apenas sete dos chakras para o alinhamento comum do corpo espiritual. Cada um desses sete chakras vibra na freqüência de uma das sete cores do arco-íris, que se combinam para formar a Luz branca.

Chaves
Os indícios que deslindam os mistérios e segredos do poder da Atlântida e, de modo geral, da criação.

Códigos
Simbolismo usado pelo Conselho do Tribunal do Comando Galáctico para transmitir as chaves e os segredos que levam ao poder que os Mestres Atlantianos detinham há 10.000 anos.

Comandantes (membros do Comando)
Estrelas Seminais que trabalham para o Comando Galáctico no plano de ajuda ao planeta Terra e a seus habitantes na transição para a Quinta Dimensão.

Comando Galáctico
Uma frota de naves espaciais composta por Mestres e Seres Celestiais de várias galáxias e governada pelos Mestres Ascensionados da Grande Irmandade Branca (branco aqui significa Luz), que estão ajudando a Terra a entrar na Era de Aquário. Esses seres viajam pelo universo e têm capacidade de influenciar e dirigir o plano de Deus para a evolução contínua. São altamente avançados e não aparecem necessariamente em forma tridimensional. Eles ajudam a Terra em sua evolução desde o início.

Consciência de Cristo
Um dos primeiros estágios do desenvolvimento espiritual. A capacidade intelectual de conhecer Cristo e o nosso Criador. Ela leva à urgência espiritual de encontrar Deus ou Cristo (busca de Cristo) e à necessidade de realizar a vontade de Cristo e de Deus.

Corpo de Luz
O corpo eletromagnético de cada pessoa, que existe no etérico. É o corpo real, que constitui o molde do corpo físico e permite a comunicação interdimensional.

Criador de Todas as Coisas
Outro nome para Deus.

Dharma
A lei cósmica que define os princípios morais e naturais e a ordem que se aplica a tudo que existe. Dharma define o destino de cada alma que encarna na Terra.

Dimensão
Um plano de existência que pode ser subdividido em sete partes primárias, sendo que cada uma delas compreende uma agenda específica, que constitui o currículo desse plano.

Espírito
O princípio animador que traz em si a idéia de poder. É uma energia viva e uma força mística que emana dos domínios etéricos.

Espiritual
Assuntos relacionados à alma e ligados ao espírito do Criador.

Estrelas Seminais
Almas de outros planetas, sistemas estelares ou universos que atenderam a um pedido de ajuda, concordando em vir à Terra para ajudar na cura e transformação deste planeta. Pessoas encarnadas que trabalham atualmente com os Mestres Ascensio-

nados e com o Comando Galáctico para trazer paz, harmonia e amor à Terra, em conformidade com o Plano de Deus.

Éter/ Etérico
A essência da criação que tudo permeia, preenchendo todo o espaço e interpenetrando toda a matéria. O local de todos os acontecimentos que não podemos ver. Todas as coisas existem primeiro no etérico, em forma de idéias ou formas-pensamento, antes de se manifestarem no mundo físico.

Eu Superior
O Eu Cristo, a presença EU SOU, a forma elevada do eu. O corpo de Luz que envolve os corpos físicos e contém o poder da Força de Deus.

Filhos da Luz
Seres humanos que buscam a Luz e são guiados por ela na senda espiritual.

Freqüência Vibracional
A velocidade em que vibram os átomos e subpartículas de um ser ou objeto. Quanto mais alta a freqüência vibracional, mais próxima está da freqüência da Luz.

Grade Eletromagnética
Uma antiga grade subterrânea atlantiana (criada por Hermes) para a comunicação mental e espiritual. Era energizada por cristais, pedras e objetos especiais. Atualmente, ela está sendo reconstruída em torno do mundo, acima da superfície da Terra e em forma de uma rede cristalina de Luz. Ela será uma fonte de conexão e comunicação entre os Trabalhadores da Luz que acreditam em seu poder e em seu valor.

Grande Sol Central
O centro ou âmago de fogo branco do qual emana o universo espiritual/material. No passado, Sirius, estrela da constelação do Cão Maior, era o ponto focal do Grande Sol Central em nossa seção do universo. Mas, com o tempo, essa posição se modificou por causa da precessão dos equinócios.

Guias
Aqueles que caminham ao lado de nossa alma e favorecem nosso crescimento espiritual.

Idade de Ouro
Qualquer época em que a Terra passa a uma consciência mais elevada e as pessoas vivem em paz, harmonia, amor e abundância.

Karma
Lei universal de causa e efeito que resume a totalidade das ações de uma pessoa em qualquer estado sucessivo de existência. O karma é também definido como as lições

físicas, mentais e espirituais que retornam em qualquer vida para dar à alma oportunidade de crescer. Em sentido amplo, significa sorte, destino. As linhas kármicas são jornadas empreendidas pelos seres humanos, que ensinam muitas lições.

Leão de Judá
Um nome dado a Jesus. Significa que seus ensinamentos eram verdades divinas que vinham da Tribo de Judá. O Profeta Daniel teve a visão de um leão alado saindo do mar. Uma das interpretações para essa visão é que no próximo milênio a sabedoria e a verdade divina reinarão e nascerá um novo mundo espiritual.

Lei da Atração
Essa Lei Universal demonstra que criamos as coisas, acontecimentos e pessoas que fazem parte de nossa vida. Nossos pensamentos, sentimentos, palavras e ações produzem energias que, por sua vez, atraem energias semelhantes. As energias negativas atraem energias negativas e as energias positivas atraem energias positivas.

Lei da Compensação
Essa Lei Universal é a Lei de Causa e Efeito aplicada às bênçãos e à abundância que nos são concedidas. Os efeitos visíveis de nossas ações aparecem em forma de presentes, dinheiro, heranças, amizades e bênçãos.

Lei da Correspondência
Essa Lei Universal diz que os princípios ou leis da física que explicam o mundo físico — energia, Luz, vibração e movimento — têm princípios correspondentes no etérico ou universo. "Assim em cima, assim embaixo."

Lei da Perpétua Transmutação
Essa Lei Universal diz que todas as pessoas têm dentro de si o poder de modificar as condições de sua vida. As vibrações superiores consomem e transformam as inferiores. Assim, todos nós podemos mudar as energias em nossa vida se compreendermos as Leis Universais e aplicarmos os princípios de maneira a efetuar a mudança.

Lei da Polaridade
Essa Lei Universal diz que tudo existe num continuum e tem um oposto. Podemos suprimir e transformar pensamentos indesejáveis concentrando-nos no pólo oposto. É a lei das vibrações mentais.

Lei da Relatividade
Essa Lei Universal diz que cada pessoa vai receber uma série de problemas (Testes de Iniciação) com o propósito de fortalecer a Luz interior. Devemos considerar esses testes como desafios e manter o contato com o coração ao resolver os problemas. Essa lei também nos ensina a comparar nossos problemas com os problemas dos outros e colocar tudo na perspectiva correta. Por pior que pareça nossa situação, há sempre alguém em posição pior. Tudo é relativo.

Lei da Vibração
Essa Lei Universal diz que tudo no universo vibra e se move em padrões circulares. Os mesmos princípios de vibração do mundo físico se aplicam aos pensamentos, sentimentos, desejos e vontades no mundo etérico. Cada som, cada coisa, e até mesmo cada pensamento, tem sua própria freqüência vibracional, única em si mesma.

Lei de Causa e Efeito
Essa Lei Universal diz que nada acontece por acaso ou fora das Leis Universais. Cada ação tem uma reação ou conseqüência e "colhemos o que semeamos".

Lei do Ritmo
Essa Lei Universal diz que tudo vibra e se move conforme determinados ritmos. Esses ritmos estabelecem estações, ciclos, estágios de desenvolvimento e padrões, refletindo a regularidade do universo de Deus. Para superar as partes negativas dos ciclos, os Mestres dizem que é preciso conter o entusiasmo excessivo e nunca permitir que coisas negativas penetrem na consciência.

Lei dos Sexos
Essa Lei Universal diz que tudo tem seus princípios masculinos (yang) e femininos (yin), que são a base de toda a criação. O Iniciado espiritual deve equilibrar as energias masculinas e femininas em si mesmo para se tornar um Mestre e verdadeiro co-criador com Deus.

Luz Líquida Dourada
Expressão que significa Deus. É o reservatório de energia eletromagnética criador de tudo o que existe. Tem o nome de Luz Líquida porque se movimenta continuamente como um fluido e não pode ser contida. Ver Prana.

Mandala
Um padrão circular com formas e símbolos concêntricos, geométricos, que representam o universo. Vindas tradicionalmente da religião hindu e do budismo, as mandalas são usadas em muitas práticas tradicionais de meditação.

Merkabah
Veículo de Luz que envolve a Terra, usado como meio de comunicação entre os Mestres Ascensionados e os membros encarnados da Ordem de Melchizedek. Segundo alguns, essa estrutura inclui unidades individuais situadas acima e em volta de cada Trabalhador da Luz. Essas unidades são tetraedros com as duas metades girando em sentidos opostos e com mais ou menos dezoito metros de diâmetro. Devem ser ativadas para que seu uso seja realmente benéfico. Em outros casos, essas unidades de Luz lembram diamantes lapidados em forma de lágrima.

Mestres
Homens e mulheres que evoluíram espiritualmente, transcenderam seus iguais e agora ajudam a conduzir o mundo. Adeptos.

Mestres Ascensionados
Aqueles que dominaram o tempo/espaço e atingiram a mestria conseguindo dominar o eu, cumpriram seu plano divino e ascenderam à presença de Deus. Lá, graças a seu grande amor, recebem novas ordens para ensinar em muitos mundos.

Metafísica
A filosofia que aplica as leis da física ao mundo espiritual. A crença de que o mundo acima e o mundo abaixo estão em correspondência.

Nova Era
Uma era de espiritualidade e Unidade. Alguns acham que essa era coincide com o milênio que se aproxima e com a Segunda Vinda de Cristo.

Nova Jerusalém
O futuro título para os Estados Unidos no futuro. Segundo os Mestres Ascensionados, o povo dos Estados Unidos é responsável pelo processamento das informações e pelo despertar de todas as pessoas do mundo, para que coletivamente possamos trazer a Terra à Quinta Dimensão.

O Mais Radiante
O Mestre Ascensionado conhecido como Jesus o Cristo, ou Sananda. Ele é o Comandante Supremo dos Celestiais que supervisionam a transição da Terra para o milênio.

Ordem de Melchizedek
Um grupo de almas espirituais e encarnadas que trabalham na Luz para realizar o plano de Deus para o universo.

Prana
Sistema energético de apoio à vida. É universal e chamado também de Luz Líquida Dourada.

Precessão dos Equinócios
Efeito astronômico da mudança gradual do eixo de rotação da Terra, que produz um movimento para oeste e faz com que se altere a posição das constelações na esfera celestial. É um ciclo de uns 25.800 anos. A Terra fica em cada "era" (Peixes, Aquário, etc.) por mais de 2.000 anos. A precessão é causada pela atração preponderante do Sol e da Lua sobre a região equatorial terrestre.

Presença Eu Sou
Sinônimo de Eu Superior.

Qadoish, Qadoish, Qadoish, Adonai Tsebayoth
Santo, Santo, Santo é o Senhor Deus dos Exércitos. Uma das mais poderosas frases usadas para glorificar a Deus.

Reencarnação
O renascimento da alma num novo corpo. Esse conceito incorpora a crença de que a alma reaparece em outra forma depois da morte.

Registros Akáshicos
Registros de tudo o que ocorre na vida de cada um. Tudo fica gravado no akasha, a energia etérica cuja freqüência registra todas as impressões da vida, sejam elas geradas na encarnação ou fora dela. Para aprender a entrar nesses registros, é preciso desenvolver a visão interior.

Sai Baba
Um faquir que viveu na Índia no final do século passado e que tinha o dom de realizar milagres. Seu nome, Sai Baba, foi-lhe dado em sinal de respeito. Ele ensinava e orientava espiritualmente pessoas de várias religiões. Antes de morrer, ele disse aos seguidores que voltaria dentro de oito anos num corpo de homem e sugeriu que eles deveriam procurá-lo. No dia 23 de novembro de 1926, oito anos depois da morte de Sai Baba, nasceu um menino com grandes poderes sobrenaturais. Ele também foi criado na Índia e atualmente compartilha sua sabedoria, seus milagres e seus ensinamentos espirituais com milhões de devotos no mundo inteiro. É um Avatar, atualmente na Terra, que guarda a consciência de Cristo para o mundo.

Seres
Termo usado para denotar a existência de seres de Luz, como os Mestres Ascensionados, os Arcturianos ou outras espécies, que vivem em diferentes sistemas estelares. Uma forma de vida, assim como os seres humanos são uma das formas de vida da Terra.

Seres Cósmicos
Seres de outros universos e galáxias.

Sétimo Céu
A Sétima Dimensão, lar das almas espiritualmente evoluídas.

Shamballa
A cidade etérica, situada acima do deserto de Gobi, que é o lar dos Mestres Ascensionados.

Terceiro Olho
O olho "psíquico", localizado no meio da testa, entre as sobrancelhas. É também o local do sexto chakra. É uma ligação com a energia espiritual que é ativada através da meditação e da atenção para produzir a segunda visão ou percepção extra-sensorial. O olho interior de Deus.

Trabalhadores da Luz
Pessoas que acreditam e trabalham ativamente para trazer amor e Luz à Terra.

Vórtice

Ponto de entrada e saída de um sistema de grade magnética. É por esses pontos que as energias magnéticas e espirituais têm acesso aos níveis vibracionais fora das operações normais da Terra e do tempo físico. Ao entrar nessas áreas, pessoas mais sensíveis percebem as alterações em seus níveis de energia, podendo sentir tontura ou falta de concentração.

Yin e Yang

Expressão ampla ou universal das energias femininas (yin) e masculinas (yang). A expressão yin está relacionada ao pensamento criativo: é receptiva e intuitiva. A expressão yang está relacionada à ação que efetua a criação: é inquiridora e voltada para fora.

Bibliografia

Brennan, B. *Hands of Light*. Nova York, NY: Bantam Books, 1987. [*Mãos de Luz*, publicado pela Editora Pensamento, São Paulo, 1990.]

Brennan, B. *Light Emerging: The Journey of Personal Healing*. Nova York, NY: Bantam Books, 1993. [*Luz Emergente: A Jornada da Cura Pessoal*, publicado pela Editora Cultrix, São Paulo, 1995.]

Carey, K. *The Third Millennium*. San Francisco, CA: Harper, 1991.

Haich, E. *Initiation*. Palo Alto, CA: Seed Center, 1974. [*Iniciação*, publicado pela Editora Pensamento, São Paulo, 1991.]

Hall, B. *Values Shift*. Rockport, ME: Twin Lights Publishers, Inc., 1994.

Harmon, Willis. *Global Mind Change*. Indianapolis: Knowledge Systems Inc., 1988. [*Uma Total Mudança de Mentalidade*, publicado pela Editora Cultrix, São Paulo, 1994.]

The Holy Bible. Chicago: Good Counsel Publishing Co., Inc., 1965. (Publicada com a aprovação de Sua Excelência Walter A. Coggin, O.S.B., Ph.D., D.D.)

Hurtak, J. J. *Keys of Enoch*. Los Gatos, CA: The Academy for Future Science, 1977.

Milanovich, N. J., Rice, B., & Ploski, C. *We, the Arcturians*. Albuquerque, NM: Athena Publishing, 1990.

Newton, M. *Journey of Souls: Case Studies of Life between Lives.* St. Paul, MN: Llewellyn Publications, 1994.

Price, J. R. *The Angels Within Us.* Nova York, NY: Bantam Books, 1993. [*Os Anjos que Regem a Nossa Vida,* publicado pela Editora Pensamento, São Paulo, 1995.]

Stone, D. J. *The Complete Ascension Manual: How To Achieve Ascension in this Lifetime.* Sedona, AZ: Light Technology Publications, 1992. [*Manual Completo de Ascensão,* publicado pela Editora Pensamento, São Paulo, 1999.]

Webster's New World Dictionary of the American Language. Segunda edição escolar. D. B. Guralnik, editor chefe. Nova York, NY: Simon and Schuster, Inc., 1984.

Webster's New Lexicon Dictionary of the English Language. Edição enciclopédica. B. S. Cayne, diretor editorial. Nova York, NY: Lexicon Publications, Inc., 1989.